SII Band 1

SEYDLITZ

Geographie

Martin Bütow
Henning Grabowski
Gerd-Uwe Meyer
Wolfgang Schneider
Klaus Wehrs
Wolfgang Winter

Schroedel®

© 1998 Bildungshaus Schulbuchverlage
Westermann Schroedel Diesterweg Schöningh
Winklers GmbH, Braunschweig
www.schroedel.de

Druck A [6] / Jahr 2007

Alle Drucke der Serie A sind im Unterricht parallel verwendbar.

Redaktion: Manfred Eiblmaier
Herstellung: Peter Kranz
Umschlaggestaltung und Basis-Innenlay-out:
Ceativ-Design, Hildesheim
Druck und Bindung:
westermann druck GmbH, Braunschweig

ISBN 978-3-507-**52308**-1

Inhalt

Anforderungsbereiche und Handlungsanweisungen ... 4

Landschaftszonen – Ökologie mit System

Vom Chaos zur Ordnung 8
Klimasystem der Erde 10
Ökozonen der Erde 14
Ökologie – was heißt das eigentlich? 17
Das ökologische Gleichgewicht 20

Tropischer Regenwald – grünes Gold ohne Ende

Ökosystem tropischer Regenwald 22
Nährstoffkreislauf im tropischen Regenwald 24
Tropischer Regenwald – Nutzung und Zerstörung 26
Genpool Regenwald 29
Landnutzungsformen des Agrarraums
der inneren Tropen 30
Armutsproblem und Strukturanpassungsreformen 34
Bevölkerungsdruck 36
Regenwaldvernichtung – Beitrag
zur globalen Klimaveränderung 38

Trockenräume – Sahel: Leben am Rande des Ufers

Trockenräume in der alten Welt 44
Von Grenzsäumen und Grenzen 46
Nützliche und schädliche Niederschläge 50
Konkurrierende Landnutzung im südlichen Sahel 52
Landschaft unter Stress 54
Agrarproduktion für den Export –
schädliche Entwicklung? 56
Das Energieproblem – Brennholzentnahme 57
Maßnahmen gegen Desertifikation 58

Gemäßigte Breiten – Landnutzung zwischen Ökonomie und Ökologie

Das einzig Konstante ist der Wechsel 66
Wie viele Bäume sind ein Wald? 67
Die totale Kulturlandschaft 72
Auf dem Weg zur Agrarsteppe 74
Ökologischer Landbau 75
Alternativer Landbau – Boschheide Hof 76
Waldnutzung zwischen Ökonomie und Ökologie 82
Strukturschema einer Ökozone –
das Beispiel der feuchten Mittelbreiten 87

Polare Breiten – Leben am Rande der Ökumene

Ökosystem polarer Breiten 90
Auswirkungen des Klimas auf den Menschen 91
Traditionelle Nutzungsformen 92
Aktuelle Nutzungsformen 94
Hydro-Energie aus dem Norden Québecs
an der Baie James 98
Russland und sein Norden 100
Island – Insel unter Dampf 104

Marine Ökosysteme: Nordsee – Ostsee

Das Weltmeer 110
Die Nordsee 112
Die Ostsee 113
Belastung eines Randmeeres 117
Die Flensburger Förde 118
Küstenschutz in den Niederlanden –
das Deltaprojekt 120
Das Meer als Wirtschaftsraum 123
Raumnutzungskonflikte
an der deutschen Nordseeküste 127
Das Wattenmeer 128
Nationalpark Wattenmeer 129
Schutz der Meere 130

Die Stadt – ein eigenes Ökosystem

Stadtökologie: Das Ökosystem Stadt 132
Neue Vegetationsformen in der Stadt 134
Landschaftsplanung in der Stadt? 137
Die Stadt und ihr Umland 142

Ökosystem Erde – Klima im Wandel

Klima im Wandel – Expertenstreit 150
Die Solarkonstante
und der natürliche Treibhauseffekt 152
Meeresströmungen und Klima 154
Variabilität des Klimas 156
Anthropogene Einwirkungen auf das Klimasystem 158
Was wäre, wenn 162
Weltklima – Deutschland gegen 7 Uhr morgens 168
Glossar 172

Inhaltsverzeichnis: GEO-PRAXIS, GEO-EXKURS
und GEO-BASIS > S. 6

Wissen

Wiedergabe von bekannten räumlichen Sachverhalten und Prozessen in Verbindung mit den gelernten sprachlichen Darstellungs- und methodischen Vorgehensweisen.

(be)nennen/feststellen

(Be)nennen/feststellen heißt, Sachverhalte erfassen und ohne Erläuterung aufzählen/auflisten/angeben.

skizzieren/aufzeigen

Komplexere Sachverhalte werden in ihren Grundaussagen knapp wiedergegeben. Dabei geht es oft um eine erste Zusammenschau verschiedener Materialien, die aus dem Unterricht nicht bekannt sind, deren Problemstellungen aber bereits behandelt wurden.

Erklärung und Anwendung

Selbstständiges Erklären des Gelernten und Anwenden auf neue, vergleichbare Zusammenhänge; Übertragung geübter Untersuchungsmethoden auf neue räumliche Sachverhalte und Prozesse.

charakterisieren/gliedern/(zu)ordnen

Diese Handlungsanweisungen erfordern eine systematisierende und gewichtende Vorgehensweise. Dabei werden Einzelaspekte des untersuchten Sachverhaltes gekennzeichnet und in ihrer Bedeutung und Abfolge herausgestellt. Meist geht eine Beschreibung voraus.

erklären/erläutern

Ein Sachverhalt wird auf der Grundlage von Vorkenntnissen so dargelegt, dass die Inhalte und ihre Zusammenhänge verständlich werden. Erklären bezieht sich auf vollständig erfassbare, erläutern auf sehr komplexe und deswegen nicht abschließend bestimmbare Zusammenhänge.

Urteilsfähigkeit

Nachweis der Urteilsfähigkeit durch problemerkennendes, problemlösendes und reflektierendes Denken in Bezug auf räumliche Sachverhalte und Prozesse; kritische Bewertung von Material und Methoden.

begründen/Ursachen (Gründe) aufzeigen

Ursachen und Auswirkungen werden so zueinander in Beziehung gesetzt, dass die Kausalzusammenhänge erkennbar werden.

beurteilen

Diese Handlungsanweisung erfordert nach einer genauen Bearbeitung des Sachverhaltes unter Einschluss einer Begründung das Äußern einer eigenen Ansicht.

wiedergeben/zusammenfassen

Erlerntes, Erarbeitetes oder an vorgegebenen Materialien zur Kenntnis Genommenes muss so wiederholt werden, dass die inhaltlichen Schwerpunkte deutlich aufgezeigt werden.

beschreiben

Ein Sachverhalt wird geordnet und (fach)sprachlich so dargestellt, dass sich eine klare und deutliche Vorstellung ergibt.

darstellen

Ein Sachverhalt wird **grafisch** umgesetzt. Der Maßstab soll richtig und optisch wirkungsvoll sein; eine präzise Überschrift, eine vollständige Legende und eine Quellenangabe dürfen nicht fehlen.

Einen Sachverhalt **sprachlich** darstellen heißt, ihn so zu beschreiben, dass Beziehungen und/oder Entwicklungen deutlich werden.

analysieren

Auf der Basis einer konkreten Materialgrundlage wird in der Analyse ein Sachverhalt in seine Elemente zerlegt und untersucht; dabei werden ihre Beziehungen zueinander erfasst.

interpretieren

In der Interpretation wird die Analyse unter Anwendung fachrelevanter Aspekte und Methoden fortgesetzt mit dem Ziel, ein tieferes Verständnis des Beziehungsgefüges zu erreichen.

vergleichen

Auf der Basis beschreibender und analysierender Arbeit werden zumindest zwei Sachverhalte in ihren Eigenheiten so erfasst, dass sie aufeinander folgend oder gegenüberstehend miteinander verglichen werden können. Dabei sollen Unterschiede und Gemeinsamkeiten so herausgestellt werden, dass Regelhaftigkeiten und komplexe Zusammenhänge erkennbar werden.

bewerten/Stellung nehmen

Unter Heranziehung vergleichbarer Sachverhalte wird die eigene Meinung zu einem Problem argumentativ entwickelt und dargelegt.

überprüfen/erörtern

Ein Sachverhalt wird von unterschiedlichen, aber sachlich und logisch vertretbaren Positionen aus betrachtet. Sie können aufeinander folgend oder gegenüberstellend dargelegt werden. Eine eigene Meinung wird formuliert und begründet.

entwickeln

Vorangegangene Vorschläge, Analyseergebnisse oder denkbare Maßnahmen werden weitergedacht. Dabei sollen realistische Perspektiven formuliert und begründet werden. Die Situation der jeweils Betroffenen darf nicht außer Acht gelassen werden.

GEO-BASIS, GEO-EXKURS, GEO-PRAXIS: Der SEYDLITZ bietet drei spezielle Arten von didaktischen Sonderseiten. Alle drei sollen sowohl Hilfe als auch Anregungen für die bessere Arbeit mit dem Stoff liefern:

GEO- BASIS

Geographie braucht solides Wissen:
Die **GEO-BASIS** greift grundlegende Kenntnisse aus dem Geographieunterricht der Vorjahre auf. Zum besseren Verständnis der neuen Inhalte wird notwendiges Basiswissen in knapper, übersichtlicher Form dem aktuellen Niveau entsprechend zusammengefasst.
Die **GEO-BASIS**-Sonderseiten dienen der Festigung des Wissens und sind daher auch den Stoffeinheiten zugeordnet, für die sie besonders wichtig sind.

	Seite
Wasser, Wolken, Niederschlag	25
Passatzirkulation	48
Ökologische Ansprüche der Kulturpflanzen	51
Die planetarische Frontalzone und ihr Einfluss auf das Wettergeschehen in den Mittelbreiten	69
Die glaziale Prägung Deutschlands	70
Boden	78
Klimatische Anbaugrenzen	96
Rohstoffe	102
Endogene und exogene Kräfte	107
Klimaschwankungen	151
Globaler Wärme- und Wasserhaushalt	153

GEO- EXKURS

Geographie hat viele Gesichter:
Der **GEO-EXKURS** setzt bereits behandelte Inhalte in einen anderen räumlichen bzw. sozioökonomischen Kontext oder erweitert sie um geographisch relevante Aspekte anderer Wissenschaften. Es werden vertiefende bzw. fächerübergreifende Informationen geliefert, die auch über den geforderten Stoff hinausgehen.
Die **GEO-EXKURS**-Sonderseiten bieten damit Ansätze für differenzierten Unterricht und problemorientierte Diskussionen.

	Seite
Tropischer Regenwald bei uns?	28
Landwirtschaftliche Betriebssysteme in den Tropen	33
Timbuktu	45
Tuareg	47
Die Trans-Alaska-Pipeline	97
Geothermalenergie in Deutschland	106
Die Entstehung der Ostsee	114
Die Küste als Wirtschaftsstandort	122
Nachhaltigkeit – Modewort oder Notwendigkeit	146
Energieverbrauch in Entwicklungsländern	161

GEO- PRAXIS

Geographie lebt durch Anwendung:
Die **GEO-PRAXIS** gibt Anregungen und Anleitungen für den handlungsorientierten Unterricht. Typische und fächerübergreifende Arbeitsmethoden werden vorgestellt und in ihrer Umsetzung beispielhaft erläutert. Dabei werden methodische Hinweise gegeben und auch die Möglichkeiten und Grenzen des Einsatzes der jeweiligen Methode diskutiert.
Die **GEO-PRAXIS**-Sonderseiten eignen sich besonders gut für die Anwendung in Projekten.

	Seite
Der Kartenvergleich	18
Das Referat	40
Auswerten von Klimadiagrammen	49
Entwicklung einer Strukturskizze	60
Die Klausur	62
Analyse landwirtschaftlicher Nutzungsstrukturen	86
Der Vergleich als Methode	116
Stadtökologischer Lehrpfad	140
Umweltbewusstsein = Umweltverhalten? Eine Befragung	148

Landschaftszonen

Ökologie mit System

Vom Chaos zur Ordnung

Wenn jemand Umwelt sagt, dann stellt er sich vielleicht nur die „grüne, schützenswerte Natur" vor. Denkt er ein wenig über das Wort nach, dann sieht er sich als Zentrum und alles ihn Umgebende als Umwelt.

Diese Umwelt ist sehr vielfältig. Da sind

- die private Umwelt (Eltern, Partner, Verwandte, Freunde, Zimmer, Wohnung, Wohnort),
- die berufliche Umwelt (Schule, Lehrer, Mitschüler),
- die Versorgungsumwelt (Kiosk, Supermarkt, Stadtwerke, Krankenhaus),
- die Erholungsumwelt (Stadtpark, Stadion, Kino, Theater, Hobbykeller, Freibad, Reiseziele),
- die Umwelt, die man als Mitglied von Gruppen hat (Kirche, Kaserne, Rathaus)
- und viele weitere Umwelten mehr.

Dabei erstreckt sich die Umwelt insgesamt auf die ganze Erde und darüber hinaus. Über die Tüte Reis ist unser Jemand z.B. mit Indien, über die neuen Jeans mit den USA, über das Baumwollshirt mit Peru oder Usbekistan und über den Wettersatelliten mit dem Weltall verbunden. Jeder Einzelne der heute fast 6 Milliarden Menschen lebt in seinen ebenso verschiedenen und miteinander vernetzten Umwelten. Alle diese Umwelten zusammen bilden die eine globale Umwelt, ein Labyrinth, in dem sich der Mensch irgendwie vorantastet, das er aber auch systematisch erkunden kann.

Die Umwelt ist ein äußerst komplexes System, das aus vielen unterschiedlichen Bestandteilen und Wechselbeziehungen in einem räumlich und zeitlich nahezu unendlichen Feld besteht, kurz: Die Umwelt stellt sich zunächst unübersichtlich als Chaos dar. Erst wenn es gelingt, die Ordnung in dem Chaos zu erkennen, erwächst die Einsicht, die nötig ist, um mit der Umwelt verantwortlich umgehen zu können.

Zum Erkennen von Ordnung liefert die Systemtheorie gut geeignete Hilfsmittel. Ihre wichtigsten Begriffe sollen im Folgenden aufgeführt werden.

Anordnung und Wechselwirkung

Das Universum besteht aus Anordnungen von Materie und Energie, egal ob es sich um Galaxien, Wälder oder Atome handelt, um Städte, den Magen-Darm-Trakt oder ein Bücherregal.

Ein Baum steht an einer bestimmten Stelle im Wald, wächst dort und stirbt. Rund um ihn stehen andere Bäume, Sträucher, Kräuter, Gräser und Moose. Auf ihm und von ihm leben andere Pflanzen, aber auch Tiere. Der Baum braucht das Licht der Sonne, Wasser, den Boden als Standort und Nährstofflieferant und vieles mehr. Er steht in einer bestimmten Anordnung zu seiner Umgebung und beeinflusst sie, so wie er von seiner Umwelt beeinflusst wird. Er nimmt einem neben ihm aufstrebenden Strauch das Licht, wird aber gleichzeitig durch eine benachbarte Birke in seiner Wasserversorgung gestört. Der Baum und seine Umgebung stehen in vielfältigen Wechselwirkungen zueinander. Auch Tiere und Menschen nehmen ihren jeweiligen Platz ein, bewegen sich und stehen mit ihrer Umwelt in Wechselwirkungen.

Aufbaustruktur und Ablaufstruktur

Wer mit Informationen umgehen kann, kann solche Anordnungen und Wechselwirkungen wahrnehmen. Um sie genau analysieren zu können, wird er seinen Beobachtungsgegenstand räumlich abgrenzen, also z.B. einen Wald gegen benachbarte Flächen wie Grünland, Äcker und Siedlungen. Er wird ihn aber auch zeitlich abgrenzen, z.B. den Wald in der Gegenwart, vor zwanzig Jahren oder im Mittelalter. Erst durch die räumliche und zeitliche Abgrenzung wird es möglich, Strukturen zu erkennen. Dabei unterscheidet man Aufbau- und Ablaufstrukturen.

Eine Aufbaustruktur zeigt wie eine Momentaufnahme die Anordnung der verschiedenen Teile unseres Waldes und die Beziehung, die zwischen diesen Teilen bestehen. Bei Aufbaustrukturen unterscheidet man zwischen Innen (der Wald) und Außen (die übrigen Flächen).

Bei Ablaufstrukturen untersucht man den Prozess zwischen Vorher und Nachher, bei unserem Wald z.B. seine Veränderung bei einem Schädlingsbefall. Bei den Wirkungen unterscheidet man zwischen Einwirkungen und Auswirkungen. Der saure Regen wirkt auf unseren Wald ein und diese Einwirkung hat vielfältige Auswirkungen bis hin zur Vernichtung des Waldes.

System

Vereinfachend kann man sagen, dass Aufbau- und Ablaufstrukturen Systeme sind. Zur besseren Verständigung hat man den Begriff System definiert. In der Definition heißt es:

Ein System ist eine abgegrenzte Anordnung von aufeinander einwirkenden Subsystemen. Die räumliche und zeitliche Abgrenzung des Systems wird durch vielfältige Verbindungen mit seiner Umgebung geschnitten.

In unserem Beispiel sind die einzelnen Bäume, Sträucher, Kräuter, Gräser und Moose, der Boden sowie das darunter liegende Gestein und die Waldbewohner Subsysteme, die zusammen das System Wald bilden, in dem sie aufeinander einwirken. Dies System ist unter anderem über Niederschläge, Sonneneinstrahlung, Luftbewegungen sowie

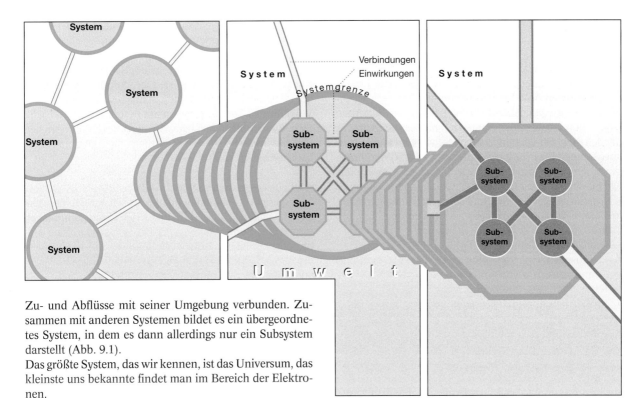

9.1 Modell der Vernetzung von Systemen

Zu- und Abflüsse mit seiner Umgebung verbunden. Zusammen mit anderen Systemen bildet es ein übergeordnetes System, in dem es dann allerdings nur ein Subsystem darstellt (Abb. 9.1).

Das größte System, das wir kennen, ist das Universum, das kleinste uns bekannte findet man im Bereich der Elektronen.

Modelle

Die Fähigkeit, Anordnungen und Abläufe als strukturierte Systeme zu erkennen, ermöglicht dem Beobachter die Bildung von Modellen. Unter Modell versteht man im Allgemeinen ein Ideal oder den Entwurf eines Gegenstandes bzw. seine Nachbildung. Dabei werden wesentliche Eigenschaften durch Idealisierung, Abstrahierung, Generalisierung oder Vereinfachung hervorgehoben. Modelle können konkret-dreidimensional (Höhenschichten eines Umlaufberges, Musterhaus, Globus), illustrativ-zweidimensional (Bild, Karte, Diagramm) oder theoretisch sein (Regelkreise, Fließdiagramme, Darstellung geographischer Sachverhalte als mathematische Formel). Die Elemente des Modells müssen in jedem Fall der Realität eindeutig zugeordnet werden können.

In der Systemtheorie heißt Modell,

• sich aus Informationen von jedem System eine Vorstellung zu schaffen und

• sich aus Informationen Bilder oder Pläne von Systemen zu machen, die es in der realen Welt nicht oder noch nicht gibt.

Solche informationellen Vorstellungen und Bilder von Systemen können verschiedene Formen haben. Sie können z.B. stehende oder bewegte Bilder sein, aber auch gesprochene oder geschriebene Texte, Computerprogramme oder Gedanken.

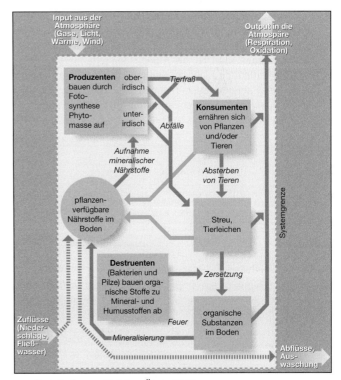

9.2 Modell eines natürlichen Ökosystems

Klimasystem der Erde

Alle reden vom Wetter. Es beeinflusst unser Leben überall auf der Erde in hohem Maße; ganz besonders gilt dies für die gemäßigten Mittelbreiten wegen des oft rasch wechselnden Wettergeschehens. Die Bedeutung der Witterung wird schon weniger klar wahrgenommen, es sei denn, es handelt sich um eine angenehme Schönwetter- oder unangenehme Hitze- bzw. Kälteperiode. Vom Klima hingegen ist im Alltag fast nie die Rede. Dabei ist es gerade das Klima, das für die natürliche Ausstattung eines Raumes und damit für die Lebens- und Wirtschaftsmöglichkeiten in diesem Raum von entscheidender Bedeutung ist.

Zum Klimasystem gehören die Subsysteme
- Atmosphäre (Gashülle der Erde),
- Hydrosphäre (Ozeane, Binnenseen, Fließgewässer und Grundwasser),
- Kryosphäre (Eis- und Schneekörper),
- Pedo- und Lithosphäre (Boden- und Gesteinskörper),
- Biosphäre (Lebensgemeinschaft der Pflanzen und Tiere),
- Anthroposphäre (Sphäre der menschlichen Aktivitäten im Raum).

Diese Sphären sind durch intensive Wechselwirkungen eng miteinander verbunden. So speichert und transportiert die Hydrosphäre fühlbare Wärme und ist damit ein riesiges Energiereservoir. Gleichzeitig liefert sie mithilfe der Verdunstung Wasserdampf an die Atmosphäre. Die Kryosphäre beeinflusst sowohl den Wasser- als auch den Wärmehaushalt. Über die Albedo, den reflektierten Anteil der einfallenden Lichtstrahlung, spielt sie eine große Rolle im Energieumsatz (Albedo bei dunklem Gestein < 5 %, bei frisch gefallenem Schnee 85 %). Die Pedosphäre beeinflusst ebenfalls sehr stark die Energieflüsse in der Atmosphäre, vor allem durch das räumlich und zeitlich wechselnde Absorptions- und Reflexionsvermögen. Wo der Boden fehlt, gilt dies auch für die Lithosphäre. Darüber hinaus ist sie der Ort geologischer Prozesse; im Klimasystem der Erde wird sie hier wirksam über die mit der Plattentektonik verbundenen Erscheinungen, z.B. den Vulkanismus. Die Biosphäre wirkt besonders über die jahreszeitlichen, aber auch längerfristigen Veränderungen der Vegetationsdecke auf den Strahlungs- und Verdunstungshaushalt ein.

Als Lebewesen ist der Mensch Teil der Biosphäre, die von Naturgesetzen bestimmt wird. Als Wesen mit Bewusstsein und Befähigung zum gesellschaftlichen Handeln nimmt er jedoch eine Sonderstellung ein. Die ihm zugeordnete Anthroposphäre (auch Sozio- oder Noosphäre) wird wegen der immer stärkeren Eingriffe z.B. in die natürliche Vegetation und den Wasserhaushalt und der immer größeren Produktion von z.B. Aerosolen und CO_2 immer bedeutsamer im Klimasystem der Erde.

Im Klimasystem der Erde spielt die Atmosphäre eine herausragende Rolle, da sich in ihren unteren Schichten alle für das Leben wichtigen Prozesse durchdringen.

Die Atmosphäre reicht in der Höhe bis über 1000 km; bereits in 700 km Höhe aber ist technisch schon ein Hochvakuum erreicht, d.h. ein so gut wie luftleerer Raum, da Luftdichte und -druck mit der Höhe rasch abnehmen. Der Luftdruck ist in 5500 m Höhe schon auf 50 % des Wertes in Meeresspiegelhöhe gesunken, in 30 km Höhe bereits auf 1 %. Für Wetter- und Klimaprozesse ist deswegen trotz einiger Einflüsse aus höheren Schichten nur die Troposphäre von Interesse. Der Lebensraum des Menschen reicht für dauerhafte Siedlungen nur bis zu 4 km Höhe. In der Troposphäre, die an den Polen bis 8 km, am Äquator bis 18 km Höhe erreicht, nimmt die Temperatur nach oben

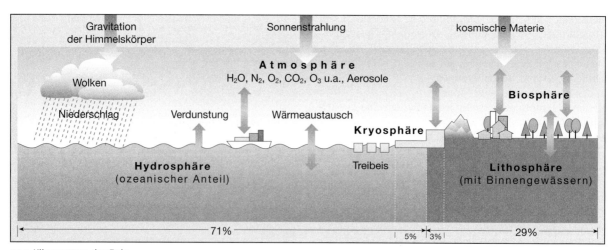

10.1 Klimasystem der Erde

hin im Mittel um 0,6 °C/100 m ab. Dieser Temperaturgradient begünstigt den vertikalen Luftaustausch sowie die Wolkenbildung und damit natürlich auch die Niederschläge. Die höheren Schichten der Atmosphäre sind über die Einflüsse auf das Wetter- und Klimageschehen hinaus ebenfalls von großer Bedeutung für den Alltag des Menschen. So absorbiert die D-Schicht in der Ionosphäre (Abb. 11.2) zwar kurze und mittellange Radiowellen, reflektiert aber die langen und ermöglicht damit auch ohne Satelliten eine weltweite Kommunikation.

In den oberen Luftschichten ist die Zusammensetzung der Gase sehr unterschiedlich; deswegen bezeichnet man die Atmosphäre oberhalb 90 km zusammenfassend auch als Heterosphäre. In der darunter liegenden Homosphäre ist die Zusammensetzung der Gase hingegen einheitlich (Abb. 11.1). Neben den Spurengasen Argon und Kohlendioxid gibt es eine Reihe weiterer Spurengase, die zusammen zwar nur 0,005 Volumenprozent ausmachen, in ihrer Klimawirksamkeit aber von nicht zu unterschätzender Bedeutung sind. Zu ihnen gehört auch das Ozon in der Stratosphäre, das rund 55 % der solaren UV-Strahlung absorbiert. Zu den natürlichen Spurengasen treten heute künstlich hergestellte Stoffe wie die Fluorchlorkohlenwasserstoffe (FCKW) oder Chlorfluormethane (CFM), die den natürlichen Treibhauseffekt verstärken, den stratosphärischen Ozonschild abbauen und damit zu einer Erhöhung vor allem der UV-Strahlung beitragen (> S. 166/167).

Aufgaben

1. Stellen Sie die wesentlichen Unterschiede zwischen den Begriffen Wetter, Witterung und Klima fest.
2. Beschreiben und erläutern Sie die in 10.1 dargestellten Beziehungen zwischen der Atmosphäre und den übrigen Subsystemen des Klimasystems der Erde.
3. Erklären Sie, welche Bedeutung die D-Schicht für einen Funkkontakt zwischen Ihrem Heimatort und Perth hat.

Stickstoff	(N$_2$)	78,080 Vol. %	
Sauerstoff	(O$_2$)	20,950 Vol. %	
Argon	(Ar)	0,930 Vol. %	
Kohlendioxid	(CO$_2$)	0,035 Vol. %	
Methan	(CH$_4$)	1,7 ppm	
Ozon	(O$_3$)	5–10 ppm	Stratosphäre
		0,02–0,3 ppm	Troposphäre
Distickstoffoxid	(N$_2$O)	0,31 ppm	
(Lachgas)			
FCKW		0,3–0,5 ppm	

außerdem Stickstoffverbindungen, Kohlenmonoxid, Kohlenwasserstoffe, Schwefelverbindungen, Bromverbindungen

11.1 Zusammensetzung der Atmosphäre

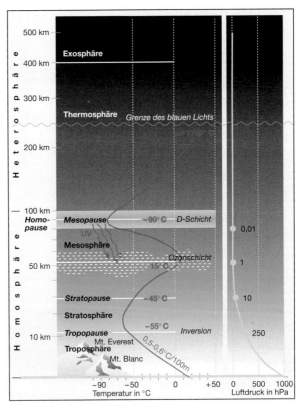

11.2 Stockwerkbau der Atmosphäre

Wetter ist der momentane Zustand der Atmosphäre und seine Änderung zu einem bestimmten Zeitpunkt und in einem bestimmten Raum. Es wird im Wesentlichen gekennzeichnet durch die jeweils aktuellen Zustände der Elemente Temperatur, Luftdruck, Windrichtung, Windstärke, Grad der Bedeckung, Wolkenart, Sicht, Luftfeuchte und Niederschlag sowie durch Prozesse wie Wolkenaufzug und Durchzug eines Tiefs.

Witterung ist die zeitlich auf einige Tage bis zu einer ganzen Jahreszeit begrenzte Abfolge der atmosphärischen Zustände in einem bestimmten Raum. Die Witterungselemente sind die Gleichen wie die Wetterelemente. Die Witterung lässt sich in der Regel durch bestimmte Temperatur- und Niederschlagsverhältnisse charakterisieren.

Klima ist die vieljährig typische Abfolge der atmosphärischen Zustände in einem bestimmten Raum mit einer charakteristischen Verteilung der häufigsten, mittleren und extremen Werte. Die Elemente sind die Gleichen wie beim Wetter und bei der Witterung. Man unterscheidet nach der Größe des Beobachtungsraumes das Makro- (z.B. polares Klima), Meso- (z.B. Klima Ostfrieslands) und Mikroklima (z.B. Waldrandklima).

11.3 Wetter, Witterung und Klima

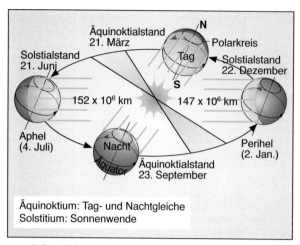

12.1 Erdrevolution

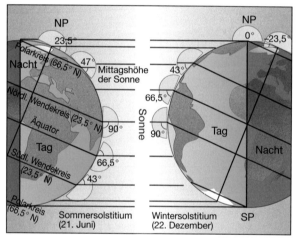

12.2 Ausgewählte Mittagshöhen der Sonne

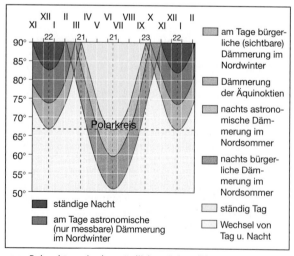

12.3 Beleuchtung in den nördlichen Polargebieten

Das solare Klima

Jahreszeiten und Tageszeiten sind Auswirkungen der Bewegung der Erde im Sonnensystem (Abb. 12.1). Die Erde umkreist die Sonne auf einer elliptischen Bahn in rund 365,25 Tagen (Erdrevolution). Dabei steht die Sonne in einem der beiden Brennpunkte der Ellipse (1. Kepler'sche Gesetz). Die größte Sonnennähe (Perihel) tritt am 2. Januar, die größte Sonnenferne (Aphel) am 4. Juli ein. Die mittlere Entfernung zur Sonne beträgt etwa 150 Mio. km. Die gedachte Verbindungslinie zwischen Sonne und Erde überstreicht in gleichen Zeiten gleiche Flächen (2. Kepler'sche Gesetz), d.h. die Erde bewegt sich in Sonnennähe schneller als in Sonnenferne; die mittlere Geschwindigkeit beträgt etwa 30 km/sec (Abb. 12.1).

Die Erdachse ist mit geringen, erst im Jahrhundertmaßstab bedeutsamen Schwankungen um rund 23,5° gegen die Erdbahnebene geneigt. Diese Ekliptik genannte Schiefstellung führt zu unterschiedlichen Bestrahlungen im Jahresgang. Daraus ergibt sich eine Einteilung der Erde in Zonen ähnlicher Strahlungsverhältnisse: Tropen, Mittelbreiten und Polarregionen. Außerdem entstehen dadurch in den Mittelbreiten und den polaren Breiten die Jahreszeiten (Abb. 12.2). Die Tropen liegen zwischen den Wendekreisen, die solaren Mittelbreiten zwischen den Wendekreisen und den Polarkreisen, die Polarregionen schließlich zwischen den Polarkreisen und dem jeweiligen Pol. Die solaren Mittelbreiten werden häufig noch einmal entlang der 45. Breitengrade in die Subtropen und die gemäßigten Zonen geteilt.

Die Erde dreht sich in rund 24 Stunden (genau: 23h 56'4") von West nach Ost einmal um ihre eigene Achse (Erdrotation); durch die Rotation entstehen Tag und Nacht. Wegen der Ekliptik sind die Tage und Nächte nur im äquatorialen Bereich immer gleich lang. In allen anderen Breiten führt die scheinbare Sonnenwanderung zwischen den beiden Wendekreisen zu wechselnden Tageslängen und Energieeinstrahlungen (Abb. 12.3).

Die planetarische Zirkulation

Dass kalte Luft nach unten sinkt, kann man an jeder Tiefkühltruhe beobachten, nicht zuletzt aufgrund der Tatsache, dass Tiefkühltruhen keinen Deckel brauchen. Dass warme Luft aufsteigt, sieht man an jeder Weihnachtspyramide; kurz nachdem man die Kerzen angezündet hat, beginnt die Pyramide ihre Drehungen. Wird Luft erwärmt, vergrößert sie ihr Volumen, behält aber ihr Gewicht, d.h. sie wird gegenüber der sie umgebenden kälteren Luft leichter und steigt auf. Wenn sie durch Abkühlung wieder ein geringeres Volumen erreicht hat, wird sie gegenüber der sie umgebenden wärmeren Luft schwerer und sinkt ab. Wenn die Erde keine Kugelgestalt hätte und sich zudem nicht drehte, wäre das Verständnis der planetarischen Zirkulation viel einfacher. Wäre sie z.B. eine unbewegliche Walze, würde auf der der Sonne zugewandten Seite am

Walzenäquator die Luft erwärmt und aufsteigen, um in der Höhe nach Norden bzw. Süden abzufließen, an den „Pol-Linien" abzusinken und schließlich äquatorwärts zurückzuwehen. Am Walzenäquator gäbe es am Boden also aus thermischen Gründen einen niedrigen Luftdruck, ein Tief, in der Höhe, ebenfalls aus thermischen Gründen einen hohen Luftdruck, ein Hoch. An den Pol-Linien hingegen gäbe es in der Höhe ein thermisches Tief und am Boden ein thermisches Hoch. Die Luft wäre zwischen diesen Tiefs und Hochs in eine globale Zirkulation versetzt.

Lassen wir die Erde noch einen Moment bewegungslos, aber wieder eine Kugel sein. Wegen der Kugelgestalt sind die Breitengrade unterschiedlich lang. Die Luftmassen, die am Äquator aufsteigen und in der Höhe polwärts wehen, werden deswegen mit zunehmender Breite Konvergenzproblemen ausgesetzt, d. h. große Teile der Luftmassen müssen aus Platzmangel vorzeitig absteigen, ohne dass thermische Gründe vorliegen. Es entstehen dynamische Druckgebiete. Die in unserem Gedankenexperiment auf der Walze thermisch erzeugte planetarische Zirkulation wäre einzellig; auf der Kugel wird diese einzellige Zirkulation aus dynamischen Gründen dreizellig (Abb. 13.1).

Auf der sich um die eigene Achse drehenden Erde gibt es wegen der Kugelgestalt unterschiedliche Rotationsgeschwindigkeiten. Ein Punkt auf dem Äquator legt in 24 Stunden rund 40 000 km zurück, ein Pol in derselben Zeit keinen Millimeter. Am Äquator beträgt die Rotationsgeschwindigkeit knapp 1700 km/h, an den Polen 0 km/h. Ein Luftteilchen, das über dem Äquator aufsteigt, hat bei der Aufwärtsbewegung auch noch eine west-östliche Bewegungskomponente, die der Rotationsgeschwindigkeit seines Ausgangspunktes entspricht. Wegen der Massenträgheit behält es diese West-Ost-Ausgangsgeschwindigkeit auch dann bei, wenn es in Gebiete langsamerer Rotation gerät, d. h. es hat dann eine größere Geschwindigkeit als der Untergrund. Weil es solcherart schneller ist, wirkt es so als werde die Luftbewegung abgelenkt, und zwar auf der Nordhalbkugel nach rechts, auf der Südhalbkugel nach links. Eine vergleichbare Ablenkung erfolgt, wenn das Luftteilchen aus einer langsameren in eine schnellere Rotation gerät. Die Größe der nach dem französischen Physiker DE CORIOLIS benannten scheinbaren Ablenkung hängt ab von dem Größenunterschied zwischen

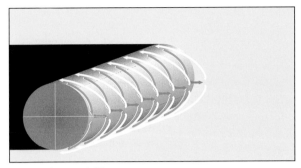

13.2 „Walzenmodell"

den jeweiligen Rotationsgeschwindigkeiten. In Äquatornähe ist die Coriolisablenkung also geringer als in hohen Breiten, wo auf der Nordhalbkugel aus süd-nördlichen Winden Westwinde, aus nord-südlichen Ostwinde werden. In Äquatornähe entstehen aus solchen Winden am Boden die Nordostpassate. Entsprechendes gilt für die Südhalbkugel.

Diese modellhaft dargestellten Luftbewegungen werden in der Realität modifiziert durch die Reibung (Bremswirkung) und die Schwerkraft, die vorwiegend bei der vertikalen Komponente eines Windes von Bedeutung ist.

Aufgaben

1. Stellen Sie die Mittagshöhen der Sonne zur Zeit der Tag- und Nachtgleiche dar (Äquinoktien).
2. Erläutern Sie mithilfe der Abb. 12.3, was der russische Schriftsteller Dostojewski mit den weißen Nächten in St. Petersburg gemeint haben könnte.

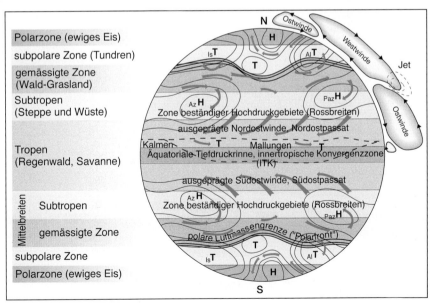

13.1 Planetarische Zirkulation

Ökozonen der Erde

Die Erde lässt sich nach jeweils einem Geofaktor in Zonen gliedern. So unterscheidet man besonders Klimazonen, Vegetationszonen oder Bodenzonen. Man kann aber auch mehrere Ordnungskriterien zusammenfassen, um zu einer komplexeren Gliederung zu kommen. Eine solche Gliederung ist die Einteilung der Erde nach Ökozonen; mitunter heißen sie auch geographische Zonen oder Geozonen.

Da es sich um eine globale Betrachtung handelt, ist es selbstverständlich, dass Ökozonen nur Generalisierungen darstellen. Quantitative Angaben sind dementsprechend nur Richtgrößen. So verstanden ist die Gliederung der Erde in Ökozonen ein globales Ordnungsmuster, das einerseits für jeden Ort das Aufzählen wesentlicher Merkmale ermöglicht und andererseits gut geeignet ist für den Einstieg in Detailuntersuchungen, etwa mit der Frage: Worin

unterscheidet sich dieser Ort von den allgemeinen Merkmalen seiner Ökozone?

Die ökozonale Gliederung geht vorrangig von naturräumlichen Gegebenheiten aus. Kulturräumliche Aspekte werden nur bezüglich der Landnutzung einbezogen, da diese direkt von Ersteren abhängt.

Das wichtigste globale Ordnungmuster ist die zonale Differenzierung. Sie beruht vor allem auf dem Einfallswinkel der Sonnenstrahlen, der sich vom Pol zum Äquator hin kontinuierlich verändert, sowie auf der unterschiedlichen Niederschlagsverteilung. Die Verteilung von Land und Meer führt wie die Anordnung großer Gebirge zu weiteren Differenzierungen in den klimatischen Merkmalen und damit zu Veränderungen im Wasserhaushalt, in der Bodenbildung und in der Vegetation. Gleichzeitig ändern sich auch die Nutzungsmöglichkeiten des jeweiligen Raumes.

Von kontinentaler Bedeutung ist die West-Ost-Seiten-Differenzierung. Sie beruht auf den unterschiedlichen Klimaerscheinungen aufgrund der Coriolisablenkung und

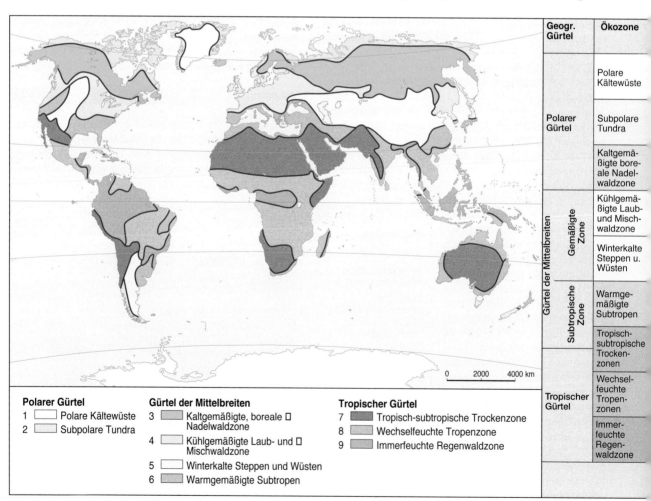

Polarer Gürtel
1   Polare Kältewüste
2   Subpolare Tundra

Gürtel der Mittelbreiten
3   Kaltgemäßigte, boreale □ Nadelwaldzone
4   Kühlgemäßigte Laub- und □ Mischwaldzone
5   Winterkalte Steppen und Wüsten
6   Warmgemäßigte Subtropen

Tropischer Gürtel
7   Tropisch-subtropische Trockenzone
8   Wechselfeuchte Tropenzone
9   Immerfeuchte Regenwaldzone

Geogr. Gürtel	Ökozone
Polarer Gürtel	Polare Kältewüste
	Subpolare Tundra
	Kaltgemäßigte boreale Nadelwaldzone
Gemäßigte Zone	Kühlgemäßigte Laub- und Mischwaldzone
	Winterkalte Steppen u. Wüsten
Subtropische Zone	Warmgemäßigte Subtropen
	Tropisch-subtropische Trockenzonen
Tropischer Gürtel	Wechselfeuchte Tropenzonen
	Immerfeuchte Regenwaldzone

14.1 Geographische Gürtel und Ökozonen der Erde

den daraus resultierenden kalten und warmen Meeresströmungen (> Abb. 16.2).

Ebenfalls von kontinentaler Bedeutung ist die Zentrum-Peripherie-Differenzierung. Sie drückt die Veränderungen vom Rand in das Innere eines Kontinents aus. Bei großen Kontinentmassen verändern sich z.B. die Niederschlagsverhältnisse und die Temperaturen trotz gleicher Breitenlage und Sonneneinstrahlung zwischen Kontinentrand und Kontinentinnerem erheblich (> Abb. 16.2).

Daneben spielt die höhenabhängige oder hypsometrische Differenzierung ein große Rolle. Sie drückt die Abhängigkeit und den Wandel geographischer Sachverhalte mit zunehmender Höhenlage aus. Sie ist einerseits von regionaler, andererseits von globaler Bedeutung (> Abb. 16.1).

Den Ökozonen übergeordnet sind die geographischen Gürtel, die in Abhängigkeit von der geographischen Breite durch jeweils einen bestimmten Strahlungshaushalt und einen bestimmten Ausschnitt aus der planetarischen Zirkulation gekennzeichnet sind. Man unterscheidet die polaren Gürtel, die Gürtel der Mittelbreiten und den tropischen Gürtel. Der gemäßigte Gürtel ist auf der Südhalbkugel so schwach ausgeprägt, dass er in der generalisierten Karte (Abb. 14.1) nicht darstellbar ist.

Ausschlaggebend für die Gliederung der Erde in die drei Gürtel ist die Ekliptik, d.h. die Schiefstellung der Erdachse zur Erdbahnebene um 23,5°. Dadurch entstehen je Halbkugel drei bzw. auf der Gesamterde fünf große Beleuchtungszonen.

In den mathematischen Tropen (40 % der Erdoberfläche), d.h. im Bereich zwischen 23,5° N und 23,5° S, steht die Sonne jährlich zweimal senkrecht über jedem Punkt außer natürlich über Orten direkt auf den Wendekreisen, wo sie nur einmal jährlich genau senkrecht steht.

In den polaren Beleuchtungszonen (8 % der Erdoberfläche), d.h. im polwärtigen Bereich jenseits von 66,5° N bzw. 66,5° S, beträgt der Einstrahlungswinkel maximal 47°. In der Polarnacht bleibt die Sonne bis zu sechs Monaten sogar 24 Stunden am Tag unter dem Horizont.

Klimazone (C°) / NS (mm)	humide Monate	Boden	Natürliche Vegetation	Agrare und forstliche Nutzung	Abflusskoeffizient (Q/NS)	potenzielle jährliche Verdunstung	Abflusshöhe (Q)	Länge der Vegetationsperiode	Biomasseproduktion
...olares Eisklima, -15, < 200	12	Strukturböden weitgehend ohne Bodenbildung	weitgehend pflanzenfrei Kältewinde	ohne landwirtschaftliche Nutzung	0,60	○	◔	○	○
...ubpolares Klima, -10, < 300	12	Tundragley und braune arktische Böden, Moorböden	Tundra subpolare Wiesen flechtenreich	ohne Anbau nomadische Weidewirtschaft	0,55	○	◔	◔	◔
...altgemäßigte Zone, 0, 300 – 600	12	Podsole und Moorböden	Taiga artenarme Nadelwälder, Moore	Waldwirtschaft kleinflächige Landwirtschaft mit schnellreifenden Kulturpflanzen (Roggen, Kart.)	0,5	◔	◑	◑	◔
...ühlgemäßigte Zone, – 12, 400 – 700	12	Braunerde, Lessiv (Fahlerde) Rendzina	Sommergrüne Laub- und Mischwälder mit Heiden	Großflächig Ackerbau, Milchviehhaltung, Waldwirtschaft, Sonderkulturen	0,35	◑	◑	◑	◕
...ühlgemäßigte Steppen nd Wüstenklimate, – 15, 100 – 500	2–8	Schwarzerden, Salzböden, Wüstenböden	Kalte Steppen (artenreich, Gräser und Kräuter bis Zwergstrauch), Halbwüsten	Großflächig Ackerbau, Getreide und Sonderkulturen, extensive Weidewirtschaft	0,2 bis < 0,03	◕	○	◔	◑
...armgemäßigte ubtropenzone, 2 – 21, 400 – 1200	6–12	Braune und rote mediterrane Böden, Rendzina	artenreiche Hartlaubflora, Hochgrasfluren	Landwirtschaft mit frostempfindlichen und trockenresistenten Kulturen z.T. Bewässerungswirtsch.	0,15 – 0,25	◕	◔	◕	◑
...ubtropisch-tropische ockenklimate, 8 – 28, < 100 – 400	0–4	Braune und rotbraune Böden, Vertisole, Wüsten- und Halbwüstenböden	Dornstrauch- und Sukkulentenflora, artenarm, offene Kurzgrasfluren	Anbau mit Bewässerungswirtschaft, nomadische Viehhaltung, Anbau trockenheitsresistenter Pflanzen	0,08 bis < 0,03	●	○	○	○
...ommerfeuchtes ropenklima, 1 – 28, 400 – > 1000	4–10	Rotbraune Böden Roterden	Trocken- und Feuchtsavanne mit halbimmergrünen Regenwäldern, Hochgrasfl.	Wanderfeldbau, Mischkulturen mit wärmeliebenden Kulturpflanzen	0,25 bis 0,35	◕	◕	●	◕
...opisches egenwaldklima, 8 – 29, > 1500	12	Rotlehme, Laterite	artenreicher immergrüner Regenwald, Mangrove	Wanderfeldbau, Plantagenwirtschaft, feuchte- und wärme-liebende Kulturpflanzen	0,50	◕	●	●	●

● sehr hoher Wert   ◕ hoher Wert   ◑ mittlerer Wert   ◔ kleiner Wert   ○ sehr kleiner Wert

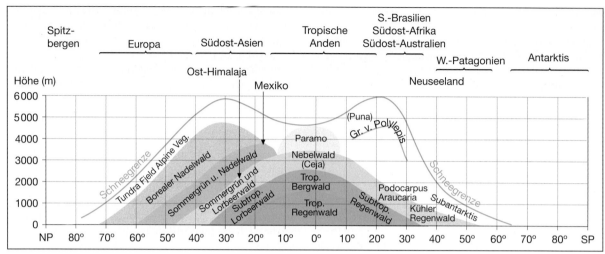

16.1 Schematisches Vegetationsprofil der immerfeuchten Klimate der Erde

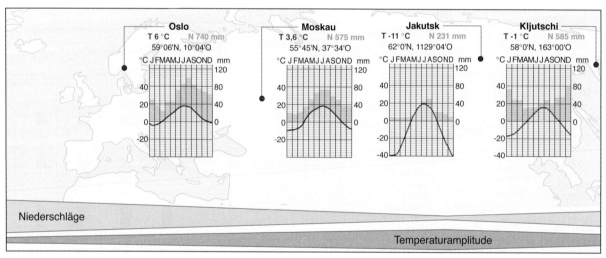

16.2 West-Ost-Seiten- und Zentrum-Peripherie-Differenzierung

In den Beleuchtungszonen der gemäßigten oder mittleren Breiten (52% der Erdoberfläche), d.h. in den Bereichen zwischen 23,5° und 66,5° auf jeder Halbkugel, treten große tägliche Helligkeitsschwankungen auf. Diese im Jahresgang sehr unterschiedlichen Einstrahlungen sind die Ursache für die Jahreszeiten.

Die Ökozonen und geographischen Gürtel erstrecken sich in Abhängigkeit von den Beleuchtungszonen breitenkreisparallel, d.h. in West-Ost-Richtung um die Erde. Daneben gibt es selbstverständlich auch andere Zonen- und Gürtelvorstellungen, die nicht an die West-Ost-Ausrichtung gebunden sind. Hierzu gehören die meridional ausgerichteten Zeitzonen, die von Plattengrenzen abhängigen Erdbebenzonen und die Intensitätszonen rund um eine Stadt, aber auch die diversen Pflanzengürtel um einen verlandenden See.

Aufgaben

1. Vergleichen Sie die Verteilung der Landmassen auf der Nord- und Südhalbkugel der Erde.
2. Stellen Sie fest, welche Klima- und Vegetationszonen auf der Südhalbkugel fehlen (Atlas; > S. 18–19).
3. Beschreiben Sie die höhenabhängige Differenzierung am Beispiel des schematischen Vegetationsprofils der Erde (Abb. 16.1).
4. Beschreiben und erläutern Sie die West-Ost-Seiten-Differenzierung (Abb. 16.2) sowie die zentral-periphere Differenzierung (Abb. 16.2, > Abb. 19.1, Atlas).
5. Vergleichen Sie die Untergliederungen in den beiden ersten Spalten in Abb. 15.1.
6. Erläutern Sie die Begriffe „Ökozone" und „geographischer Gürtel".

Ökologie – was heißt das eigentlich?

Only one earth – Wir haben nur diese eine Erde. Unser Umgang mit ihr muss äußerst sorgfältig und verantwortungsvoll sein. Ein solcher Umgang setzt ein genaues Verständnis des natürlichen Haushalts der Erde oder etwas genauer der einzelnen Komponenten des Naturhaushalts und ihres Zusammenwirkens voraus. Damit ist der Begriff Geoökologie im Wesentlichen schon beschrieben. Die Geoökologie, manchmal auch noch Landschaftsökologie genannt, ist

> „das Studium des gesamten in einem bestimmten Landschaftsausschnitt herrschenden Wirkungsgefüges zwischen den Lebensgemeinschaften und ihren Umweltbedingungen. Die Landschaftsökologie geht von der Synoptik aller in der Natur geographisch-räumlich geordneten Erscheinungen aus, und zwar von dem funktional-ökologischen Zusammenklang von Boden, Wasser, Luft und Lebewelt" (TROLL).

> „Geoökologische Forschung hat sich die qualitative und möglichst auch quantitative Aufdeckung der Wechselwirkungen zwischen den verschiedenen Komponenten des Geokomplexes zum Ziel gesetzt. Sie ist Umweltforschung im naturwissenschaftlichen Sinne. Geoökologie ist die Lehre vom Naturhaushalt der Landschaft, der sich zumindest über die verschiedenen Teilkreisläufe qualitativ und quantitativ erfassen lässt" (KLINK).

Zwar sind es physische Wechselwirkungen, die den Naturhaushalt ausmachen, doch unterliegen sie zunehmend Einflüssen aus der Anthroposphäre. Deren Einbindung ist deswegen in geoökologischen Untersuchungen unverzichtbar. So werden Geoökosysteme heute auch definiert als Systeme von

> „miteinander verflochtenen Geofaktoren, die ein Wirkungsgefüge aus kausal verketteten physisch-geographischen Abhängigkeiten, biotischen Lebensvorgängen und sozioökonomischen Funktionen und Beziehungen des Menschen darstellen" (LESER).

Ähnlich wie die Geoökologie untersucht auch die Bioökologie die Beziehungen der Lebewesen untereinander und zu ihrer abiotischen Umwelt. Unter Umwelt versteht man hier alle äußeren Einflüsse, die auf einen Organismus einwirken. Gehen diese Einwirkungen von anderen Lebewesen aus, so spricht man von den biotischen Umweltfaktoren (Nahrungsbeziehungen zwischen den Lebewesen). Aber auch die unbelebte Umwelt beeinflusst das Gedeihen eines Organismus. Zu den abiotischen Faktoren zählen Wärme, Licht, Wasser und andere chemisch-physikalische Bedingungen des Lebensraumes.

Die Gesamtheit aller in einem geographisch abgrenzbaren Raum vorkommenden Organismen bilden eine Biozönose oder Lebensgemeinschaft, in der die Lebewesen durch vielfältige Wechselbeziehungen voneinander abhängig sind. Der räumlich abgrenzbare Bereich einer Biozönose wird Biotop genannt. Biozönose und Biotop bilden die funktionelle Einheit des Bioökosystems. Die Gesamtheit aller Bioökosysteme der Erde ergibt die Biosphäre.

Autökologie – Populationsökologie – Synökologie

Die Untersuchung der Wechselbeziehungen zwischen Lebewesen und ihrer Umwelt kann auf unterschiedlichen Stufen erfolgen. Die Autökologie betrachtet die einzelne Organismenart und beschreibt den Einfluss der auf sie einwirkenden Faktoren.
Während autökologische Untersuchungen Individuen zum Gegenstand haben, befasst sich die Populationsökologie mit den Umweltbeziehungen von Populationen. Dabei ist eine Population die Gesamtheit aller Angehörigen einer Art, die in einem bestimmten Gebiet vorkommen. Die komplexeste Fragestellung beinhaltet die Synökologie, die Lebensgemeinschaften untersucht.

Grenzen der Biosphäre

Die Grenzen der Biosphäre können nicht exakt angegeben werden. Ihre Ausdehnung lässt sich aber etwa an dem Vorkommen von Lebewesen an extremen Standorten ablesen. In der Atmosphäre wird das Auftreten von Leben nach oben durch die Kälte, die UV-Strahlung und den Sauerstoffmangel begrenzt. Vögel fliegen bis zu 5000 m hoch. Dauerformen von Einzellern hat man bis zu 18 km Höhe gefunden. In der Lithosphäre dringen Organismen nur wenige Meter tief vor. Erdölbakterien treten jedoch noch in 4000 m Tiefe auf. Die Hydrosphäre wird in ihrer gesamten Ausdehnung belebt. Auch in 10 000 m Meerestiefe trifft man z. B. Tiefseefische mit besonderen Leuchtorganen an.

Aufgabe

Vergleichen Sie den geoökologischen mit dem bioökologischen Ansatz.

Der Kartenvergleich

Sobald der Mensch lesen lernt, lernt er auch, seinen Blick in feste Bahnen zu lenken, im europäischen Kulturkreis zeilenweise von links oben nach rechts unten. Gesprochene und geschriebene Informationen werden linear erschlossen. Bei Bildern und Karten hingegen werden alle Informationen gleichzeitig präsentiert; das Auge findet keinen eindeutigen Ausgangspunkt, beginnt irgendwo und geht von dort irgendwie weiter. Deswegen ist das Lesen einer Karte oder einer anderen flächenhaften Darstellung schwieriger als das Lesen eines Textes. Die Werbung bedient sich so genannter eye-catcher und weiß psychologisch sehr geschickt den Blick auf das von ihr gewünschte Ziel zu lenken. Die Erdkunde muss sich solcher Tricks enthalten, kann aber auf Karten nicht verzichten.

---

1. Orientierung
   - Was wird dargestellt?
   - Wo liegt der dargestellte Raum?
   - Wie groß ist der Raumausschnitt?
   - Woher stammt die Karte?
2. Beschreibung
   - Welches ist die günstigere Vorgehensweise?
   - Was gibt es wie häufig und an welchen Stellen?
   - Welche absoluten Daten müssen in die Beschreibung aufgenommen werden?
   - Unter welchen Gesichtspunkten können die Einzelbeobachtungen zusammengefasst werden?
3. Erklärung
   - Welche Erklärungsansätze stecken in den Namen und sonstigen Beschriftungen?
   - Welche kausalen und funktionalen Zusammenhänge werden in der Karte sichtbar?
   - Welche anderen Karten, Texte, Bilder, Grafiken und Tabellen können zur Erklärung herangezogen werden?
   - Warum sieht der Raum so aus?
4. Bewertung
   - Wie sind der Raum, sein Werdegang und seine potenzielle Entwicklung zu bewerten?
   - Wo sind die Grenzen der Kartenaussagen?
   - Wie sind die Kartendarstellung, die Beschriftung, der Maßstab, die Informationsmenge und die Quelle zu bewerten?

18.1 Leitfragen zur Kartenauswertung

Gerade die Gleichzeitigkeit der Präsentation oft sehr vielfältiger und sehr differenzierter Inhalte ist die besondere Stärke der Karte, da nur so geographische Inhalte in immer neuen Kombinationen herausgelesen werden können. Auch in Karten kann es eye-catcher geben, eine dominante Stadt im dazugehörigen überregionalen Verkehrsnetz, einen markanten Küstenabschnitt mit besonderer Hafengunst oder eine andere Auffälligkeit. In einem sol-

chen Fall geht die Kartenbeschreibung im Regelfall von diesem eye-catcher aus. In allen übrigen Fällen muss man sich zwischen zwei Möglichkeiten entscheiden: Entweder man betrachtet über die ganze Karte hin einzelne Geofaktoren bzw. andere dargestellte Phänomene nacheinander oder man gliedert den Raum in sinnvolle Teilräume und beschreibt diese nacheinander, wobei sowohl für eine Gesamtbeschreibung als auch für die Beschreibung von Teilräumen eine sachlich angemessene Gliederung vorgenommen werden muss.

Der Kartenvergleich geht über die Auswertung einer einzelnen Karte hinaus (> S. 5: „vergleichen" und S. 116), weil er die komplexen Inhalte der einen Karte zu den komplexen Inhalten der anderen Karte in Beziehung setzt. Es bieten sich das aufbauende und das gegenüberstellende oder parallele Vergleichen an. Aufbauendes Vergleichen heißt, man bearbeitet die zu vergleichenden Karten nacheinander und stellt erst bei der Bearbeitung der zweiten Karte die wesentlichen Gemeinsamkeiten und Unterschiede heraus. Beim parallelen Vergleichen werden die Karten direkt gegenübergestellt und miteinander verglichen. In der Praxis löst sich das parallele Vorgehen wegen der meist komplexen Darstellungen oft in ein Nacheinander von Einzelaspekten auf, die jeder für sich parallel betrachtet werden; solche Einzelaspekte können Teilthemen oder Teilräume sein.

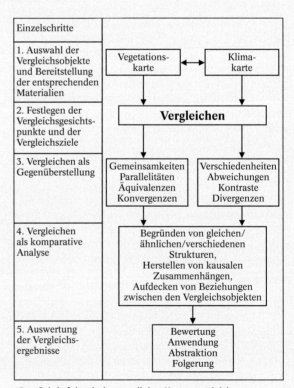

18.2 Schrittfolge beim parallelen Kartenvergleich

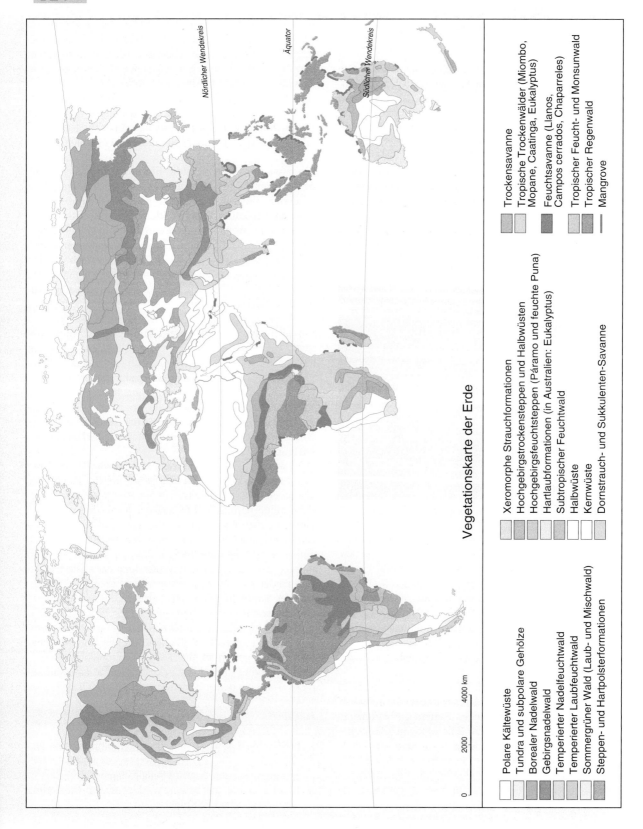

Vegetationskarte der Erde

Polare Kältewüste
Tundra und subpolare Gehölze
Borealer Nadelwald
Gebirgsnadelwald
Temperierter Nadelfeuchtwald
Temperierter Laubfeuchtwald
Sommergrüner Wald (Laub- und Mischwald)
Steppen- und Hartpolsterformationen

Xeromorphe Strauchformationen
Hochgebirgstrockensteppen und Halbwüsten
Hochgebirgsfeuchtsteppen (Páramo und feuchte Puna)
Hartlaubformationen (in Australien: Eukalyptus)
Subtropischer Feuchtwald
Halbwüste
Kernwüste
Dornstrauch- und Sukkulenten-Savanne

Trockensavanne
Tropische Trockenwälder (Miombo, Mopane, Caatinga, Eukalyptus)
Feuchtsavanne (Llanos, Campos cerrados, Chaparreles)
Tropischer Feucht- und Monsunwald
Tropischer Regenwald
Mangrove

Nördlicher Wendekreis
Äquator
Südlicher Wendekreis

0   2000   4000 km

Das ökologische Gleichgewicht

Seit einigen Jahren kann man in Blumengeschäften und Kaufhäusern so genannte Flaschenkulturen sehen, Ballonflaschen mit Erde und Pflanzen. Die Flaschen sind durch einen Gummipfropfen gegen die Außenwelt abgeschlossen. Durch die Glaswand wird Energie in Form von Licht zugeführt. In der Flasche gibt es einen in sich geschlossenen Wasserkreislauf: Die Pflanzen nehmen aus dem Boden Wasser auf und transpirieren es. Die Luftfeuchte kondensiert an der Flaschenwand; das Wasser kehrt tröpfchenweise in den Boden zurück. In der Flasche gibt es auch einen Nährstoffkreislauf: Die Pflanzen entnehmen dem Boden die benötigten Nährstoffe und geben sie in Form abgestorbener Pflanzenteile an den Boden zurück, wo diese von Mikroorganismen in Nährstoffe zurückverwandelt werden.

20.1 Ökosystem in geschlossener Glaskugel

Die Flaschenkultur kann, abgesehen von der Energiezufuhr, wegen der Kreisläufe aus sich heraus existieren. Die notwendigen Stoffe werden immer wieder reproduziert, da so genannte Abfälle wie das welke Laub in den Stoffkreislauf zurückkehren und nicht aus ihm entfernt werden. Die Flaschenkultur befindet sich in einem Gleichgewichtszustand; sie ist z.B. bei Temperaturschwankungen regulationsfähig; sie ist gekennzeichnet durch Stoffkreisläufe und einen Energiefluss, kurz, sie ist ein Ökosystem.

Ein anderes Ökosystem ist die Erde, die sich ebenfalls im Zustand eines Fließgleichgewichts befindet. Darunter versteht man, dass die Stabilität im System auf Störungen durch Selbstregulation reagiert. Eine wassergefüllte Schale erlaubt eine einfache Analogie. Stellt man die Schale schräg, aber nicht so schräg, dass das Wasser ausläuft, dann wird das Wasser eine Weile hin- und herschwappen bis es einen neuen Gleichgewichtszustand gefunden hat und wieder zur Ruhe kommt.

Wie in jedem System bedeutet der Gleichgewichtszustand auch für die Erde, dass alle Subsysteme, sowohl die biotischen als auch die abiotischen sich zueinander in einem ungefähr ausgewogenen Gleichgewicht befinden, und dass alle Ein- und Auswirkungen aufeinander abgestimmt sind. Selbstverständlich gehört zur Erhaltung des Gleichgewichtszustands die ständige Energiezufuhr durch Sonneneinstrahlung, damit die Produzenten, d.h. die grünen Pflanzen überhaupt anfangen können zu assimilieren.

Ein einfaches Beispiel ist die Beziehung zwischen Grasfressern und ihrer Weidefläche. Ist das Futterangebot größer als die Nachfrage, vergrößert sich die Population. Wird die Tragfähigkeit der Weide überschritten, tritt Hunger auf. Eine Weile wird die Reproduktionsrate noch beibehalten, dann aber kommt es zu einem deutlichen Rückgang der Population. Die Weidefläche kann sich erholen und neues Gras produzieren. Dadurch steigt dann auch die Population wieder an. Grasproduktion und Population schwanken langfristig um einen konstanten Mittelwert.

Ein Fließgleichgewicht kann allerdings auch so massiv gestört werden, dass die Kräfte der Selbstregulation nicht mehr ausreichen. Bleiben wir noch ein wenig auf der Weide. Auf ihr tummeln sich auch zahlreiche Kaninchen, die eine schon sprichwörtlich hohe Reproduktionsrate haben. Diese Reproduktionsrate ist äußerst sinnvoll, da die Kaninchen eine große Zahl natürlicher Feinde haben. Nur über die enorme Vermehrung können die Nager ihren Bestand erhalten.

1859 wurden in Australien von begeisterten Jägern rund zwei Dutzend Kaninchen ausgesetzt, um die Palette des jagdbaren Wildes zu erweitern. In Australien gibt es jedoch keine natürlichen Feinde der Kaninchen, von den Jägern einmal abgesehen. Die Folgen sind bekannt: Die Kaninchen blieben Kaninchen und vermehrten sich mit einem so ungeheurem Tempo, dass sie sich in wenigen Jahrzehnten nicht nur über große Teile der australischen Grasländer ausbreiteten, sondern diese auch kahl fraßen. Um der Kaninchenplage Herr zu werden und ein neues Gleichgewicht herzustellen, suchte man einen Ersatz für natürliche Feinde und fand ihn im Erreger der Myxomatose, eine für Kaninchen tödliche Krankheit. Die Myxomatose wurde gezielt in die Kaninchenpopulation eingebracht. Da diese Krankheit zyklisch auftritt, entstand auf diese Weise ein neues Gleichgewicht.

Aufgaben

1. Stellen Sie dar, wieso eine Flaschenkultur ein Ökosystem ist.
2. Erläutern Sie den Begriff Fließgleichgewicht.
3. Beurteilen Sie die bewusste Myxomatose-Infizierung der australischen Kaninchen.

TROPISCHER REGENWALD

Grünes Gold
ohne Ende

Ökosystem tropischer Regenwald

Als der deutsche Naturforscher und Geograph Alexander von HUMBOLDT von 1799 bis 1804 Lateinamerika bereiste, war er vom immergrünen tropischen Regenwald so beeindruckt, dass er ihn „Hyläa" nannte. Das griechische Wort „Hyle" bedeutet Holz, Wald, Urstoff, Materie. Es kennzeichnet den Wald als Lebensraum und Nahrungsquelle.

Humboldts Schilderungen vom üppigen Pflanzenwuchs und der Produktionskraft der Hyläa ließen Gedanken an eine ökonomische Nutzung dieser letzten großen „Landreserve der Erde" aufkommen. Allerdings waren bis ins 20. Jahrhundert hinein die ökologischen Grundstrukturen des Tropenwaldes erst unzureichend erarbeitet.

22.2 Bergregenwälder

Erdteil	geschlossene Waldform	offene Waldform
Amerika	800 Mio. ha (57 %)	450 Mio. ha (27 %)
Asien	350 Mio. ha (25 %)	100 Mio. ha (5 %)
Afrika	250 Mio. ha (18 %)	1150 Mio. ha (68 %)
1992	1400 Mio. ha (100 %)	1700 Mio. ha (100 %)

Tropenwald – tropischer Regenwald

Der Tropenwald ist keine einheitliche Vegetationsform, ebenso wenig wie der Wald der gemäßigten Breiten. Klima-, Boden- und Höhenunterschiede innerhalb der Tropen bewirken eine ausgeprägte Vielfalt unterschiedlicher Waldtypen, die nur mit fließenden Übergängen klassifiziert werden können (Abb. 22.1–22.3).

22.3 Tropischer Trockenwald

Der in der deutschen Öffentlichkeit verwendete Begriff „tropischer Regenwald" bezeichnet die immergrünen tropischen Tieflandregenwälder von 0 bis 800 m Höhe. Sie bedecken augenblicklich noch etwa 400 Mio. ha und sind die geschlossenen, hochstämmigen Wälder im Bereich zwischen etwa 10° Nord und 10° Süd mit ganzjährig hohen Temperaturen und Niederschlägen.

Das Kennzeichen der Tieflandregenwälder ist ihr drei- bis vierschichtiger Aufbau. Die höchsten Bäume (Überständer) erreichen Höhen von 45 bis 55 m, manchmal auch über 60 m. Sie bilden keine geschlossene Schicht. Darunter liegt eine Schicht von 30 bis 35 m hohen Bäumen. In Abhängigkeit vom einfallenden Licht kann eine dritte und sogar vierte Schicht vorhanden sein. Die Kraut- und Strauchschicht ist, wegen des fehlenden Lichts, in Bodennähe nur sehr spärlich ausgebildet. Charakteristisch sind die zahlreichen Brettwurzler mit glatten und dünnen Rinden, Lianen und Epiphyten (Aufsitzerpflanzen) sowie das Auftreten von Kauliflorie (Blüten setzen direkt am Stamm an).

22.1 Tropischer Regenwald

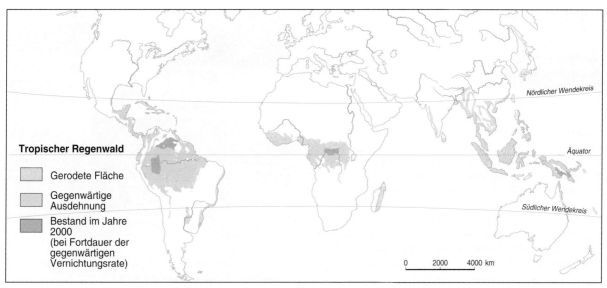

23.1 Verbreitung und Verlust des tropischen Regenwaldes

Der tropische Regenwald

Der tropische Regenwald ist ein Ökosystem mit extrem hoher Produktivität und von anhaltender Stabilität, so lange der Kreislauf ungestört bleibt. Seine Entstehung verdankt er den Klimabedingungen der Äquatorzone. Die Tropenwälder sind von entscheidender Bedeutung für das Weltklima – gewissermaßen die „Grüne Lunge der Erde". Darüber hinaus sind sie das artenreichste Ökosystem auf der Erde überhaupt.

Aufgaben

1. Nennen Sie die charakteristischen Merkmale des tropischen Regenwaldes (Abb. 22.1 und 23.3).
2. Beschreiben Sie die Veränderungen in der weltweiten Verbreitung des tropischen Regenwaldes.
3. Nehmen Sie Stellung zu der Auffassung, der tropische Regenwald sei eine der letzten großen Landreserven.

Angst um den Tropenwald

Feldafing – Experten schlagen Alarm: Weil immer noch weltweit Tropenwälder abgeholzt werden, drohen Klimasystem und globales ökologisches Gleichgewicht zu kippen. „Wenn Wälder nur der Holznutzung dienen", so der Bonner Entwicklungsminister Spranger bei einer Expertentagung in Feldafing, „gehen wichtige Umweltfunktionen verloren." Weltweit werden jährlich rund 20 Millionen Hektar Wald abgeholzt – das entspricht dem gesamten deutschen Waldbestand. Wenn das so bleibt, wächst dort in 30 Jahren kein Wald mehr.

Abendzeitung, 18.06.96

23.2 Zeitungsartikel

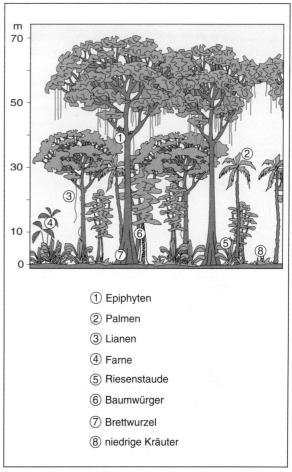

① Epiphyten

② Palmen

③ Lianen

④ Farne

⑤ Riesenstaude

⑥ Baumwürger

⑦ Brettwurzel

⑧ niedrige Kräuter

23.3 Aufbau eines tropischen Regenwaldes

Nährstoffkreislauf im tropischen Regenwald

Die Pflanzen benötigen für ihr natürliches Wachstum Sonnenlicht, Kohlendioxid aus der Luft, dazu Regen und Bodenwasser sowie mehr als zehn Mineralstoffe (wie z. B. Kalium oder Magnesium) aus dem Boden.

Die meisten tropischen Böden sind nicht nur sehr alt, sondern auch tiefgründig verwittert und ausgelaugt (> S. 78–81). An die Stelle der Mineralstoffe sind nährstoffarme Eisen- und Aluminiumverbindungen getreten. Dennoch wachsen die üppigen tropischen Regenwälder auch auf solchen Böden.

Die Nährstoffe im tropischen Regenwald sind fast ausschließlich in der lebenden oder gerade abgestorbenen Substanz zu finden. Im häufig nur 30 Zentimeter dünnen Oberboden sind die organischen Nährstoffe in der Streu aus vermodernden Pflanzen- und Tierteilen konzentriert. Dort zersetzen Bakterien, Termiten, Pilze und wirbellose Tiere tote organische Substanz und setzen Nährstoffe frei, die von den Pflanzenwurzeln wieder aufgenommen werden.

Eine besondere Rolle spielen bei diesem Vorgang die Mykorrhiza-Pilze, ohne deren Hilfe die Bäume im tropischen Regenwald die bereitgestellten Nährstoffe nicht aufnehmen könnten (Abb. 24.2). Die Pilze dringen in die Baumwurzeln ein und entziehen dem Baum Assimilate (Produkte der Fotosynthese). Sie geben ihm aber Wasser und Nährstoffe (Mineralsalze) zurück. Dieser wechselseitige Stoffaustausch kennzeichnet den kurzgeschlossenen Nährstoffkreislauf im tropischen Regenwald. 80 Prozent der benötigten Nährstoffe stammen aus dem internen Kreislauf, die restlichen 20 Prozent kommen aus dem pla-

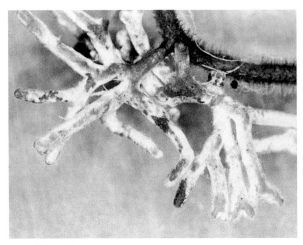

24.2 Mykorrhiza

netarischen Kreislauf, also aus der Luft, dem Niederschlag und dem Boden. Die spärlichen Nährstoffe des Bodens werden höchst effizient aufgenommen und verwertet.

Werden nach Abholzung und Zerstörung der Pilzgeflechte die letzten Nährstoffe vom Regenwasser ausgeschwemmt und der Boden trocknet aus und verhärtet, so ist kein dauerhafter Ackerbau mehr möglich.

Aufgaben

1. Beschreiben Sie den Nährstoffkreislauf im tropischen Regenwald mithilfe der Abb. 24.1.
2. Vergleichen Sie den Nährstoffkreislauf im tropischen Regenwald mit demjenigen in einem Laubwald der gemäßigten Zone.

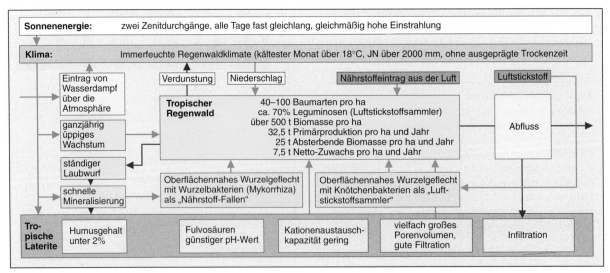

24.1 Ökosystem tropischer Regenwald

Wasser, Wolken, Niederschlag

Das Wasser befindet sich in einem ständigen Wechselspiel zwischen Verdunstung und Niederschlag (> S. 153).
Durch die Wärmestrahlung der Sonne verdunstet Wasser an der Erdoberfläche und über dem Meer. Als unsichtbarer Wasserdampf wird es von der Luft aufgenommen und steigt nach oben. Konvektion, d.h. freie Aufwärtsbewegung der Luft, führt im Allgemeinen zur Wolkenbildung. Welche Wolken dabei entstehen, hängt darüber hinaus noch von Temperatur, Luftfeuchte und Horizontalbewegung der Luftmassen ab.

Gerät eine Luftmasse in größere Höhen, wird ihr Wärme entzogen, und sie kühlt sich ab. Bei bestimmten Temperaturen kann sich nur eine begrenzte Menge Wasserdampf in der Atmosphäre halten (1 m^3 Luft kann bei 0 °C maximal 4,8 g H$_2$O-Dampf, bei 30 °C maximal 30,4 g H$_2$O-Dampf enthalten). Sobald durch Temperaturrückgang dieser Maximalwert überschritten wird, also der Taupunkt erreicht ist, setzt Kondensation ein. Der Wasserdampf geht dabei von der unsichtbaren, gasförmigen in die sichtbare, flüssige Form über. Durch Kondensation werden Wassertröpfchen gebildet. Bei diesem Vorgang sind die Kondensationskerne besonders wichtig. Sie sind in der Atmosphäre als kleine Teilchen mit wasserbindenden Eigenschaften vorhanden, wie beispielsweise Natriumchlorid oder auch Staubpartikel, um die sich dann Wasserhäutchen bilden. Wolken sind die sichtbaren Anhäufungen atmosphärischer Kondensationsprodukte des Wasserdampfs.

25.2 Tropische Gewitterwolken

Niederschlag fällt dann, wenn die Wasserteilchen so groß und schwer werden, dass sie sich nicht mehr im Schwebezustand halten können. Weil warme Luft mehr Wasserdampf enthalten kann als kalte, ist die Niederschlagsergiebigkeit unterschiedlich. Niederschläge in wasserdampfreicher, warmer Tropenluft treten zumeist als kräftige Regengüsse auf. In den gemäßigten Breiten sind die Sommergewitter von größerer Niederschlagsergiebigkeit als winterlicher Schneefall.

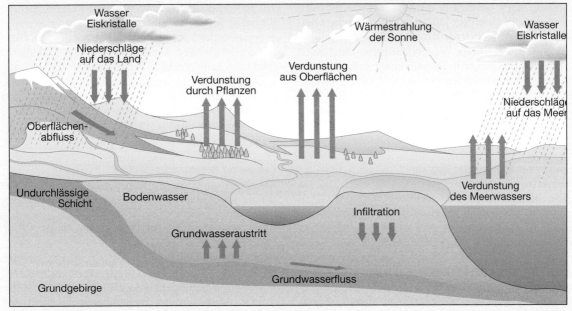

25.1 Schematische Übersicht zum Wasserkreislauf

26.1 Intakter Regenwald

26.2 Brandrodungsfläche

Tropischer Regenwald: Nutzung und Zerstörung

Das komplexe Ökosystem des tropischen Regenwaldes ist verletzlich gegen menschliche Eingriffe. Der gesamte Nährstoffkreislauf wird geschädigt oder gar zerstört, wenn durch großflächige Rodungen die den Boden schützende Vegetationsbedeckung verloren geht.

Durch Kahlschläge werden darüber hinaus der lokale Wasserhaushalt erheblich gestört und das Mikroklima verändert. Es ist unmöglich, die entstandenen Schäden nachträglich zu beseitigen und das ursprüngliche Ökosystem des Regenwaldes wiederherzustellen.

Die weltweit praktizierte Wiederaufforstung mit schnell wachsenden Baumarten in Monokulturen (z.B. Eukalyptus) verspricht zwar raschen Gewinn, trägt aber zur weiteren Verarmung der Böden bei. Es ist biologisch ausgeschlossen, die Artenvielfalt an Pflanzen und Tieren nach der Vernichtung größerer Tropenwaldflächen wieder zu erreichen.

Möglichkeiten nachhaltiger Nutzung der tropischen Regenwälder

Aus der besonderen Beschaffenheit des Ökosystems ergeben sich Konsequenzen für die mögliche wirtschaftliche Nutzung tropischer Regenwälder durch den Menschen ebenso wie für ihre Zerstörung. Die nachhaltige, d.h. nicht zerstörerische wirtschaftliche Nutzung des leicht zu schädigenden Ökosystems ist nur unter Bedingungen möglich, die den besonderen Eigenarten des Regenwaldes entsprechen und das geschlossene System des Nährstoffkreislaufs nicht über das flächenmäßig tragbare Maß hinaus belasten.

In allen Regenwaldgebieten der Tropen ist festzustellen, dass die nachhaltige Nutzung (> S. 61, 146/147) ausschließlich von den indigenen Völkern betrieben wird. Aus ihrer genauen Kenntnis der regionalen Verhältnisse besitzen sie Erfahrungen in der Nutzung der Nährstoffkette, ohne das Fließgleichgewicht zu stören. Aus ökonomischen Zwängen heraus gehen auch indigene Völker heute immer mehr zu ökologisch unverträglichen Nutzungen des Waldes über, z.B. durch gesteigerte Brennholzentnahme.

Die verschiedenen Nutzungsarten der Regenwälder durch die indigene Bevölkerung zeichnen sich dadurch aus, dass ein schonender Umgang praktiziert wird, der dem Ökosystem die Möglichkeit zur Regeneration bietet. Zeitlich versetzt kann dann erneut wirtschaftliche Nutzung eintreten, und der Regenwald wird für die nachfolgenden Generationen erhalten. Hierbei kann im Wesentlichen zwischen Sammelwirtschaft, Jagd, Wanderfeldwirtschaft und angepasster Gartenwirtschaft (Hortikultur) unterschieden werden.

Formen der Regenwaldzerstörung

Es gibt verschiedene Formen der Regenwaldzerstörung, die stark von den nationalen und regionalen Gegebenheiten abhängen:

- Erschließungs- und Besiedlungsmaßnahmen (z.B. Straßenbau, Agrarsiedlungen)
- großflächige (Brand-) Rodung (z.B. Anbau von Monokulturen, Viehzucht)
- Einschlag des Tropenholzes zur kommerziellen Nutzung (z.B. Edelholzexport, Brennholzgewinnung, Holzkohleerzeugung)

27.1 Agrarkolonisation

Berater halten Großprojekt für zu riskant

Das umstrittene Bakun-Staudamm- und Kraftwerksprojekt in Malaysia ist mit einem „ungewöhnlich hohen und unkontrollierbaren Risiko belastet" und „könne bestenfalls als spekulative Investition betrachtet werden". Zu diesem Ergebnis gelangt die britische Investitionsberatungsfirma Delphi International. Das Bonner Entwicklungsministerium hat zwar Voruntersuchungen gefördert, eine finanzielle Unterstützung des Baus selbst dann jedoch aufgrund ökologischer und ökonomischer Bedenken abgelehnt. Wasserkraftwerke können erhebliche ökologische Folgen mit sich bringen. Durch die Staudämme werden weite Regenwaldflächen überflutet und wertvolle Biotope zerstört. Oftmals müssen zahlreiche Menschen umgesiedelt werden. Wird die Vegetation in den überfluteten Gebieten nicht abgeholzt, bilden sich in dem aufgestauten Wasser Fäulnisgase; sie beeinträchtigen die Wasserqualität.

27.2 Nach Frankfurter Rundschau vom 23. 08. 96

- Erschließung und Abbau von Bodenschätzen (z.B. Straßen- und Eisenbahnbau, Rohstoffgewinnungsanlagen)
- Anlage von Staudämmen (z.B. Energiegewinnung, Wasserabflussregulierung)

Allen diesen Nutzungsarten ist es eigen, dass die Regenwaldgebiete auf großen Flächen und ohne Berücksichtigung der besonderen ökologischen Bedingungen erschlossen und freigelegt werden. Dadurch setzen sofort Erosions- und Verarmungsprozesse ein, die endgültig zur Vernichtung des Regenwaldes und des in ihm enthaltenen biologischen Potenzials führen.

Der sich über Jahrzehnte verstärkende Raubbau an den Regenwäldern bedroht das Überleben seiner indigenen Bewohner. Nach gegenwärtigen Schätzungen der Vereinten Nationen umfasst die Vernichtung der tropischen Regenwälder eine Fläche von ca. 140 000 km^2 pro Jahr. Darüber hinaus wird jährlich ungefähr die gleiche Fläche langfristig geschädigt.

Aufgaben

1. Benennen Sie mithilfe geeigneter Atlaskarten Raumbeispiele für die verschiedenen Formen der weltweiten Regenwaldzerstörung.
2. Erörtern Sie die Gründe des sich verändernden Umgangs der indigenen Völkern mit ihren Lebensräumen.
3. Erläutern Sie die unmittelbaren ökologischen Auswirkungen der unterschiedlichen Formen der Regenwaldzerstörung.

27.3 Eisenerztagebau in Brasilien

27.4 Wasserkraft

28.1 Palmen auf Helgoland

Tropischer Regenwald bei uns?

Die Frage nach dem tropischen Regenwald bei uns trifft zumeist auf Unverständnis. Dennoch begegnen wir ihm indirekt fast täglich in den pflanzlichen Nahrungsmitteln (z.B. Avocado, Papaya, Mango), in Arzneien (> S. 29) oder in Tropenholzprodukten.

Erdgeschichtlich gab es Abschnitte, in denen es deutlich wärmer war als heute. Fossilien weisen auf tropische Wälder in Mitteleuropa hin. So war z.B. die Entstehung von Steinkohle im Karbon vor rund 300 Mio. Jahren und von Bernstein im Oligozän vor rund 30 Mio. Jahren (Abb. 28.3) an solche Wärmephasen gebunden. Die wechselvolle Geschichte des Klimas schließt künftige Klimaschwankungen, die bei längerer Dauer auch das Leben auf der Erde wandeln, nicht aus (> S. 162–167).

Palmen auf Helgoland

Neue Befunde an 120 000 Jahre alten Grönland-Eisproben lassen vermuten: Dramatische Schwankungen zwischen Wüstenklima und Eiszeit könnten sich in Europa wiederholen.

Wie britische und amerikanische Klimaexperten Anfang Januar bekannt gaben, erreichte die irdische Durchschnittstemperatur 1994 fast den Spitzenwert von 1940 – dem heißesten Jahr überhaupt seit Beginn der Klimaaufzeichnungen 1850. „Noch in diesem Jahrzehnt" werde die mittlere Oberflächentemperatur alle bisherigen Rekorde brechen, prophezeite der US-Klimaforscher James Hansen.
Am Ende kommen die Computer – unter der Annahme, daß die CO_2-Emissionen weiter wie bisher steigen – immer wieder zur gleichen Langzeitprognose: Spätestens Ende nächsten Jahrhunderts wird es auf der Erde um etwa drei Grad wärmer sein als heute.

Drei Grad wärmer war es zuletzt vor über 100 000 Jahren während der Klimaepoche des „Eem": In Mitteleuropa herrschte ein Klima wie in Afrika. Durch die Wälder Norddeutschlands stampften Elefanten, Flußpferde planschten im Rhein, am Ufer lümmelten sich Löwen – alles durch Knochenfunde belegt.

Doch die Computermodelle lassen kaum einen Zweifel: Im Norden wird es wärmer und feuchter. Denkbar, daß in Deutschland dann ein Wetter wie in Italien herrscht, daß auf der Nordseeinsel Helgoland Pinien und Palmen gedeihen.

Der Spiegel 12/1995 (gekürzt)

28.2 Zeitungsbericht

28.3 Bernstein mit Einschluss

Genpool Regenwald

Die tropischen Regenwälder sind das biologisch reichste Gebiet der gesamten Erde. In einem Lebensraum, der nur 6 % der Erdoberfläche einnimmt, finden sich 60 % aller Pflanzenarten, 80 % aller Insektenarten und 90 % aller Primatenarten. 25 % aller Arten kommen ausschließlich im tropischen Regenwald vor.

Derzeit sind weltweit etwa 1,5 Millionen Tier- und Pflanzenarten wissenschaftlich erfasst und beschrieben. Selbst konservative Schätzungen gehen heute davon aus, dass die reale Artenzahl auf der Erde zwischen 10 und 100 Millionen liegt.

Durch die rasche Vernichtung der tropischen Regenwälder sterben vermutlich jährlich rund 50 000 Arten aus. Da jede Pflanzen- oder Tierart eine bestimmte Funktion in dem Ökosystem einnimmt, dem sie angehört, wird das jeweilige Ökosystem durch das Aussterben schwer geschädigt. Mit jeder Art geht der Menschheit aber auch ein Teil des großen Genreservoirs verloren.

Weltweit suchen die internationalen Pharma-Konzerne in den tropischen Regenwäldern intensiv nach Wirkstoffen gegen Aids, Krebs und viele andere Erkrankungen. Gegenwärtig werden in der Medizin 119 Wirkstoffe aus 90 Pflanzenarten genutzt (Abb. 29.3). Es ist sicher, dass beim Raubbau an den Wäldern wertvolle Wirkstoffe unwiederbringlich verloren gehen, bevor sie überhaupt entdeckt werden können.

Heilkraft aus dem Dschungel

Die Artenvielfalt der Pflanzen im tropischen Regenwald bedeutet auch genetischen Reichtum. Zahlreiche Substanzen sind in den Pflanzen enthalten, die bis heute noch nicht einmal erforscht sind. Als Heilmittel gegen die Malaria ist schon lange das Chinin des Chinarindenbaumes aus Amazonien bekannt. Kaffee und Tee sind Beispiele für coffeinhaltige Pflanzen, Pilze scheiden bei ihrem Stoffwechsel Antibiotika aus und aus den Säften der Lianen gewannen bereits die Indios ein Verhütungsmittel. Viele weitere Beispiele ließen sich aufführen. Es gibt sogar die Hoffnung, in den tropischen Pflanzen bald auch Substanzen zu finden, die sich im Kampf gegen Aids einsetzen lassen.
(Weltwunder Regenwald, o.J.).

29.1

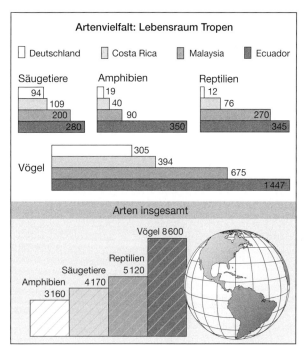

29.2 Artenvielfalt

Pflanze	Wirkstoff	Anwendung	Vorkommen
Areca catechu (Betelnusspalme)	Arecolin	Wurmmittel	Tropen
Aloe barbadensis (Curacao-Aloe)	Hydroxy-anthracene	Abführmittel	Venezuela Westind. Ins.
Aspidosperma quebracho-blanco	Aspidospermin Yohimbin	Asthma	Südamerika
Catharanthus roseus (Trop. Immergrün)	Vinblastin Vincrastin	Blutkrebs	Madagaskar
Cephaelis ipecacuanha (Brechwurzel)	Emetin	Amöben- und Brechmittel	Brasilien
Chinchona ledgeriana (Chinarindenbaum)	Chinin	Malaria Fieber	trop. Amerika
Chondodendron tomentosum	Turbocumarin	Muskel-Relaxans	Amazonas
Dioscorea batatas	Grundstoff der Anti-Baby-Pille		SO-Asien
Erythroxylum coca (Kokastrauch)	Cocain	Appetitzügler Lokalanästhetikum	Peru
Guaiacum officinale (Guajakbaum)	Guajazulen	Entzündungen	trop. Amerika
Pausinystalia johimbe	Yohimbin	Bluthochdruck Aphrodisiakum	trop. Amerika
Strychnos nux-vomica (Brechnuss)	Strychnin	Anregung des Zentralnervensystems	Asien
Theobroma cacao (Kakaobaum)	Theobromin	Bronchien-verengung	trop. Amerika

29.3 Heilpflanzen aus dem Regenwald

30.1 Wanderfeldbau

30.2 Plantage

Landnutzungsformen des Agrarraums der inneren Tropen

Der Naturraum steht mit seinen Wechselwirkungen von Relief, Klima, Boden, Pflanzen- und Tierwelt in enger Beziehung zur Agrarwirtschaft. Die ökologischen Grundlagen müssen in Verbindung mit den Produktionszielen und den Formen der Bodennutzung gesehen werden. So ist der Agrarraum in ein Wirkungsgeflecht ökologischer, ökonomischer, sozialer und kultureller Faktoren eingebettet, die seinen Typus und seine Individualität bestimmen. Die Landwirtschaft steht in den Tropen an erster Stelle hinsichtlich ihres Anteils an der gesamtwirtschaftlichen Wertschöpfung. Dabei ist die industrielle Weiterverarbeitung agrarischer Produkte eingeschlossen.

Dualismus
Heute ist der Agrarraum in den meisten tropischen Entwicklungsländern dualistisch organisiert:

- **Traditioneller Sektor:** reichliche Ausstattung mit dem Produktionsfaktor Arbeit bei geringer Kapitaldecke; meistens arbeitsintensive Betriebe; ursprüngliches Vorherrschen einer Subsistenzwirtschaft in bodenständigen Gruppen unter Betonung der Produktion für den Eigengebrauch.

Subsistenzwirtschaft ist die Bezeichnung für kleine landwirtschaftliche Betriebe, die ganz oder nahezu ausschließ-

lich der Selbstversorgung ihrer Besitzer und deren Familien dienen. Der Anteil dieser landwirtschaftlichen Betriebe ist in vielen unterentwickelten Ländern sehr hoch. Es beginnt eine Beteiligung am Marktgeschehen, wenn gelegentlich geringe Überschüsse an landwirtschaftlichen Produkten zum Verkauf gelangen. Der Übergang zum Anbau von Marktfrüchten (zum „cash-crop-farming") setzt ein, wenn neben dem weiterhin im Vordergrund stehenden Selbstversorgeranbau die Kultivierung von einer oder mehreren Kulturpflanzen ganz bewusst im Sinne einer Marktorientierung vergleichsweise etwas stärker und eventuell auch sorgfältiger betrieben wird.

- **Moderner Sektor:** agrarische Großbetriebe (Plantagengesellschaften oder größere bäuerliche Betriebe), die auf kommerziellen und zumeist weltmarktorientierten Absatz von Exportfrüchten und Rohstoffen ausgerichtet sind; Einsatz von Fremdkapital („Multinationals"); kapitalintensive Produktionsverfahren mit technologischer Know-how-Anwendung (nach MANSHARD).

Eine Plantage ist ein landwirtschaftlicher Großbetrieb, spezialisiert auf die Erzeugung nur eines oder einzelner hochwertiger Produkte für den Weltmarkt. Der Anbau von mehrjährigen Nutzpflanzen oder von Dauerkulturen (z.B. Kaffee, Kakao, Tee, Sisal, Kautschuk, Zuckerrohr, Bananen) und umfangreiche technische Einrichtungen, mit einer für Industriebetriebe ähnlichen Arbeitsorganisation und einem hohen Kapitaleinsatz, sind für die Plantagen bezeichnend (aus: Metzler Aktuell, 1996).

Kennzeichen und Probleme der „shifting cultivation"

Bei der landwirtschaftlichen Nutzung der tropischen Regenwaldgebiete der Erde durch die einheimische Bevölkerung lassen sich eine Reihe von Gemeinsamkeiten feststellen. Innertropischer Wanderfeldbau und Landwechselwirtschaft werden in der englischsprachigen Literatur als „shifting cultivation" bezeichnet.

Dabei wird durch die Ringelung des Baumstammes der Nährstoffstrom unterbrochen, die Pflanzen sterben ab und werden abgebrannt. Die brandgerodete Fläche, deren natürlicher Pflanzenbestand nun völlig zerstört ist, erhält durch die Asche eine einmalige Düngung, die aber ohne Nachdüngung für den Ackerbau nur wenige Jahre ausreicht.

Großflächig durchgeführter Brandrodungsfeldbau bringt, da die schützende Wirkung der Vegetation wegfällt, einen erhöhten Oberflächenabfluss, der besonders bei den tropischen Starkregen eine sprunghaft ansteigende Erosion zur Folge hat. Die dünne Humusdecke wird zusammen mit der Asche abgespült, der eigentliche, für die Pflanzen nutzbare Nährstoffträger fehlt. Außerdem werden die Kationen in tiefere Bodenbereiche geschwemmt, wo sie für die Pflanzen nicht mehr erreichbar sind (vgl. S. 78–81). Bei dauerhafter Ackernutzung nimmt auch die Bodenstabilität ab, was ebenfalls die Ausschwemmung von Mineralen und die Erosionstätigkeit fördert.

Da nur eine längere Brachphase und eine kürzere Ackerphase die genannten Nachteile einigermaßen kompensieren können, verlangt die Brandrodung eine äußerst geringe Siedlungsdichte, die ein Verhältnis Brachphase zu Nutzungsphase von 20 zu 3 Jahren garantieren könnte. Dies gilt für die traditionellen Siedlungs- und Wirtschaftsgewohnheiten. Heute jedoch ist das Gegenteil der Fall. Bevölkerungsexplosion, Verkehrserschließung, Rohstoffförderung und Landnutzungsprojekte bringen immer mehr Menschen in diese ökologisch besonders sensiblen Gebiete.

Kennzeichen und Probleme der Plantagenwirtschaft

Die Plantagenwirtschaft erfährt in den meisten tropischen Entwicklungsländern eine einseitige Förderung. Die Nahrungsmittelproduktion wird zugunsten von „cash crops" vernachlässigt, da deren Verkauf Deviseneinnahmen erbringt. Qualität und Gewinn hängen sehr stark von einer schnellen Be- und Verarbeitung der pflanzlichen Rohstoffe ab. Zur typischen sozialen Gliederung einer Plantage gehören eine große Zahl von Arbeitern, meist Saisonarbeiter, wenige Pächter und häufig ausländische Besitzer.

Die Plantagenwirtschaft erbringt hohe Flächenerträge und gute Qualitäten der Produkte durch Düngung, Saatkontrolle und Schädlingsbekämpfung. Als hochgradig ratio-

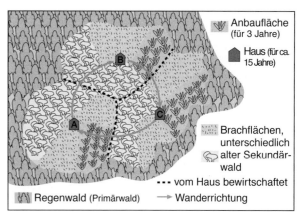

31.1 „shifting cultivation"

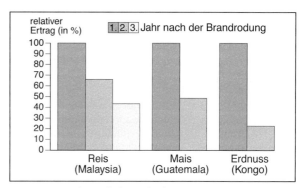

31.2 Ertragsrückgang bei Brandrodung

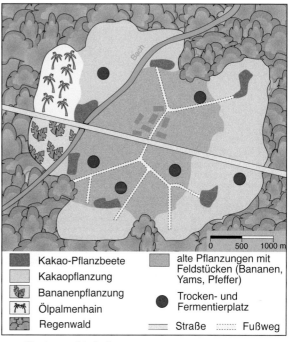

31.3 Plantagenwirtschaft

nelle Landnutzungsform erwirtschaftet sie Welthandelsgüter, die als Devisenbringer dienen. Erhebliche Probleme der Plantagenwirtschaft entstehen aus der Anlage von großflächigen Monokulturen. Sie sind extrem empfindlich für Schädlingsbefall und Bodenauslaugung.

Grundnahrungsmittel müssen in Staaten, in denen ausgeprägte Plantagenwirtschaft vorliegt (z.B. „Bananenrepubliken" Mittelamerikas), importiert werden. Zugleich besteht für die im Inland produzierten „cash crops" eine unkalkulierbare Abhängigkeit vom Weltmarkt und seinen Preisschwankungen. Damit verbunden ist die wirtschaftliche und soziale Unsicherheit einer großen Zahl von kurzfristig beschäftigten Saisonarbeitern. Die Plantagenbesitzer üben zumeist auch starken wirtschaftlichen und politischen Einfluss in ihren Ländern aus.

„Ecofarming" – Standortgerechter Landbau

„Ecofarming" ist der Versuch einer ökologischen Landnutzungsform in den Entwicklungsländern der inneren Tropen, bei dem Feldbau, Tierhaltung und Holzproduktion miteinander verbunden werden. Seine Hauptziele sind (nach WERLE) die Erhaltung und Steigerung der Bodenfruchtbarkeit, die Sicherung einer ausreichenden Produktion von Grundnahrungsmitteln und die Verbesserung der sozialen und ökonomischen Situation der Kleinbauern.
Zur Umsetzung der vorgegebenen Ziele sollen die Kleinbauern in einem integrierten System arbeiten:

- Der an den Boden und seine ökologischen Bedingungen angepasste Feldbau soll den Verzicht auf den kapitalintensiven Einsatz von Mineraldünger und Pestiziden ermöglichen.
- Die Stallviehhaltung soll den Bauern einen Tierbestand gewährleisten, der dem Feldbau kein Land entzieht und Überweidung verhindert.
- Jeder kleinbäuerliche Betrieb soll das benötigte Brenn- und Bauholz selbst produzieren.

Dieser Feldbau mit Mischkulturen, Grün- und Stallmistdüngung sowie Fruchtfolgen ist primär auf die Selbstversorgung ausgerichtet, um dem wachsenden Bevölkerungsdruck zu begegnen (> S. 36/37).
Das „ecofarming" vollzieht sich über einen internen Stoffkreislauf zwischen dem Feldbau, der Tierhaltung und der Holzproduktion. Es könnte in großflächiger Umsetzung die Landnutzung intensivieren.

Aufgaben

1. Vergleichen Sie eine Subsistenzpflanzung mit einer Plantage (Abb. 31.1 und 31.3).
2. Erläutern Sie den Ertragsabfall bei Nutzpflanzen im Wanderfeldbau (Abb. 31.2).
3. Stellen Sie in einem Schaubild den Stoffkreislauf zwischen Feldbau, Tierhaltung und Holzproduktion beim „ecofarming" schematisch dar. Beziehen Sie Abb. 32.1 in die Überlegungen mit ein.

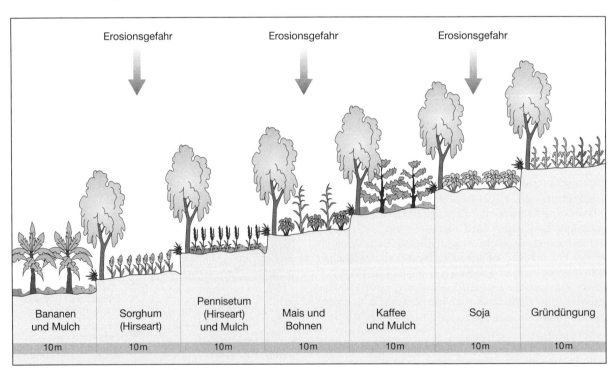

32.1 Kulturartenverteilung beim „ecofarming" (nach WERLE)

Landwirtschaftliche Betriebssysteme in den Tropen

Agrarwirtschaft und Naturraum stehen durch Relief, Klima, Boden, Pflanzen- und Tierwelt in engen Wechselbeziehungen zueinander. Der Typus eines Agrarraumes wird aber auch durch die Formen der Bodennutzung und die jeweiligen Produktionsziele bestimmt. Es entsteht ein vielschichtiges Wirkungsgefüge ökonomischer, ökologischer, sozialer und kultureller Faktoren, das sich in unterschiedlichen landwirtschaftlichen Betriebssystemen widerspiegelt.

Landwirtschaftliche Betriebssysteme in den Tropen lassen sich unter sehr verschiedenen Kriterien fassen. Die Einteilung nach DOPPLER (1994) geht vom Grad der Marktorientierung bzw. vom Subsistenzgrad aus. Dabei wird neben dem Anbausystem und der Produktion auch das Entscheidungsverhalten der wirtschaftenden Menschen berücksichtigt.

Aus diesem Ansatz entwickelt DOPPLER drei Obergruppen von Betriebssystemen (Abb. 33.1 und 33.2):

1. **Subsistenzorientierte Betriebssysteme**
   Es werden über mehrere Jahre weniger als 10% des betrieblichen Produktionswertes am Markt verkauft. Die Produktion dient vorrangig zur Eigenversorgung der Familie. Die Klein- oder Großfamilie bzw. eine Sippe bewirtschaftet den Familienbetrieb. Der Betrieb und der Haushalt sind weitgehend autark.

2. **Subsistenz- und marktorientierte Betriebssysteme**
   Es werden über mehrere Jahre zwischen 10% und 90% des betrieblichen Produktionswertes am Markt verkauft. Die Produktion dient sowohl für die Eigenversorgung als auch für den Markt. Die kommerzialisierte Verhaltensweise der Menschen gewinnt zunehmend an Bedeutung.

3. **Marktorientierte Betriebssysteme**
   Es werden über mehrere Jahre mehr als 90% des betrieblichen Produktionswertes am Markt verkauft. Es überwiegen Lohnarbeitsbetriebe mit Management gegenüber Familienbetrieben. In den hochkommerzialisierten Betrieben steht die Gewinnmaximierung an erster Stelle. Auftretende Entwicklungsprobleme dieser Betriebssysteme können aus eigener Kraft gelöst werden.

Betriebssystemtyp	Personen in %	Fläche in %
Subsistenzorientiert	5	10
Subsistenz- und marktorientiert	90	75
Marktorientiert	5	15
Insgesamt	100	100

33.2 Verteilung der Betriebssysteme

33.1 Übersicht über die landwirtschaftlichen Betriebssysteme

Armutsproblem
und Strukturanpassungsreformen

Jeder fünfte Mensch auf der Erde lebt in absoluter Armut. Mehr als eine Milliarde Menschen in den Entwicklungsländern, das ist fast ein Drittel der Gesamtbevölkerung dieser Länder, kämpfen um ihr nacktes Überleben.

Armut ist „die Unfähigkeit, einen Mindestlebensstandard zu erreichen", so die Weltbank. Nur: Was ist ein „Mindestlebensstandard"? Und wie kann man ihn messen? Die Weltbank bemisst den Lebensstandard der Bevölkerung eines Landes einerseits an ihrem Pro-Kopf-Einkommen – einschließlich der Produktion für den Eigenverbrauch – andererseits an Gesichtspunkten wie Ernährung, Lebenserwartung, Sterblichkeit von Kleinkindern und Einschulungsquoten. Danach ist ein Mensch – gleichgültig in welchem Land er lebt – dann arm, wenn er weniger als 370 US-Dollar im Jahr – also rund einen Dollar am Tag – zur Verfügung hat.

Armut, das heißt nicht nur Unter- und Fehlernährung, niedrige Lebenserwartung, hohe Kindersterblichkeit und geringer Bildungsstandard. Armut ist auch der Ausschluss aus dem gesellschaftlichen und politischen Leben, die fehlende Beteiligung der Armen an den Entscheidungen, die sie betreffen, und letztlich die mangelnde Möglichkeit einer eigenverantwortlichen Lebensgestaltung. In diesem Sinne kann Armut zu Resignation und Hoffnungslosigkeit führen. Armut ist daher menschenunwürdig. Die Ursachen der Armut sind weniger beim Einzelnen selbst zu suchen als bei den gesellschaftlichen Systemen, in denen er lebt.

Beispiel: Ecuador
Ecuador ist der zweitkleinste Staat in Lateinamerika. Seine Naturlandschaften reichen vom breiten Küstenstreifen über die Anden bis zum Amazonas-Tiefland mit seinem tropischen Regenwald.

Nahezu die Hälfte der Bevölkerung wohnt in den städtischen Ballungszentren. Viele Menschen sind darauf angewiesen, Einkommen in der Schattenwirtschaft (amtlich nicht erfasste Wirtschaft, z.B. Schwarzarbeit) zu suchen, damit sie überleben.

Der andere Teil der Bevölkerung lebt von der Landwirtschaft. Die Probleme dort sind denen in einer Vielzahl von Entwicklungsländern vergleichbar. Das fruchtbare Land gehört einer kleinen Gruppe von Reichen, und die Agrarpolitik konzentriert sich auf die Förderung der Großplantagen (vorwiegend Bananenerzeugung), die für den Export produzieren. Außerhalb der Landwirtschaft bestehen kaum Beschäftigungsmöglichkeiten.

Seit 1963 wurden in Ecuador Agrarreformgesetze erlassen. Sie konnten aber gegen den Widerstand der Großgrundbesitzer nur teilweise durchgesetzt werden. Meist wurde den armen Kleinbauern, Pächtern und Landarbeitern nur unfruchtbares Brachland zugeteilt, das sie mit einfachen Werkzeugen bearbeiten. Tuberkulose und Durchfallkrankheiten, typische Armutskrankheiten, sind weit verbreitet. Von 1000 neugeborenen Kindern erreicht ein Viertel nicht das fünfte Lebensjahr. Als scheinbaren Ausweg aus ihrer Misere sehen viele Kleinbauern die Abwanderung in die großen Städte oder in den dünn besiedelten tropischen Regenwald.

Aufgaben

1. Beschreiben Sie die Lebenssituation der Kleinbauern in Ecuador.
2. Nehmen Sie Stellung zu der in der Studie (Abb. 35.1) aufgezeigten Bedrohung des Regenwaldes durch die Kleinbauern.
3. Entwickeln Sie einen Maßnahmenkatalog, um den Teufelskreis (Abb. 35.3) zu durchbrechen.
4. Vergleichen Sie die eigene Auffassung von Armut mit der Definition der Weltbank.

Ecuador in Zahlen (1997)	
Staat:	Präsidialrepublik
Fläche:	272 045 km^2
Hauptstadt:	Quito
Einwohnerzahl:	11 220 000
Bevölkerungswachstum:	2,3% pro Jahr
Bevölkerungsdichte:	41 je km^2
Sprache:	Spanisch
Analphabeten:	10%
Religion:	93% Katholiken
Bruttosozialprodukt:	14703 Mio. $
Bruttosozialprodukt je Einwohner:	1310 $
Erwerbstätige:	
Landwirtschaft:	28%
Industrie:	19%
Dienstleistung:	53%
Arbeitslosigkeit:	8,5%
Import:	4 Mrd. $
wichtige Importgüter:	31% Industrierohstoffe
	24% Konsumgüter
	19% Kapitalgüter
Export:	4,3 Mrd. $
wichtige Exportgüter:	32% Rohöl
	17% Bananen
	14% Garnelen

34.1 Strukturdaten von Ecuador

Arme Kleinbauern bedrohen den Regenwald

Dem kleinen Rest von 2 Milliarden Hektar Regenwald, den es heute noch gibt, droht von zwei Seiten Gefahr: Eine Milliarde Hektar könnten durch die Kleinbauern in den Entwicklungsländern vernichtet werden, die den Regenwald auf der Suche nach fruchtbarem Boden durch Brandrodung zerstören; die andere Hälfte – immerhin eine Fläche so groß wie Kanada – ist von Holzfällern und deren umweltfeindlichen Praktiken bedroht. Auf der Suche nach gut bezahlten, seltenen Tropenhölzern, die in einigen Industrieländern noch immer begehrt sind, zerstören sie den Regenwald.

Arme Kleinbauern in den tropischen Ländern haben zwar seit Jahrhunderten den Tropenwald durch Brandrodung für ihr Überleben genutzt. Die früheren Praktiken – Land zu roden, die schwierigen, wenig fruchtbaren Böden für ein oder zwei Jahre zu bebauen und dann zum nächsten Stück weiterzuziehen – sind aber heute angesichts des großen Bevölkerungswachstums nicht mehr angemessen. Den Böden wird keine Zeit mehr gelassen, um sich zu regenerieren. In den tropischen Ländern hängt heute die Existenz von mehr als 350 Millionen Menschen zum großen Teil vom Tropenwald ab. „Armut, Bevölkerungswachstum, schlechter Umgang mit den natürlichen Ressourcen und völlig verfehlte Waldwirtschaft sind die Wurzeln des bedrohlichen Verlustes des Regenwaldes", erklärt der Vorsitzende der Beratungsgruppe für internationale Agrarforschung bei den Vereinten Nationen, Ismail Serageldin.

Nach Aussagen der Agrarforscher ist es freilich noch immer nicht zu spät, der scheinbar unaufhaltsamen Zerstörung Einhalt zu gebieten. Dies müsse durch bessere landwirtschaftliche Methoden, intensivere Nutzung der vorhandenen Böden, durch die gezielte Nutzung von tropischen Bäumen und Früchten sowie durch umweltfreundlichere Praktiken der Holzbewirtschaftung geschehen. Vorrangig sei die Rücknahme der Eigeninteressen der Eliten in den tropischen Ländern, meint Serageldin; diese einflußreichen Gruppen müßten sich der Gefahren bewußt werden, die die derzeitige Praxis für den Regenwald bedeute. Dies sei die Voraussetzung dafür, daß die richtigen Schritte zur Erhaltung des Regenwaldes eingeleitet und zerstörerische Praktiken unterbunden würden.

Die größten Erfolge versprechen sich die Forscher von einer Verbindung landwirtschaftlicher und forstwirtschaftlicher Methoden. Dabei geht es vor allem um die Pflanzung von Bäumen, die rasch wachsen und viele Früchte tragen und die den Bauern dadurch sowohl als Quelle für Brennholz als auch zur Ernährung dienen. Diese sogenannten „Aschenbrödel"-Bäume und ihr Wert als Lebensgrundlage seien bislang weitgehend übersehen und viel zu wenig für die landwirtschaftliche Nutzung eingesetzt worden. Zu diesen Bäumen gehören neben den Buschmangos auch die Pfirsichpalme und die afrikanische Pflaume. Weiterhin sollen die Bauern auch dazu angehalten werden, die Vielfalt der Produkte auch kommerziell zu nutzen, die der Regenwald in Form von Nüssen, Harzen und Ölen bietet.

(nach: Frankfurter Allgemeine, 10.08.96, gekürzt und bearbeitet)

35.1 Studie

35.2 Armut

Den Teufelskreis durchbrechen

In vielen Entwicklungsländern stoßen wir immer wieder auf einen Teufelskreis aus Armut, Bevölkerungswachstum und Umweltzerstörung:

☐ **Armut** ist eine der Ursachen des schnellen Bevölkerungswachstums, denn Kinder werden in den Entwicklungsländern als Alterssicherung betrachtet. Je mehr Kinder eine Familie hat, desto gesicherter ist der Lebensabend der Eltern, so glaubt man.

☐ **Bevölkerungswachstum und Armut** bedrohen die Umwelt. Diese wird im täglichen Kampf um das Überleben zerstört. Wer nur Hunger kennt, den interessieren Umweltprobleme kaum.

☐ Die **Umweltzerstörung** macht den Menschen oft noch ärmer: Ein Entwicklungsland, dessen natürlicher Reichtum durch Raubbau vernichtet ist, besitzt nichts mehr, worauf es seine eigene Entwicklung gründen kann.

35.3 Teufelskreis der Armut

Bevölkerungsdruck

In den meisten Tropenländern kommt es trotz teilweise durchgeführter Programme zur Familienplanung zu Wachstumsraten der Bevölkerung bis über 3,0 % im Jahr. Beispiele für die starken durchschnittlichen Bevölkerungszuwächse in den vergangenen Jahren sind Honduras (3,0 %), Zaire (3,3 %) und Malaysia (2,4 %). Das bedeutet, dass z.B. Zaire im Jahr 1995 ein Bevölkerungswachstum von rund 1,4 Mio. Einwohnern innerhalb von zwölf Monaten hatte. Mehr Menschen und teilweise auch der bereits steigende Lebensstandard in privilegierten Schichten führen zu einer stärkeren Beanspruchung des tropischen Regenwaldes.

Ein Beispiel für das Ungleichgewicht zwischen Bevölkerungswachstum und Versorgungskapazitäten ist im tropischen Afrika (Abb. 36.3) das 1963 unabhängig gewordene Kenia. Das im Vergleich zu anderen Ländern Afrikas starke Wachstum der Gesamtwirtschaft wurde durch ein gleichzeitig hohes Bevölkerungswachstum (durchschnittlich 2,9%) und die Auswirkungen der Landdegradierung wieder aufgehoben.

Heute ist das Bevölkerungswachstum leicht rückläufig. Die durchschnittliche Kinderzahl sank von 8 auf 7, die Altersstruktur hat jedoch zu einem Bevölkerungsdruck geführt (etwa die Hälfte der Bevölkerung ist jünger als 15 Jahre), der für die nächsten zwanzig Jahre eine Verdoppelung der Bevölkerung erwarten lässt. Dadurch würde sich der Bevölkerungsdruck noch weiter verstärken.

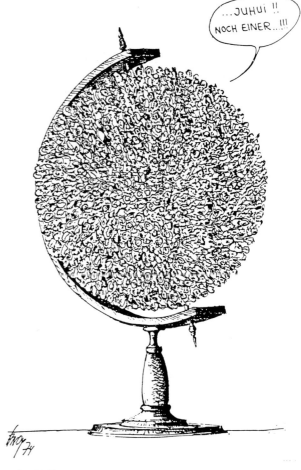

36.2 Karikatur

36.1 Kinderreichtum

36.3 Entwicklung der Weltbevölkerung

Bisherige Regierungsprogramme zur Stabilisierung der Bevölkerungsentwicklung blieben erfolglos. Nur ein geringer Anteil der Frauen praktiziert überhaupt Empfängnisverhütung, wodurch auch die Verbreitung von Aids zu einem ernsthaften Problem wurde. Die Bevölkerungszahl Kenias wurde zuletzt 1994 ermittelt; sie betrug 26,0 Mio. Einwohner. Die Vereinten Nationen haben errechnet, dass Kenias Acker- und Weideflächen nicht mehr als 51 Millionen Menschen tragen können.

In den meisten Fällen wird das Ackerland durch Abbrennen oder maschinelle Rodung des Regenwaldes ausgeweitet, da das Geld für Intensivierungs- und Modernisierungsmaßnahmen zur Steigerung des Flächenertrags fehlt. Hinzu kommt, dass zunehmend auch eine ackerbauliche Nutzung erosionsgefährdeter Hanglagen erfolgt. Insgesamt verschlechtert sich die Bodenqualität in der Regel durch die Überbeanspruchung der Ackerflächen (fehlende Brachezeiten).

Analog zur Bevölkerungszunahme erhöht sich die Viehstückzahl auf den kleiner werdenden Weideflächen, was zur Überstockung und Degradation der Vegetation führt. Ehemals tropischer Regenwald wird zur Savannenlandschaft verändert.
Die Steigerung des Brennstoff- (Holz und Holzkohle) und Bauholzbedarfs bewirkt den Holzraubbau am tropischen Regenwald, der bis zu Buschresten degradiert werden kann.

Die abtragende Arbeit von Wind und Wasser führt auf den übernutzten und geschädigten Flächen zur Zerstörung der Naturgrundlagen (Boden, Vegetation, Wasserhaushalt) für die Tätigkeit des wirtschaftenden Menschen. Nach Hochrechnungen der FAO gehen weltweit jährlich 50 000 bis 70 000 km² fruchtbaren Ackerlandes verloren (Abb. 37.2).

Es bedarf großer Anstrengungen, wenn eine weitere Steigerung der landwirtschaftlichen Produktion erreicht werden soll. Sie wird nur durch modernere technische Ausstattung, den Einsatz von Hochertragssaatgut (Hybride) und Düngung sowie Pflanzenschutz erreichbar sein. Trotz staatlicher Aufforstungs- und Landkonservierungsprogramme sind im Norden Kenias die Bodenverluste durch Desertifikation und im Süden durch Tropenwaldvernichtung beträchtlich.

Ein weiteres Problem ist das unkontrollierte Städtewachstum. Nairobi und Mombasa haben Wachstumsraten von über 10% im Jahr. Die Bevölkerungszahl von Nairobi betrug 1980 etwa 0,9 Mio. Einwohner, 1990 bereits 1,43 Mio. und 1995 wird sie mit Vororten auf 1,8 Mio. geschätzt (Abb. 37.1).

37.1 Nairobi

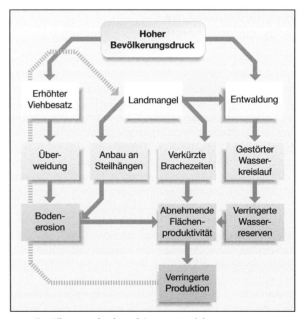

37.2 Bevölkerungsdruck und Agrarpotenzial

Aufgaben

1. Beschreiben und interpretieren Sie die Karikatur (Abb. 36.2).
2. Erläutern Sie die Grafik (Abb. 36.3).
3. Erörtern Sie die möglichen sozialen und ökonomischen Auswirkungen eines hohen Bevölkerungsdrucks am Beispiel Kenia.

38.1 Aufsteigender Wasserdampf im Regenwald

Regenwaldvernichtung – Beitrag zur globalen Klimaveränderung

Uns ist kaum bewusst, dass unser tägliches Wetter vom tropischen Regenwald erheblich beeinflusst wird. Dabei sind die Regenwälder der Erde ein wichtiger Bestandteil im weltweiten Klimageschehen. Sie nehmen die heftigen tropischen Starkregen auf und speichern einen Teil des Niederschlags. Das meiste Wasser fließt oberflächlich ab oder wird an die Luft zurückgegeben (> S. 25). Der Wasserdampf steigt rasch in die oberen Luftschichten auf und wird Teil der Luftmassenzirkulation, die sogar in außertropischen Klimazonen wirksam werden kann (> S. 154).

Auch die kräftigen Winde, die sich über dem Regenwald entwickeln, haben Anteil an den warmen und kalten Luftströmungen, die Klima und Wetter mit bestimmen. Die atmosphärische Zirkulation ist im Detail bis heute noch unerforscht (> S. 150–157), aber es ist bekannt, dass das Verschwinden der tropischen Regenwälder erhebliche Auswirkungen auf das gesamte Weltklima haben wird.

Tropische Regenwälder bedecken fast sechs Prozent der gesamten Landfläche. Daher kommt ihnen eine besondere Bedeutung bei der Stabilisierung des Weltklimas zu. Sie verbrauchen bei der Fotosynthese Kohlendioxid (CO_2) und geben Sauerstoff ab. Die Wälder sind Kohlenstoffspeicher und Sauerstofflieferanten zugleich. Verursacht durch die Brandrodungen großer Tropenwaldflächen entweicht verstärkt Kohlendioxid in die Atmosphäre. Der Kohlenstoff-Speicher verringert sich und der Treibhauseffekt wird verstärkt (> S. 152). Die Tropenwaldzerstörung trägt augenblicklich 15 % dazu bei (Abb. 39.2). Eine erhebliche Zunahme des Kohlendioxids in der Luft würde weltweit einen Anstieg der Temperaturen zur Folge haben. Auch als Wasserspeicher stabilisieren die tropischen Regenwälder das Weltklima. Die Hälfte aller Regenfälle geht dort nieder und ist Teil des globalen Wasserkreislaufs (> S. 153).

Auf einer Reihe von internationalen Konferenzen wurden die Möglichkeiten weltweiter Klimaveränderungen aufgrund der Freisetzung von Kohlendioxid sowie anderer Treibhausgase diskutiert. Die Konferenz für Umwelt und Entwicklung der Vereinten Nationen (UNCED) im Sommer 1992 in Rio de Janeiro, endete mit einem weltweiten Übereinkommen zum Schutz des Klimas. Vom 28. März bis 7. April 1995 fand in Berlin die erste Folgekonferenz statt. Eines ihrer Ziele war es, einen verbindlichen Zeitrahmen für die Reduzierung der Kohlendioxid-Emissionen festzulegen. Die Bundesregierung hat schon 1990 beschlossen, die CO_2-Emissionen auf der Basis des Jahres 1987 (alte Länder) bis zum Jahr 2005 um 25 Prozent zu verringern (> S. 158/159). Ende 1991 wurde das nun für Gesamtdeutschland geltende Reduktionsziel von 25 bis 30 Prozent nochmals ausdrücklich bestätigt. Bisher konnten die Zwischenziele des CO_2-Minderungsprogramms eingehalten werden. Diese Erfolge sind jedoch bei kritischer Überprüfung der von der Bundesregierung vorgelegten Daten vorrangig auf die Umstrukturierung und Stilllegung von Betrieben in den neuen Bundesländern zurückzuführen.

39.1 Abgebrannter Regenwald

„Der Schutz der Erdatmosphäre ist weltweit eine der größten umweltpolitischen Herausforderungen. Ihr kann nur durch konsequentes Handeln – international wie national – begegnet werden".
Prof. Dr. Klaus Töpfer, Vorsitzender der UN-Kommission für Nachhaltige Entwicklung (1995)

Aufgaben

1. Vergleichen Sie die Abbildungen 38.1 und 39.1 nach klimatologischen Gesichtspunkten.
2. Interpretieren Sie die Abb. 39.2 unter Einbeziehung des Zitats von Prof. Töpfer und Abb. 39.3.

Berliner Klimakonferenz der Vereinten Nationen 1995
In Berlin trafen sich Delegationen aus 170 Staaten, um über den Folgeprozeß der Klimarahmenkonvention, die 1992 auf dem Umweltgipfel in Rio de Janeiro verabschiedet worden war, zu beraten. Die Vertragsstaaten einigten sich darauf, daß bis zur 3. Vertragsstaatenkonferenz 1997 neue quantifizierte Begrenzungs- und Reduktionsziele für Treibhausgasemissionen festgelegt werden. Darüber hinaus wurde beschlossen, daß Industrie- und Entwicklungsländer in einer Pilotphase (bis zum Jahr 2000) gemeinsam umgesetzte Aktivitäten zum Klimaschutz erproben.

39.3 Zeitungsbericht

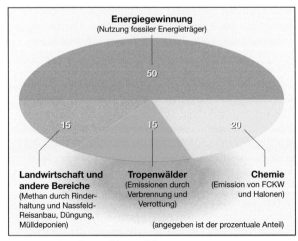

Energiegewinnung
(Nutzung fossiler Energieträger)

50

15   15   20

Landwirtschaft und andere Bereiche
(Methan durch Rinderhaltung und Nassfeld-Reisanbau, Düngung, Mülldeponien)

Tropenwälder
(Emissionen durch Verbrennung und Verrottung)

Chemie
(Emission von FCKW und Halonen)

(angegeben ist der prozentuale Anteil)

39.2 Ursachen des Treibhauseffekts

39.4 UN-Konferenz in Berlin

40.1 Schulklasse beim Referat

Das Referat

Thema: Forstwirtschaft und Entwaldung in den Tropen am Beispiel Elfenbeinküste

Bei einem Referat stellt eine Schülerin oder ein Schüler einen sachlichen Zusammenhang dar. Die Lerngruppe hört dieser Darstellung zu und versucht ihr mitdenkend zu folgen. Nicht nur das individuell Erarbeitete kann in der Form eines Referats anderen mitgeteilt werden, sondern z.B. auch das Ergebnis einer Gruppenarbeit. Das Referat ist eine anspruchsvolle Arbeitsweise, die mit Methoden des selbstständigen Lernens vertraut macht. Dazu gehören neben der zielgerichteten Informationsbeschaffung und der Entwicklung themenorientierter Fragestellungen als wichtiges Element auch die freie Rede.

Verlaufsplan
Die Übernahme eines Referats erfordert einen Verlaufsplan, mit dessen Hilfe man es geordnet ausarbeiten kann und dabei nicht die Übersicht verliert.

1. Das Thema
Ein Referat zu halten wird umso leichter fallen, je mehr man selbst an dem Thema interessiert ist und an seiner Formulierung beteiligt war.

2. Die Ausgangssituation
Die Zuhörer des Referats werden in der Regel die eigene Klasse oder der Kurs und die Lehrkraft sein. Es ist vorab die Frage zu klären, welche Vorkenntnisse die Zuhörer bereits vom Thema haben. Die Dauer des Referats sollte im Allgemeinen 30 Minuten nicht überschreiten, weil selbst geübte Zuhörer die notwendige Konzentration nur für begrenzte Zeit aufbringen können. Zur Unterstützung der Ausführungen ist es wichtig, Hilfsmittel wie Tafel, Overhead-Projektor, Pinnwand, Kartenständer u.a. zu nutzen.

3. Die Gliederung
Ein Referat braucht einen Spannungsbogen. Der Einstieg sollte zum Thema hinführen, bei den Zuhörern Interesse wecken und zum Mitdenken anregen. Der Mittelteil umfasst die Darlegung der notwendigen Informationen und wesentlichen Argumente. Die Argumente werden erklärt, belegt oder ihnen wird auch widersprochen. Der Schlussteil enthält eine kurze Zusammenfassung der Ergebnisse.

4. Die Informationsbeschaffung
Bei der Suche nach Material und Informationen sollte den Gliederungspunkten gefolgt werden. Es ist dabei sinnvoll, kopierte Materialstücke mit der zugehörigen Quellenangabe zu versehen, um nötigenfalls auf die Originale zurückgreifen zu können. Sind die passenden Materialien gefunden und bearbeitet, so werden die wichtigsten Informationen in eigenen Worten auf Karteikarten notiert.

5. Das Schreiben
In einem umfassenden Arbeitsgang wird das gesamte Referat aufgeschrieben. Die Gliederung des Referats muss für die Zuhörer durch deutliche Abschnitte nach-

vollziehbar sein und den Spannungsbogen berücksichtigen. Im Mittelteil ist die Anordnung der Informationen und Argumente so zu gestalten, dass sie sachlogisch und überzeugend zum Ziel führen; das Wichtigste kommt stets zum Schluss. Da die Zuhörer jeden Satz nur einmal hören, müssen die Formulierungen kurz und klar sein. Zwischenzusammenfassungen erleichtern das Nachvollziehen der vorgetragenen Gedankengänge.

6. Die Materialvorbereitung
Das Referat sollte möglichst durch vorbereitetes Anschauungsmaterial unterstützt werden. Das können z.B. Bilder, Karten, Modelle oder bestimmte Gegenstände sein. Sehr nützlich ist es, die Gliederung für alle Zuhörer sichtbar zu präsentieren und bei einem problemorientierten Thema des Referats ein Thesenpapier zu verteilen.

7. Die vorbereitende Übung
Zum Schluss der Arbeit am Referat wird der ausgeschriebene Text in Stichworten zusammengefasst und auf Karteikarten notiert. Die freie Rede wird nun mithilfe der Stichwortzettel geübt, bis der Vortrag flüssig und mit Blickkontakt zu den Zuhörern gehalten werden kann.
Die nachfolgenden ausgewählten Tipps zum vorgestellten Verlaufsplan sollen die Erarbeitung des Referats unterstützen.

Tipps zur Vorbereitung und Durchführung des Referates
Thema: Das Referatthema „Forstwirtschaft und Entwaldung in den Tropen am Beispiel Elfenbeinküste" gibt die Elfenbeinküste als Bezugsraum vor. Dieser Raum ist in seinen wichtigsten natur- und kulturgeographischen

Merkmalen kurz vorzustellen. Die notwendigen Informationen findet man leicht in Lexika oder Almanachen (Abb. 42.1). Hauptanliegen des gewählten Themas ist jedoch, die problembehaftete Nutzung des tropischen Regenwaldes durch den Menschen beispielhaft an der Republik Elfenbeinküste zu verdeutlichen.

Gliederung: Aus einer Fülle von denkbaren Gliederungen wird hier ein Vorschlag angeboten:
I. Einstieg: Weltweiter Rückgang der tropischen Regenwälder
II. Mittelteil: Die Situation in der Republik Elfenbeinküste
• Nutzung und Rückgang des tropischen Regenwaldes durch die bisherige Holzwirtschaft internationaler Konzerne
• Aktionspläne zum Schutz des Tropenwaldes
• Auswirkungen der besseren Sicherung des Regenwaldes auf die Wirtschaft der Elfenbeinküste
III. Schlussteil: Alternative agroforstwirtschaftliche Nutzungsmöglichkeiten des Tropenwaldes

Informationsbeschaffung: Es gibt zahlreiche Möglichkeiten zur Informationsbeschaffung. Sie reichen von der Nutzung der Büchereien über Zeitungs- und Zeitschriftenauswertung bis zur Datenabfrage im Internet. Beispiele für Informationen zum Einstieg bieten die Abb. 41.1 und 41.2. Aus einer Tageszeitung stammt der für den Mittelteil verwertbare Artikel (Abb. 42.2).

Stichwortkonzept: Ein Referat sollte man möglichst frei halten. Es ist aber ratsam, die wichtigsten Punkte des Vortrags vorher zu notieren, damit der „rote Faden" erkennbar bleibt:

Keine andere Veränderung auf der Erde hat so dramatische Ausmaße angenommen wie die menschlichen Eingriffe in das Ökosystem des Waldes.

World Watch Institute

41.1 Plakat: Rettet die Tropenwälder

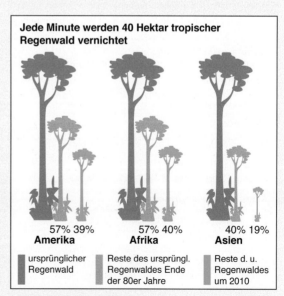

Jede Minute werden 40 Hektar tropischer Regenwald vernichtet

57% 39%	57% 40%	40% 19%
Amerika	**Afrika**	**Asien**

ursprünglicher Regenwald

Reste des ursprüngl. Regenwaldes Ende der 80er Jahre

Reste d. u. Regenwaldes um 2010

41.2 Regenwaldvernichtung

- Karteikarten DIN A5 (halbe Briefbogengröße) liniert verwenden.
- Karteikarten durch eine markante Linie von oben nach unten aufteilen. Es ergeben sich 1/3 auf der linken Seite (für Stichworte) und 2/3 rechts (für fortlaufenden Text und Regieanweisungen).
- Karteikarten durchnummerieren.
- Karteikarten nur einseitig beschreiben wegen der Gefahr, beim Umblättern durcheinander zu geraten.
- So groß schreiben, dass die Schrift noch mühelos aus etwa einem Meter Entfernung lesbar ist.
- Zwischen den einzelnen Zeilen große Abstände lassen, übersichtlich und lesbar schreiben. Besonders wichtige Punkte werden unterstrichen oder mit Farben (maximal drei) hervorgehoben.

Lampenfieber: Mit einer fundierten Planung kann man Lampenfieber zwar nicht verhindern, aber abbauen:

- niemand erwartet einen perfekten Auftritt
- den Mut haben, auch Fehler zu machen (perfekte Auftritte wirken nicht immer sympathisch)
- etwas Lampenfieber ist normal und erhöht sogar die Konzentration
- den ersten und den letzten Satz des Referats auswendig lernen
- den Vortrag so oft wie möglich im kleinen Kreis üben
- Medien (z.B. Overheadfolien oder Dias) als Gedankenstützen einsetzen
- ein gut geordnetes und übersichtliches Stichwortkonzept vorbereiten
- Raum und Medien vor dem Referat überprüfen; dabei kann auch eine Sprechprobe (Lautstärke) durchgeführt werden
- unmittelbar vor Beginn ruhig durch die Nase ausatmen, dann leicht einatmen und zu reden beginnen.

Elfenbeinküste West-Afrika Republik Côte d'Ivoire; République de Côte d'Ivoire – CI (→ Karte IV, A4)	
Fläche (Weltrang: 67.):	322 462 km^2
Einwohner (59.): F 1994	13 780 000 = 43 je km^2
Hauptstadt: Yamoussoukro – S 1990: 130 000 Einw.	
Regierungssitz: Abidjan Z 1988: 1 929 079 Ew. (S 1995: A 2,797 Mio.)	
Amtssprache: Französisch	
Bruttosozialprodukt 1994 je Einw.: 510 $	
Währung: CFA-Franc	
Botschaft der Republik Côte d'Ivoire Königstraße 93, 53115 Bonn, Tel. (0228) 21 20 98	

42.1 Auszug aus dem Fischer Weltalmanach 1997

Soforthilfe für den Regenwald
Die Republik Elfenbeinküste
will der Rodung Einhalt gebieten
Von Nenri Ndoumbe, Abidjan

Die Republik Elfenbeinküste hat keine Alternative: Wenn sie ein Sofortprogramm zur Rettung des Regenwaldes nicht erfolgreich zu Ende führt, sind die heute noch vorhandenen Bestände bis zum Jahr 2000 verschwunden. Der westafrikanische Staat weist in den letzten Jahren prozentual die höchste Entwaldungsrate der Welt auf: 5,2 Prozent jährlich. Eine im Auftrag des Bonner Bundesministeriums für wirtschaftliche Zusammenarbeit und Entwicklung erstellte Studie kommt zu dem Ergebnis: „Das Kernproblem ist, daß Land- und Forstwirtschaft ihre eigene Basis vollends zerstören, wenn im alten Stil weitergemacht wird "

Dabei galt die Elfenbeinküste in der Vergangenheit vielfach als ein Land, das gute wirtschaftliche Fortschritte macht. Die Frankfurter Kreditanstalt für Wiederaufbau bescheinigt dem Staat eine „zeitweilig sehr günstige außen- und binnenwirtschaftliche Entwicklung". Die prosperierende Wirtschaft zog zahlreiche Zuwanderer aus den Nachbarstaaten an. Heute steht jedoch fest: Der wirtschaftliche und soziale Fortschritt wurde teuer bezahlt. Er ging einher mit einem Raubbau an der Natur.

Von 1900 bis 1960 gingen die Regenwaldbestände, die die Hälfte des Landes bedeckten, nur von rund 14 Millionen auf 12 Millionen Hektar zurück. Aber seit Anfang der sechziger Jahre schreitet die Waldzerstörung in einem atemberaubenden Tempo voran. So gibt es heute nur noch 2,5 Millionen Hektar Regenwald (davon 0,6 Millionen Hektar im Nationalpark).

Der Einschlag hochwertiger Hölzer durch internationale Konzerne und deren Partner in der Elfenbeinküste lag weit über der vertretbaren Grenze und folgte Methoden, die als geringwertig angesehene Vorkommen zerstörten sowie Restbestände und Schneisen für andere Benutzer zurückließen. Exportorientierte Pflanzer rodeten schließlich die letzten Bäume, um Kakao- und Kaffeeplantagen anzulegen.

Greift das Sofortprogramm, mit dem die Regierung in Abidjan, Bonn und die Weltbank den Angriff auf den Regenwald zum Stehen bringen und die wirtschaftlichen Folgen lindern helfen wollen, wird der jährliche Einschlag von fünf Millionen auf unter 0,2 Millionen Kubikmeter zurückgehen. Gleichzeitig werden aber die Holzexporterlöse um über 40 Millionen US-Dollar sinken und fast 40 000 Arbeitsplätze vernichtet werden.

Darmstädter Echo, 03.08.96

42.2 Informationsmittel Zeitung

TROCKENRÄUME –

Sahel: Leben am Ufer

Trockenräume in der Alten Welt

In der Alten Welt – Europa, Afrika, Asien – lassen sich nach den Ursachen der Aridität zwei verschiedene, räumlich aber zusammenhängende Großräume unterscheiden. In den niederen Breiten, von etwa 17° bis 30°, bestimmt die Passatzirkulation (> S. 46) die Trockenheit, in den höheren Breiten, von etwa 30° bis 50°, stoßen wir im inneren Asiens, in intramontanen Becken oder im Lee von Hochgebirgen auf Trockenräume. Die subtropischen Wüsten der niederen Breiten sind weltweit am intensivsten in der Sahara und der arabischen Wüste ausgeprägt. Sie beginnen an der Atlantikküste, setzen sich über die Küsten des Roten Meeres, auch des persisch-arabischen Golfes fort und gehen dann in die regenabgewandten kontinentalen Trockenräume Irans, Turans und Zentralasiens über.

Kennzeichnend für alle Trockenräume sind hohe Strahlungsintensität, geringe Bewölkung und geringe Luftfeuchtigkeit. Bestimmendes Merkmal aller Trockenräume ist jedoch die Regenarmut bei hoher Unzuverlässigkeit der Niederschlagsmengen. In den Wüsten bleibt der Regen oft jahrelang aus, bevor das Land nach Wolkenbrüchen von Schichtfluten überströmt wird. Dagegen ist in der Übergangszone zu den Savannen und Steppen die Unkalku-lierbarkeit der Regenmengen das beherrschende Prinzip. An der 300-mm-Jahreshyete kann die tatsächlich gefallene Niederschlagsmenge eines Jahres um 30–50% vom langjährigen Durchschnitt abweichen.

In jedem Fall übertrifft die Verdunstung den Niederschlagswert mit der Folge, dass Mineralien an der Bodenoberfläche auskristallisieren. Krustenböden in Form von Laterit- und Salzkrustenböden sind verbreitet. Günstigere Bedingungen für die Bodenbildung bieten die Spülflächen der weit gespannten Abflusssysteme und jene Dünenflächen, die bereits in prähistorischer Zeit durch Vegetation festgelegt wurden. Hier dominieren Grasfluren, spärlich bestanden mit trockenresistenten Dornbüschen und – im Sahel – verschiedenen Akazienarten und den mächtigen Affenbrotbäumen. In den zentralen Trockenräumen sprießt Vegetation kurzzeitig nach den seltenen Regenfällen. Ganzjährig vorhanden ist sie nur in tief eingesenkten Mulden oder auf Schuttkegeln vor den Gebirgen, wo ausreichend Grundwasser verfügbar ist. Charakterbaum der Saharaoasen ist die Dattelpalme.

Die wüstenbegrenzenden Trockensavannen und Steppen sind die Lebensräume für nomadische Tierhalter. Für ihre Existenzsicherung betreiben sie eine dem Weideangebot folgende mobile Tierhaltung. Im Laufe eines Jahres sind

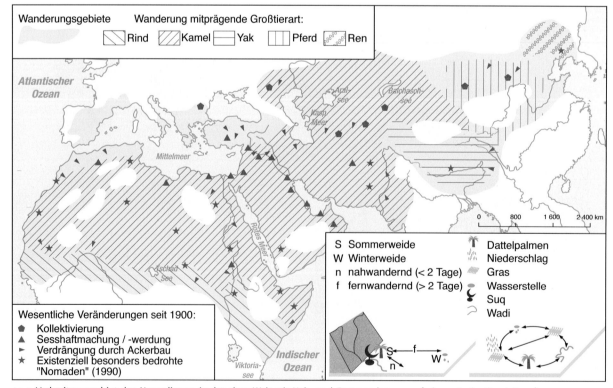

44.1 Verbreitungsgebiet des Nomadismus in der alten Welt mit Nah- und Fernwanderwegen (schematische Darstellung)

sie zu stetig wiederkehrenden Standortwechseln gezwungen und haben entsprechend mobile Lebensformen entwickelt. Die Wanderungen können Fern- wie auch Nahwanderungen umfassen, letztere eher von Halbnomaden ausgeübt, die außer der Tierhaltung auch begrenztem Ackerbau sowie Handels- und Transporttätigkeiten nachgehen (> S. 48). Den transsaharischen Karawanenhändlern erschienen die Dorn- und Trockensavanne mit ihren blühenden Handelsorten (> S. 54) wie das lang ersehnte, rettende Ufer am Rande des ausdörrenden Sandmeeres – als Sahel, wie das arabische Wort für Ufer heißt.

Über die Jahrhunderte hinweg waren regen- und trockenzeitliche Weideflächen, Freizügigkeit und funktionierende Familien- und Stammesverbände zur Überlebenssicherung Voraussetzung für einen vielgestaltigen Nomadismus. Die Verbreitungsgebiete der hauptsächlich gehaltenen Tiere gibt Abb. 44.1 wieder.

Gegenwärtig erlebt die Lebens- und Wirtschaftsform der Nomaden einen dramatischen Niedergang: Einstige Nomadenweiden sind in dürregefährdetes Ackerland umgewandelt worden, moderne Transportmittel entziehen dem Karawanenhandel die Basis, staatliche Grenzen schränken die für die mobile Tierhaltung erforderliche Freizügigkeit ein, staatliche Kontrollbemühungen, Ansiedlungs- und Kollektivierungsprogramme beeinträchtigen mobile Tierhaltungsformen oder unterbinden sie ganz.

Aufgaben

1. Nennen Sie die Trockenräume von Westen nach Osten.
2. Begründen Sie die diagonale Erstreckung des Trockengürtels über die Kontinente Afrika und Asien.
3. Erläutern Sie den Begriff Nomadismus. Nennen Sie, nach Großräumen getrennt, die wesentlichen Veränderungen der nomadischen Lebensformen.

45.1 Rinderherde

EXKURS

GEO-

Timbuktu

Um 1500 war Timbuktu Handels- und Geistesmetropole im Reich der Songhai. Händler und Gelehrte strömten dorthin. Einem Bericht des LEO AFRICANICUS zufolge waren – handgeschriebene – Bücher die gesuchteste Handelsware, die sich so gut verkaufen ließ, „... dass man aus diesem Handel mehr Gewinn zieht, als aus irgendeiner anderen Ware, die man verkaufen könnte." Den Reichtum eines Mannes, so LEO AFRICANICUS, bewerte man nicht nur nach der Anzahl seiner Pferde, sondern wesentlich auch nach der seiner Bücher.

Als der Afrikareisende OSKAR LENZ 1880 Timbuktu erreichte, galt die Stadt noch immer als reich an Manuskriptsammlungen, wenn auch nicht mehr als Sitz großer Gelehrsamkeit. Immerhin aber hatte die überwiegende Zahl der Bevölkerung in Koranschulen lesen und schreiben gelernt und verstand, über den Koran zu disputieren. Lenz berichtet weiter: „Von den ehemaligen Palästen der Könige von Songhai ist nichts mehr zu sehen, ebenso wenig von der Zitadelle. [...] Die zahlreichen Eroberungen der Stadt durch die verschiedenen Völker haben viel zerstört; gegenwärtig ist Timbuktu eine vollkommen offene Stadt [...], und jedermann kann die Stadt betreten, die Einwohner sind ganz passiv und zahlen (Tribut) bald den Fulbe, bald den Túareg (> S. 47), je nachdem, wer gerade [...] die Oberhand hat. [...] Die Stadt bildet gegenwärtig ein Dreieck, dessen Spitze nach Norden zugekehrt ist. Wenn man [...] von Norden kommt, so hat man eine Zone von verwüstetem, mit alten Bauresten, Schutt usw. versehenen Landes von einigen tausend Schritt Breite zu überschreiten, die wohl die frühere Ausdehnung der Stadt nach Norden anzudeuten mag [...]. Es ist [...] keine Frage, dass die Stadt heutzutage auch nicht im Entferntesten mehr das ist, was sie zur Blütezeit des Songhaireiches war. [...]"

Mittlerweile hat die Wüste Timbuktu erreicht, und die ersten Häuser verschwinden unter den vordringenden Dünen. Wurde die Einwohnerzahl Timbuktus 1880 noch auf 15 000 geschätzt, so beherbergt die Stadt jetzt weniger als 5 000 Menschen. Trotz aller Erhaltungsbemühungen, insbesondere über den Tourismus, kennzeichnen Isolation und Verfall die Stadt. Aus dem einst blühenden Handelsmittelpunkt ist eine öde Wüstensiedlung geworden. Der Verfall kann schwerlich aufgehalten werden. Denn Männer im arbeitsfähigen Alter haben die Stadt in großer Zahl verlassen. Geblieben sind Frauen, Alte und Kinder.

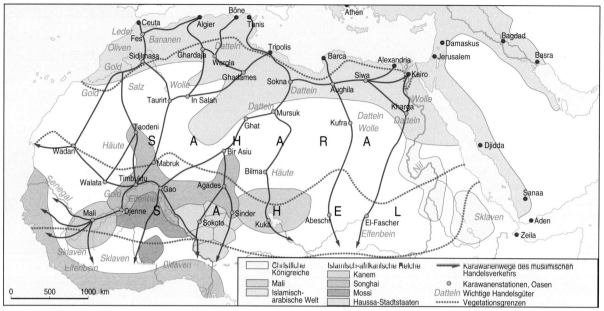

46.1 Westliches und nördliches Afrika vor 500 Jahren

Von Grenzsäumen und Grenzen

Die Bezeichnung Afrika ist lateinischen Ursprungs. Im engeren Sinne meinten die Römer damit ihre getreidereiche Provinz um Karthago herum (146 v. Chr.), im weiteren Sinne bezeichnete „africa" in der römischen Antike den gesamten bekannten Küstensaum des südlichen Mittelmeeres westlich von Ägypten. Erst die arabisch-muslimische Expansion seit dem 7. nachchristlichen Jahrhundert förderte die Vorstellung, bei Afrika handele es sich um mehr als nur den von der Sahara begrenzten Südsaum des römischen Reiches, nämlich um einen eigenen Kontinent. Seit dem 10. Jahrhundert brachten beduinische Kaufleute die afrikanischen Völker am Südrand der Sahara mit Handelsgütern und Glaubensvorstellungen in Berührung, die in den großen islamischen Reichen von Damaskus bis Fes in Maghreb entwickelt wurden.

Wichtige Orte im Sahel waren Timbuktu, Gao, Agades, Sinder und Bilma sowie El-Fascher im östlichen Sahel (> Abb. 46.1). Sie waren Zielorte für transsaharische Händler, die dort lagerten, die Handelskarawanen neu ausrüsteten und zusammenstellten, vor allem aber Handel trieben. Im Austausch für Gebrauchs- und Luxusgüter der hoch entwickelten arabischen Welt erwarb man Produkte der tropischen Landwirtschaft, Gold und Sklaven.

Die genannten Städte waren Hauptstädte oder Handelsmetropolen an den nördlichen Grenzsäumen afrikanischer Reiche, die ihrerseits Handelsverbindungen zu den Reichen der Küsten- und Regenwaldzone unterhielten.

Das Vordringen dorthin war den beduinischen Reitervölkern verwehrt, weil die Pferde unter den Stichen der verbreiteten Tse-Tse-Fliegenschwärme zugrunde gingen.

Auf eine völlig veränderte Lage trifft man in der Gegenwart. Alle Sahelstaaten haben infolge moderner Verkehrssysteme und veränderter Verkehrsströme ihre Lagegunst verloren. Mali, Burkina Faso, Niger und der Tschad sind sogar zu Binnenstaaten, zu „landlocked countries" mit besonders schwierigen Transportbedingungen geworden. Die Gunst der „Uferlage" hat sich in die Ungunst der Küstenferne verkehrt.

Erschwerend kommen raumfremde Grenzen hinzu, die oft mit dem Lineal an den grünen Tischen europäischer Ämter gezogen und auf der Kongokonferenz 1884/85 in Berlin international bestätigt wurden. Die Kolonialgrenzen wurden nach dem Zweiten Weltkrieg als Grenzen der jungen Nationalstaaten übernommen, ohne Rücksicht darauf, dass sie ganz unterschiedliche Ethnien zu einem Staatsvolk zusammenfügen oder traditionelle Stammesgebiete und nomadische Wanderungswege zerschneiden. Inner- wie zwischenstaatliche Konflikte sind programmiert.

Aufgaben

1. Nennen Sie die Faktoren, die den Sahel aus seiner begünstigten Lage in eine abgelegene Randposition drängten.
2. Vergleichen Sie Abb. 46.1 mit einer politischen Karte im Atlas.

Tuareg

47.1 Tuareg in der Sahelzone

Einst vermittelten die Tuareg zwischen dem Mittelmeerraum und dem Sahel mit ihrem Karawanenhandel. Davon sind nur Reste geblieben. Denn im Zeitalter des Automobils sind die jahrtausendealten Karawanenwege längst zu LKW-Pisten geworden, wenn der Warenaustausch nicht auf wenige Flugstunden verkürzt wird.

Die Hälfte der heute schätzungsweise eine Million Tuareg lebt im Niger, die übrigen auf vier weitere Sahelstaaten verteilt. Nicht nur, dass es keine staatliche Einheit für die Tuareg gibt, sie leben in vielfältigen Stammes-, Clan- und Familienverbänden. Daher sind sie, die jahrhundertelang die schwarz-afrikanische bäuerliche Bevölkerung beherrschten, an der Staatsmacht der modernen Staaten nicht beteiligt. Nicht mehr als drei Offiziere mit Tuaregherkunft soll es in der nigerianischen Armee geben; nur fünf junge Tuareg pro Jahr werden für Studienstipendien ausgewählt. Aus den ehemaligen „Königen der Wüste" sind Bittsteller in der staatlichen Verwaltung der ehemaligen Diener geworden.

Die meisten Tuareg des Niger leben im unwirtlichen Air-Massiv in der Südsahara, immer auf Wanderschaft durch hundert Kilometer lange Wadis, in denen sie Gras und das Laub der Akazienbäume für ihre Herden finden.

Ihr Wirtschaftssystem setzt sich aus drei Elementen zusammen, die sich wechselseitig ergänzen: Die auf Bewässerung beruhende Gartenwirtschaft in den Wadis des Air, die Ziegen- und Kamelhaltung sowie den Dreieckskarawanenhandel Air-Bilma-Kano. Dafür ziehen die Tuareg im September 500 Kilometer durch die Ténéré-Wüste nach Osten zu den Salinen Bilmas, um dort im Tausch gegen Hirse und Gartenprodukte oder gegen Bargeld Salz und Datteln zu erwerben. Ins Air-Massiv zurückgekehrt ruhen sie einige Novemberwochen aus, bevor sie im Dezember zu der 900 km südlich gelegenen Haussa-Stadt Kano aufbrechen. Dort tauschen sie Salz und Datteln gegen Hirse, Zucker, Tee und Textilien. Um die Kamele mit ausreichend Futter und Wasser versorgen zu können, halten sie sich mitunter bis zum Mai/Juni im Haussaland auf und treffen erst mit Beginn der Regenzeit wieder im Air ein.

Allerdings hat auch dieser Dreieckshandel in den vergangenen beiden Jahrzehnten schwer gelitten: Die Mangelversorgung während der Dürren der siebziger und achtziger Jahre entkräftete die Kamele, sodass sie die gewöhnlich 150 Kilogramm schwere Last nicht zu tragen vermochten oder tot zusammenbrachen. Diese Situation nutzten Unternehmer, die mit LKW das begehrte Salz transportieren.

Das Zusammenbrechen traditioneller Handelsformen ist begleitet von Arbeitslosigkeit oder Abwanderung der jungen Leute, die ihr Auskommen als ungelernte Arbeiter im nördlich angrenzenden Libyen oder in den Städten der Trockensavanne suchen. Meist sind sie als Bauarbeiter, Nachtwächter oder als Touristenführer tätig. Folge der verminderten Karawanen- und Handelstätigkeit ist die vermehrte Sesshaftigkeit mit der steten Gefahr der Überforderung der kargen natürlichen Ressourcen.

47.2 Die Karawanenhandelszüge der Tuareg aus dem Air

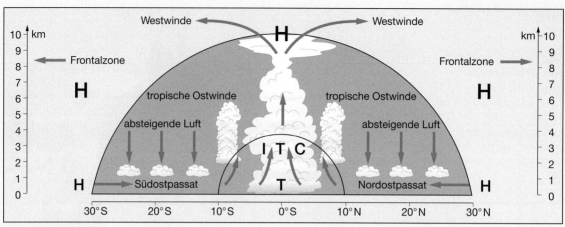

48.1 Passatzirkulation

Passatzirkulation

Unter dem Einfluss höchster Einstrahlungsintensität bildet sich in Äquatornähe ein Gürtel von Tiefdruckzellen aus. Die solar erhitzte Landoberfläche gibt Wärme an die Luft ab. Diese steigt thermisch auf, kühlt mit zunehmender Höhe ab, und die Luftfeuchtigkeit kondensiert. Es bilden sich gewaltige, mehr als 10 km in die Höhe reichende Cumulusnimbuswolken, aus denen Starkregen auf die Erde niedergeht (> S. 25).

Druckausgleichswinde wehen aus den subtropischen Hochdruckgürteln der Nord- und Südhalbkugel als Nordost und Südostpassate in die äquatorialen Tiefdruckzellen. Sie konvergieren dort. Nach diesem stetig anhaltenden Geschehen nennt man den Gürtel der äquatorialen Tiefdruckzellen die Innertropische Konvergenzzone (ITC) (> S. 69).

Aufgefüllt werden die subtropischen Hochdruckgebiete durch Luftmassen, die aus der Höhe über dem Äquator absteigen und aus 20° bis 30° nördlicher und südlicher Breite als Passate in die ITC strömen (Abb. 48.1). Aus den dynamischen Westwindzonen fließen außertropische Luftmassen in die Passatzirkulation ein. In Form trogförmiger Einbuchtungen dringen Luftmassen aus den Westwindzonen in die Passatregionen vor, so wie sich subtropische Hochdruckzellen in die Westwinddrift einfädeln. Phasenverschoben zum Zenitalstand der Sonne verlagert sich die ITC je nach Ausmaß der erhitzten Landmasse um 6° bis 10° nach Norden oder nach Süden.

Unter dem Einfluss der großen Landmassen schlägt die ITC in Südasien bis nördlich des Wendekreises aus. Beim Überschreiten des Äquators verändert der Südostpassat aufgrund der Coriolisablenkung seine Richtung und wird zum Südwestmonsun (Abb. 48.2). Die sommerliche Nordverlagerung der ITC bringt für die Sahelzone Niederschläge zwischen den Monaten Mai/Juni und September/Oktober.

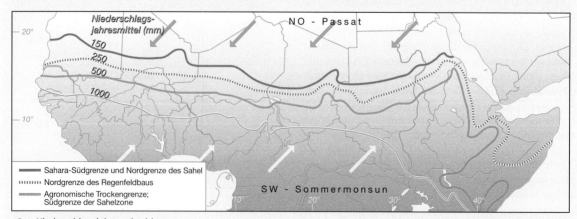

48.2 Niederschlagsjahresmittel in mm

Auswerten von Klimadiagrammen

Abb. 49.1 ist nach den Methoden der Klimatologen WALTER und LIETH aufgebaut: Auf der X-Achse sind die Monate eines Jahres abgetragen. Die Y-Achse weist eine linke und eine rechte Ordinate auf. Links wird die Temperatur in °C angegeben und rechts in verdoppeltem Maßstab der Niederschlag in mm. Diese Methode ermöglicht es, in einem ersten Auswertungsschritt Aussagen über Humidität und Aridität von Witterungsverläufen zu treffen. Für die vertiefende Analyse müssen jedoch die Werte der tatsächlichen und der potenziellen Verdunstung herangezogen werden.

Abb. 49.2 ist gegenüber der üblichen Art, Klimadiagramme zu zeichnen, erweitert worden: Statt nur ein Jahr darzustellen, sind hier zwei Jahre, ein Feucht- und ein Trockenjahr, zusammengefasst worden. Um das Ziel dieser Kombination zu verstehen, sind sowohl die Temperaturamplituden zu vergleichen als auch die Niederschlagsgänge der Jahre 1967 und 1972. Die Säulendarstellung ist den Niederschlagskurven vorgezogen worden, damit die monatlich unterschiedlichen Niederschlagssummen unmittelbar sichtbar werden. Es gibt weitere Arten von Niederschlagsdarstellungen wie die Verteilung der täglichen Niederschläge (> Abb.50.1).
Die Abweichung der tatsächlich gefallenen Niederschläge von den Monats- und Jahresdurchschnittswerten nennt man Niederschlagsvariabilität.

Für die differenzierte Darstellung der Wärmeverhältnisse bedient man sich des Thermoisoplethendiagramms. Es bietet die kombinierte Darstellung des tages- und jahreszeitlichen Ganges der Lufttemperatur. Auf der X-Achse, der Monatsachse, sind die Monate eines Jahres, auf der Y-Achse, der Tageszeitenachse, die 24 Stunden eines Tages abgetragen.

Wenn die tageszeitlichen Temperaturschwankungen die jahreszeitlichen übersteigen, spricht man von einem thermischen Tageszeitenklima. Die Isothermen verlaufen dann überwiegend parallel zur Monatsachse, wie das in Khartum in den Sommermonaten der Fall ist. Die Tagesamplitude lässt sich ermitteln, indem man mit dem Geodreieck die Senkrechte auf der Monatsachse errichtet. Mit demselben Verfahren sind Übergänge zu einem thermischen Jahreszeitenklima in den Wintermonaten zu erkennen. Es ist in Khartum jedoch nur schwach ausgeprägt; die Ausrichtung der Isothermen parallel zur Tageszeitenachse ist nur angedeutet. Ausgesprochene Jahreszeitenklimate (mit überwiegender Parallelität der Isohypsen zur Y-Achse) sind in den polaren Klimaten zu beobachten.

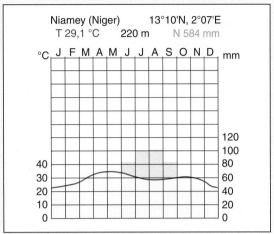

49.1 Klimadiagramm – langjähriges Mittel

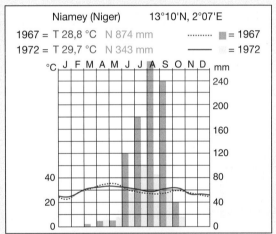

49.2 Klimadiagramm – Vergleichsjahre

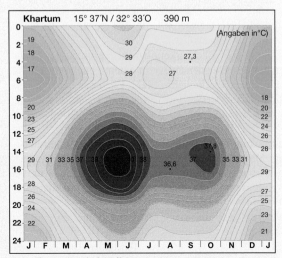

49.3 Thermoisoplethendiagramm

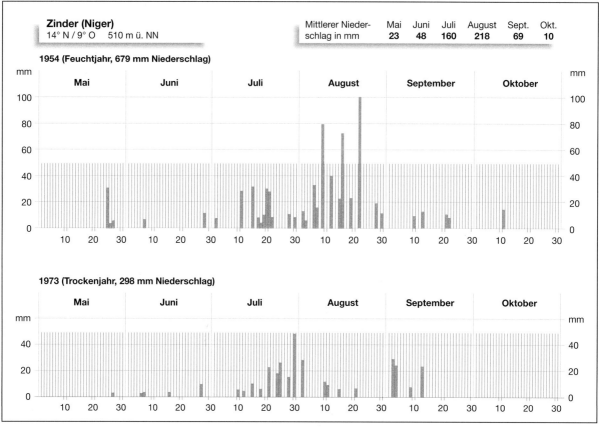

Zinder (Niger) 14° N / 9° O 510 m ü. NN	Mittlerer Nieder-schlag in mm	Mai 23	Juni 48	Juli 160	August 218	Sept. 69	Okt. 10

50.1 Sommerliche Niederschlagsmengen während eines Feucht- und Trockenjahres in Zinder

Nützliche und schädliche Niederschläge

Das Klimadiagramm von Niamey (Abb. 49.1) stellt die monatlichen Niederschlagsmengen dar. Dagegen zeigt Abb. 50.1 nur die Regenmonate und registriert die Höhe der täglichen Regenfälle.

Auf den ersten Blick erkennbar ist die unterschiedliche Verteilung der Niederschläge in einem Feuchtjahr (1954) und in einem Trockenjahr (1973). Blieb der Regenfall bis Ende Juli nach Menge und Verteilung ähnlich, so trat eine radikale Veränderung im August auf. In diesem Monat hofften die Bauern 1973 vergeblich auf ausreichenden Niederschlag. Demgegenüber fiel er 1953 in überreichlichem Maße. An drei Tagen, dem 9., 16. und 22. August, wurde eine so große Regenmenge gemessen, wie sie bei uns durchschnittlich in einem Monat fällt. Solche Starkregen sind eher schädlich, weil sie das Blattwerk der Pflanzen zerschlagen und – zumindest in exponierten und von natürlicher Vegetation ungeschützten Lagen – schwere Schäden in Form von linearer Abtragung (Erosion) oder flächenhafter Abspülung (Denudation) anrichten. An der

Verteilung der Niederschläge – alle zwei bis vier Tage während der Wachstumsperiode der Hirse – finden die Bauern aber nichts auszusetzen. Der rapide Rückgang des Regenfalls in den folgenden Monaten ist für Reife und Ernte sehr erwünscht.

1973 reichte der Niederschlag nach Menge und Verteilung zwar für das Aufkeimen der Saat und die erste Wachstumsphase voll aus. Das Verdorren und Absterben der jungen Pflanzen erfolgte jedoch längst, bevor sich die Fruchtstände mit Körnern hatten ausbilden können. Nur auf Böden mit gutem Wasserhaltevermögen konnte man noch mit geringen Ernten rechnen. Die übrigen Ackerflächen waren kahl gefallen und dem Wind und der Deflation preisgegeben.

Aufgabe

Entwickeln Sie aus den gegebenen Niederschlagswerten (Abb. 50.1) ein Diagramm zur idealtypischen Niederschlagsverteilung, sodass sie den ökologischen Ansprüchen von Hirse entspricht.

Ökologische Ansprüche der Kulturpflanzen

Beispiel Hirse: Hirse ist die Leitfrucht für den Anbau im Sahel. Jede Hirsepflanze bildet ein tief reichendes, leistungsfähiges Wurzelsystem aus und weist eine hohe Trockenverträglichkeit auf. Hirse kann daher noch in Gebieten mit einem Niederschlag von 350 bis 400 mm während der Wachstumsphase erfolgreich angebaut werden. Allerdings liegen in diesem Fall die Hektarerträge mit bis zu 4 dt sehr niedrig.

Die Hirse bildet kleine Körner aus. Sie stellt nur geringe Ansprüche an Bodengüte und Wasserhaushalt und gedeiht noch an Standorten, an denen das ihr eng verwandte Sorghum, wenn überhaupt, dann nur unbefriedigende Erträge liefert. Als Unterfrucht werden oft Augenbohnen angebaut. Sie stellen eine sinnvolle Kombination zur Hirse dar, da sie als Leguminosen aus der Luft Stickstoff binden, in ihrem Wurzelwerk fixieren und so zur Bodenverbesserung beitragen. Als eiweißhaltige Pflanzen können sie wesentliche Beiträge zur Lösung der Ernährungsprobleme leisten.

Beispiel Mais: Mais braucht viel Sonne und Wärme zum Wachsen. Da er nur über ein flaches Wurzelsystem verfügt, ist er nicht trockenresistent und kann nur in seinen schnell reifenden Sorten bis zur 550- bis 600-mm-Jahreshyete gezogen werden. Der Maisanbau beschränkt sich daher auf die südlichsten Teile der Sahelzone.

Wegen der hohen Tagestemperaturen müssen die Spaltöffnungen, die Atmungsorgane der Pflanzen, tagsüber geschlossen bleiben. Die Evapotranspiration wäre zu hoch. Nachts entfällt jedoch der Zwang zum Verdunstungsschutz. Dann integriert der Mais bei geöffneten Spaltöffnungen in hohem Maße CO_2-Gehalte der Luft in seinen Stoffwechsel. Für die Ernährung der Sahelbewohner hat er – abgesehen vom Bewässerungsfeldbau im Nigerbinnendelta – nur ergänzende Funktion und kann nicht wie in weiten Teilen der semihumiden Tropen und Subtropen Grundnahrungsmittel sein.

Generalisierung: Verallgemeinernd gilt, dass die Kulturpflanzen in enger Wechselbeziehung zu ihrer jeweiligen Umwelt stehen. Sie stellen spezifische Ansprüche an
- Pedosphäre: Bodenart, Bodenstruktur, Bodenfeuchte und Mineralgehalt,
- Hydrosphäre: Niederschlagsmenge und -verteilung,
- Atmosphäre: Sonnenscheindauer, Lichtstärke, CO_2-Gehalt und Temperatur,
- Biosphäre: Pflanzendichte, Pflanzengesellschaften und Mikroorganismen,
- Anthroposphäre: Bodenbearbeitung, Düngung, Pflanzenschutz und Fruchtfolge.

51.1 Hirse

51.2 Mais

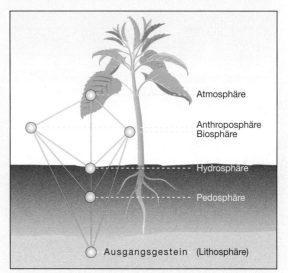

Atmosphäre

Anthroposphäre
Biosphäre

Hydrosphäre

Pedosphäre

Ausgangsgestein (Lithosphäre)

51.3 Ansprüche von Kulturpflanzen

52.1 Anbau im Feuchtjahr

52.2 Anbau im Trockenjahr

52.3 Marktszene

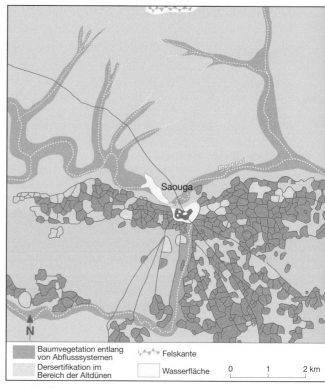

Baumvegetation entlang von Abflusssystemen

Dersertifikation im Bereich der Altdünen

Felskante

Wasserfläche

0   1   2 km

Saouga

Gorouol

N

52.4 Landnutzung 1950 in der Umgebung von Saouga/Burkina Faso

Konkurrierende Landnutzung im südlichen Sahel

Auf die südliche Sahelzone richten sich die Nutzungsansprüche sowohl der sesshaften Bauern als auch der nomadisierenden Viehhalter. Insbesondere in Trockenjahren entspringt daraus eine konfliktreiche Konkurrenz.

Für die bäuerliche Bevölkerung steht der Anbau von Hirse, Hülsenfrüchten und Gemüse im Mittelpunkt des Interesses. Der Anbau dient weitgehend der Selbstversorgung, der Subsistenz. Geeignet sind die sandigen Böden der Altdünen und der weit gespannten Spülflächen, auf denen das Oberflächenwasser nach den heftigen Gewittergüssen während der humiden Monate abfließt. Wegen ihres großen Porenvolumens kann Niederschlagswasser schneller in Sandböden eindringen als in tonige oder gar Böden, die von laterischen Krusten bedeckt sind. Ein großer Teil des Regenwassers versickert, ist dadurch dem nutzlosen Abfluss und der unmittelbaren Verdunstung entzogen und steht den Anbaupflanzen während der Wachstumsperiode als Bodenwasser zur Verfügung. Außerdem werden sandige Böden wegen ihrer leichteren Bearbeitbarkeit mit den seit Jahrhunderten unveränderten Agrartechniken bevorzugt. Tieranspannung und Pflugbau sind unbekannt. Uni-

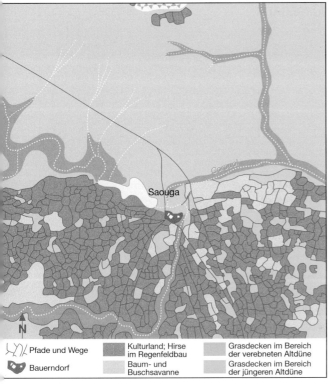

53.1 Landnutzung 1974 in der Umgebung von Saouga/Burkina Faso

Legende:

- Pfade und Wege
- Bauerndorf
- Kulturland; Hirse im Regenfeldbau
- Baum- und Buschsavanne
- Grasdecken im Bereich der verebneten Altdüne
- Grasdecken im Bereich der jüngeren Altdüne

verselle Arbeitsgeräte sind die kurzstielige Hacke, die „daba", und der Grab- und Pflanzstock. Frauen entfernen mit der Hacke im April/Mai die natürliche Vegetation und lockern den Ackerboden in kleinen Feldstücken. Vor dem Einsetzen der Regenzeit bohren die Bauern mit den Grabstöcken in regelmäßigen Abständen Pflanzlöcher, in die die jüngeren Familienmitglieder Saatkörner legen. Pflegearbeiten während der Wachstumsperiode wie Unkrautjäten und Anhäufeln der Hirsepflanzen, um das Wurzelwerk vor Austrocknung zu schützen, übernehmen weitgehend die Frauen. Alle Familienmitglieder erledigen gemeinsam die Erntearbeiten, danach übernehmen die Männer Verkauf oder Tausch auf dem Markt. Für die Verarbeitung des Erntegutes im Haushalt, das Sammeln von Brennholz zum Kochen und das Wasserholen sind wiederum die Frauen zuständig.

Bei nachhaltiger Nutzung werden die Felder derart in die natürliche Vegetation eingepasst, dass der Wind keine Angriffsflächen zur Deflation, Niederschlagswasser keine zur Erosion findet. Die Felder werden nur wenige Jahre genutzt, bevor sie während der langjährigen Rotationsbrache der natürlichen Vegetation wieder überlassen und andere Flächen für den Ackerbau vorbereitet werden – Wanderhackbau (shifting cultivation). Dann dienen sie

den bäuerlichen Dorfviehherden, bestehend aus Schafen, Ziegen und Rindern, als Weide, bevor jugendliche Hirtinnen und Hirten die Herden auf offenere Weiden führen. Zeitlich begrenzte Nutzung findet auf allen genannten Flächen auch durch die nomadischen Viehherden statt, wenn sie auf ihrer weiten Nord-Südwanderung – nach dem Ende der Regenzeit – die Zone der sahelischen Ackerbauern auf ihrem Weg zu den Märkten am Nordrand der Feuchtsavanne passieren. Die nomadische Weidewirtschaft ist die bestangepasste Nutzungsform im Sahel. Aufgrund ihrer Beweglichkeit gelingt es den Nomaden, selbst abseits gelegene nördliche Halbwüstenflächen nach vereinzelten, heftigen Regenfällen zu nutzen – vorausgesetzt, eine Wasserstelle ist in der Nähe. Während das bäuerliche Vieh ergänzend zum Ackerbau gehalten wird, stellt das Vieh für die Nomaden die Lebensgrundlage dar. Dementsprechend halten sie größere Stückzahlen, insbesondere an Rindern, dann erst an Schafen und Ziegen. Als Last- und Reittiere kommen Kamele hinzu.

Der Rhythmus von kurzer Feucht- und lang anhaltender Trockenperiode verursacht außerordentliche Schwankungen im naturgegebenen Futterangebot. Die extreme Futterknappheit – sowohl nach Biomasse als auch nach Nährstoffen der Pflanzen – und das Versiegen der Tränkstellen während der Trockenzeit machen weite Wanderbewegungen der Weidetiere – besonders der Rinder – in die länger und intensiv beregneten Gebiete der Trocken- und Feuchtsavanne notwendig. Sind im nördlichen Sahel weniger als 30 % der Oberfläche von Vegetation bedeckt, so bildet sich in natürlichen ungestörten Ökosystemen im südlichen Sahel während der Regenzeit eine Vegetationsdecke, die vor allem aus einjährigen Gräsern besteht. Die Einjährigkeit stellt eine vollkommene Ausrichtung auf die sehr variablen Regenmengen dar. Bleibt der erforderliche Niederschlag aus, überdauern die Samen einjähriger Pflanzen das einzelne oder die Folge von Trockenjahren bis zum Eintreten der nächsten Regenzeit.

In Normaljahren mit durchschnittlichen Regenmengen erwachsen aus der konkurrierenden Landnutzung keine unlösbaren Konflikte, da Konkurrenz nicht nur Wettbewerb um identische Futterflächen, sondern auch Begegnung und gegenseitige Ergänzung bedeutet: Beim Weidegang werden die Böden auf natürliche Weise durch die Tierexkremente gedüngt, und auf den Märkten können die Bauern Ackerbauprodukte gegen tierische Produkte tauschen oder gegen Güter, die die Nomaden mit sich führen, z.B. Salz.

Aufgaben

1. Begründen Sie die Aussage des deutschen Sahelforschers MENSCHING, die Sahelzone sei überwiegend als Weideland geeignet.
2. Charakterisieren Sie konkurrierende Landnutzung.

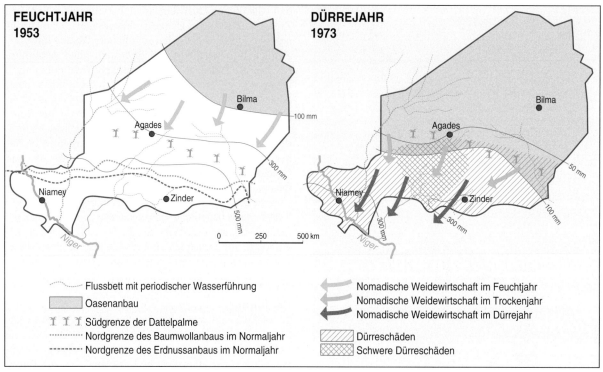

54.1 Feucht- und Dürrejahre in der Republik Niger

Landschaft unter Stress

Die saisonalen Weideflächen der Kamel- und Ziegenherden reichen in der Regel bis zu Gebieten mit 300 mm Jahresniederschlag. Für Rinderherden genügt dort jedoch das Futterangebot in der Trockenzeit nicht, sodass diese weiter südwärts bis in Regionen getrieben werden, die etwa 500 mm Niederschlag im Jahr aufweisen. Während in feuchten Jahren das ökologische Potenzial für derartige Nutzungsansprüche ausreicht, wachsen in Trockenjahren die Belastungen für Vegetation, Böden und Wasserhaushalt. In Dürreperioden aber, also einer Folge von Trockenjahren, gerät die Sahelzone unter Stress. Die Nomaden müssen dann weit in den Süden vorstoßen, tief in die ackerbaulich genutzte Trockensavanne hinein.

Verschärft wird die Situation dadurch, dass die fernwandernden Herden der Nomaden wie auch die nahwandernden der sesshaften Bauern in den 60er Jahren erheblich vergrößert wurden. Denn aus der überdurchschnittlichen Versorgung mit Niederschlägen in jenem Jahrzehnt schlossen lokale wie auch überseeische Entwicklungshelfer, dass man die Ernährung der wachsenden Bevölkerung aus vermehrtem Viehbestand und ausgedehnteren Ackerflächen sicherstellen könne. Man organisierte eine durchgreifende veterinärärztliche Versorgung, kreuzte leistungs- und widerstandsfähige Rassen in die vorhandenen Herden ein, errichtete Zucht- und Produktionsfarmen, schuf ein engmaschiges Brunnennetz und erweiterte die Futterbasis durch bewässerten Futteranbau. Die Entwicklungsprojekte blieben insofern isolierte Ansätze, als sie nur der Tierhaltung Aufmerksamkeit schenkten und keine umfassende wirkungsvolle Lebens- und Wirtschaftsalternative für die Bevölkerung boten.

Damit war die Katastrophe für die erste Dürreperiode, die 1969 einsetzte, programmiert. Denn jetzt reichte das Angebot an Weiden und Tränkstellen in den traditionell aufgesuchten Gebieten nicht mehr aus. Überweidung zerstörte die Vegetation. Besonders schwere Zerstörungen bildeten sich als Folge des Viehtritts um die Tränkstellen herum. Der Grundwasserspiegel sank tiefer ab. Bei anhaltender Dürre war den Nomaden die Möglichkeit der Nordwanderung genommen. Sie schlugen ihre Lager also dauerhaft in der Nähe großer Städte auf in der Hoffnung, von den weltweit zufließenden Hilfslieferungen ihren Anteil zum Überleben zu erhalten.

Diese dürrebedingte Immobilität ist – nicht zuletzt durch staatliche Förderung – häufig zu dauernder Sesshaftigkeit erweitert worden, was den Naturhaushalt der Sahelzone überfordert und die Aussichten für eine Regeneration der Pflanzenwelt verschlechtert. Ein sich selbst verstärkender Prozess kann dadurch in Gang gesetzt werden: Bei ausge-

55.1 Zerstörung der Vegetation

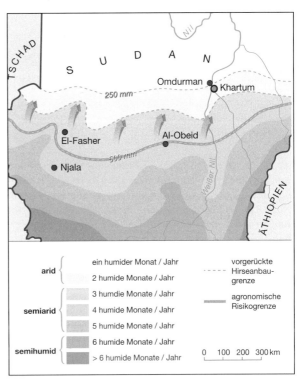

	ein humider Monat / Jahr	vorgerückte
arid		Hirseanbau-
	2 humide Monate / Jahr	grenze
	3 humdie Monate / Jahr	agronomische
semiarid	4 humide Monate / Jahr	Risikogrenze
	5 humide Monate / Jahr	
	6 humide Monate / Jahr	
semihumid	> 6 humide Monate / Jahr	0 100 200 300 km

55.2 Nordwestverschiebung der Hirseanbaugrenze in der Republik Sudan

dünnter und lückenhafter Vegetation verringert sich die Verdunstung in die Atmosphäre, und die Wolken- und Niederschlagsbildung nimmt ab. Dadurch dehnen sich Wüsten- und Halbwüstengebiete aus, die Desertifikation setzt sich fort. In der Folge regnet es noch weniger, was zu weiterem Wachsen der Wüsten führt. Die Sahelzone ist damit ein Beispiel dafür, wie Niederschlagsarmut durch menschliche Eingriffe direkt verstärkt wird.

Ähnliche Überlegungen, wie sie zur Vergrößerung der Viehherden führten, verleiteten auch zur Verschiebung der agronomischen Risikogrenze. Rasch wachsende Bevölkerungszahlen legten nach einer Reihe von Feuchtjahren nahe, nicht nur die Brachezeiten auf den traditionellen Feldfluren drastisch einzuschränken, sondern die Anbauversuche in geeignet erscheinenden Landschaftsräumen nun bis zu 200 km nach Norden zu verschieben. Selbst in Feuchtjahren stellten sich nur Teilerfolge ein: In der Zeitspanne zwischen Saatbeetvorbereitung und Hirsewachstum ist der Boden Niederschlägen und Wind ungeschützt ausgesetzt. Starkregen können tiefe Erosionsrinnen reißen und durch die resultierende Grundwasserabsenkung eine ganze Region der Desertifikation preisgeben.

Verheerend aber wirken sich Dürreperioden aus, wenn die bodennahe natürliche Vegetation der Ackerfeldvorbereitung weichen muss und die Windgeschwindigkeit nicht mehr herabgesetzt wird. Dann wird die dünne Boden-

schicht ausgeblasen und auf anderen Flächen abgelagert. Die Deflationsschäden und die neu gebildeten Dünenfelder lassen auch nach der Einstellung der Anbauversuche keine Regeneration der natürlichen Vegetation mehr zu. Die Wüste ist – wiederum anthropogen bedingt – gegen den Sahel vorgerückt, zunächst meist nur inselhaft, doch schließen sich die Inseln schnell zu großen Flächeneinheiten zusammen.

Da die Ausbreitung des Regenfeldbaus nördlich der agronomischen Risikogrenze zu Lasten der nomadischen Weideflächen geht, verschärft sich schon in Feuchtjahren die Konkurrenz um Landnutzungsrechte und wächst sich in Trocken- und Dürrejahren zu Konflikten aus. Irreversible Schäden werden dem Landschaftshaushalt zugefügt und Boden- und Süßwasservorräte als unabdingbar notwendige Lebensgrundlagen zerstört.

Aufgaben

1. Vergleichen Sie die Verschiebung der Isohyeten und der Nutzungsgrenzen in der Republik Niger während einer Dürreperiode.

2. Erläutern Sie die Folgen grenzüberschreitender Dürrefluchtbewegungen.

3. Beschreiben Sie Erscheinungsformen und Ursachen der Desertifikation (Abb. 54.1 und 55.2).

Agrarproduktion für den Export – schädliche Entwicklung?

Seit langem gibt es in der entwicklungspolitischen Diskussion eine Kontroverse, ob die Produktion von Nahrungsmitteln für den Eigenverbrauch oder der Anbau von Vermarktungsprodukten („cash crops"), oft speziell für den Export, gefördert werden soll.

Exportprodukte wie Erdnüsse, Baumwolle oder Sorghum besetzen zu große und qualitativ hochwertige Ackerflächen, so lautet eine verbreitete Argumentation. Damit sei der Export von Agrargütern direkt verantwortlich für Hunger und Unterernährung. Darüber hinaus neige der Cash-Crop-Produzent zu unangepassten Anbaumethoden und trage so zur raschen Auslaugung des Bodens und zur Anfälligkeit gegen Desertifikation bei.

Die Argumentation ist jedoch nicht zwingend. Sie übersieht, dass die Sahelländer, von Agrargütern abgesehen, nur wenige Exportprodukte anbieten können. So beschränkt sich die Exportpalette Malis auf die Ausfuhr von Lebendvieh, Erdnüssen und Baumwolle aus einem breiten Gürtel entlang der Eisenbahnlinie Bamako-Dakar. Dort lassen sich auch agrarindustrielle Ansätze beobachten.

Im Übrigen reagieren auch afrikanische Bauern bei der Aussicht auf einen angemessenen Verkaufsertrag mit dem Einsatz der Arbeitskräfte ihres Haushaltes, sodass die Subsistenzproduktion beibehalten und nur ein Teil des Geldertrages für den Zukauf von Getreide aufgewendet wird. Abb. 56.1 legt dar, dass beide Betriebszweige miteinander kombinierbar sind.

Studien zeigen, dass Cash-Crop-Produzenten besser ernährt und gesünder sind als Subsistenzbauern. Einschränkend ist allerdings darauf hinzuweisen, dass die positive Einschätzung der Exportproduktion kostendeckende Preisniveaus voraussetzt, die von den Einzelbauern in keiner Weise zu beeinflussen sind.

Denn gerade die Industrieländer, an vorderster Stelle die USA, Kanada und die Staaten der EU, exportieren Agrarerzeugnisse in großem Stil. Über hohe Subventionen bieten sie ihren Erzeugern derartige Produktionsanreize, dass deren Produktion die Binnennachfrage übersteigt und auf die Weltmärkte drängt – aufgrund der Subventionen zu Niedrigpreisen. Unter diesen Bedingungen haben die Märkte für Agrargüter im Verlauf der 80er Jahre einen Preisverfall um nahezu 30% erlebt. Für viele Agrarprodukte zeigen die Weltagrarmärkte Anzeichen der Nachfragesättigung.

Der subventionsverzerrte internationale Agrarhandel geht zu Lasten traditioneller Anbieter in den Entwicklungsländern. Zwar begrüßten deren Regierungen den Preisverfall zunächst, weil die städtische Bevölkerung über Nahrungsmittelimporte leichter versorgt werden konnte. Jedoch entfielen für die einheimischen Bauern sämtliche über die Subsistenz hinausgehenden Produktionsanreize. So hat weniger die Exportproduktion mit ihren unbestreitbaren Flächenansprüchen, als vielmehr der verzerrende Weltagrarhandel lähmend auf die Anstrengungen zur Produktionssteigerung von Nahrungsmitteln gewirkt: Der Anteil der Entwicklungsländer am weltweiten Fleischexport ist von 66% (1980) auf 43% (1990) zurückgegangen. Dabei ist der Fleischhandel der Entwicklungsländer traditionell auf benachbarte Staaten ausgerichtet, ist also Export innerhalb der eigenen Ländergruppe. An die Eroberung von Marktanteilen auf den Märkten der Industrieländer ist gar nicht zu denken. Denn außer für Futtermittel, Fasern und Produkte der klassischen Kolonialwaren wie Kaffee, Tee, Kakao verhindern Importrestriktionen den Zutritt zu den Agrarmärkten der Industrieländer. Dieser selektive Importsog ist für die einseitige, schädliche Ausrichtung der exportorientierten Landwirtschaft in den Entwicklungsländer in erster Linie verantwortlich.

Aufgabe

Erläutern Sie die Auswirkungen des internationalen Agrarhandels.

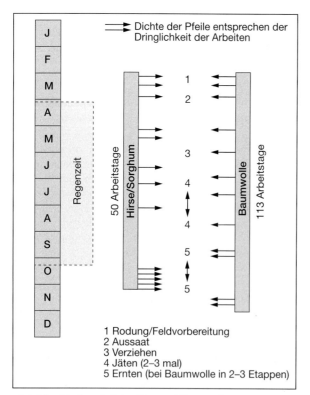

56.1 Arbeitsspitzen bei der Hirse und Baumwolle

Das Energieproblem – Brennholzentnahme

Issaho Kandibi wohnt in einem dorfähnlichen Außenbezirk von Ougadougou, der Hauptstadt Burkina Fasos. Issaho hat eine Frau und vier Kinder und außerdem noch die Frau seines verstorbenen Bruders mit ebenfalls vier Kindern zu versorgen. Schon vor geraumer Zeit hat Issaho es aufgegeben, Märkte, Kaufhäuser und Ämter in der Hoffnung auf irgendeinen Gelegenheitsjob abzuklappern. Stattdessen hat er sich darauf besonnen, dass er aus seiner Zeit als Wanderarbeiter ein Fahrrad besitzt. Damit kann er Brennholz aus bis zu 40 km Entfernung heranholen und an die städtischen Haushalte verkaufen.

Rund um die Bevölkerungszentren sind die natürlichen Brennholzreserven längst geplündert, und gerade für einkommensschwache Haushalte gibt es keine Alternative zum Brennholz. Wenn sie auch ein Viertel ihres Einkommens für dessen Kauf aufbringen müssen, die Verwendung von Kerosin wäre noch teurer, zumal die Verbrennungsgeräte dafür erst angeschafft werden müssten. Dabei ist die Energieausbeute aus dem Brennholz alles andere als effizient: Beim traditionellen Kochen auf offenem Feuer gehen 94% der Hitze verloren. So verwundert es kaum, dass, bezogen auf die gesamten Tropen, 84% des genutzten Holzes als Brennholz und nur 16% als Nutz- und Bauholz verwendet werden. In den semiariden Tropen ist der Brennholzanteil noch deutlich höher. Pro Kopf und Jahr werden etwa 1,2 m^3 Brennholz benötigt. Bei gleich bleibendem Verbrauch werden im Jahr 2000 weltweit 2,4 Milliarden Menschen in Gebieten mit akutem Brennholzmangel leben.

Diese Krisensituation führt dazu, dass Bäume und Sträucher, wenn sie schon nicht gerodet werden, über ihre Regenerationsfähigkeit hinaus beansprucht werden und schließlich absterben. Auch Ernteüberreste und Stoppeln, die früher zur Humusbildung beitrugen, werden nun verfeuert. Über die Degradierung des Bodens hinaus werden damit weitere Angriffspunkte für erodierende Kräfte eröffnet. Die Brennholzkrise führt dazu, dass weniger gekocht wird. Eine einmal zubereitete Mahlzeit wird auf einen oder mehrere Tage verteilt gegessen. Angesichts der unzureichenden Konservierungsmöglichkeiten führt dies häufig zu Darminfektionen, Fehl- und Unterernährung. Der Brennholzmangel kann ausschlaggebend dafür sein, dass Wohnstätte und Land aufgegeben werden müssen und die Migration in die Stadt als einziger Ausweg erscheint.

Aufgabe

Erörtern Sie Möglichkeiten, mithilfe alternativer Energien die Brennholzentnahme zu verringern.

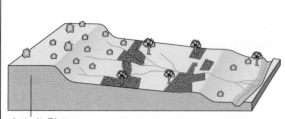

Laterit–Plateau

Ausgangssituation:
Flächenhafte Abspülung vom Lateritplateau über die
Talhangflächen bis zum Wadi. Eintiefung des Wadibettes.

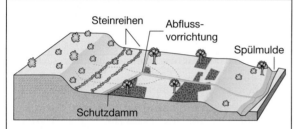

Phase 1:
Anlegen von isohypsenparallelen Steinreihen und Schutzdämmen aus Lehm und Steinen. Einrichtung einer Abfluss-
vorrichtung im mittleren Bereich der Schutzzone.

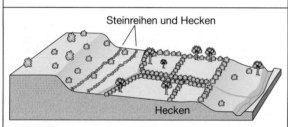

Phase 2:
Anpflanzung von Hecken entlang der Nutzergrenzen sowie
entlang der Wege und Pfade. Anpflanzung von Bäumen im
Kulturland. Regeneration des Buschlandes auf dem Lateritplateau.

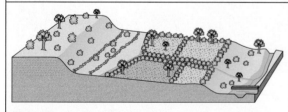

Phase 3:
Anbau von Hirse und Futterpflanzen auf den Bankettenfeldern.
Bodenverbesserungen durch sorgsame Bearbeitung. Einar-
beitung von organischem Dünger und Beachtung geregelter
Fruchtfolge- und Brachezeiten. Schonende Bewirtschaftung
des Buschlandes auf dem Lateritplateau.

58.1 Ökologischer Umbau eines Plateau-Talhang-Profils

Maßnahmen gegen Desertifikation

Steuernd für jede Art der landwirtschaftlichen Nutzung
bleibt in der Sahelzone der Wasserhaushalt in Form von
Bodenfeuchte, Grundwasserverfügbarkeit und Nutzung
des Oberflächenwassers. Am Beispiel des Regionalent-
wicklungsprojektes Tahona, 300 km östlich der nigeri-
schen Hauptstadt Niamey gelegen, sollen die Bedeutung
und die Effektivität der Desertifikationsbekämpfung über-
prüft werden.

Das Projektgebiet umfasst 45 Dörfer, die in weit gespannten, saisonal wasserführenden Tälern liegen. Die sandigen
Böden werden ackerbaulich genutzt. Begrenzt werden die
Täler von lateritisch verkrusteten Plateaus. In traditioneller Nutzung werden diese von den Dorfbevölkerungen zur
Brennholzgewinnung, als Weideflächen für die Dorfviehherden und – nach einer Reihe von Feuchtjahren – für die
Anlage von ergänzenden Ackerflächen genutzt. Hauptsächlich aber dienen diese Areale nomadisierenden Viehhaltern als regenzeitliche Buschweide. Mit steigender
Bevölkerungszahl nimmt die Beanspruchung der Plateau-
flächen zu. Sie verlieren ihre Vegetation, und die Lateritkrusten verfestigten sich. Die fehlende Pflanzendecke und
die herabgesetzte Wasserspeicherkapazität führen nun zu
anschwellendem Oberflächenwasserabfluss in den humiden Monaten. Die Ufer des Wadis werden unterspült,
große Flächen des genutzten Talbodens gehen für den
Ackerbau verloren. Gehöfte und Siedlungsplätze müssen
aufgegeben werden.

Folgerichtig setzt die Desertifikationsbekämpfung mit Ero-
sionsschutzdämmen am Rand der Plateaus an und sucht
nicht nur eine Stabilisierung, sondern eine dauerhafte Verbesserung der natürlichen Lebensgrundlagen zu erreichen
(Abb. 58.1). Die Errichtung von 30 bis 40 cm hohen Stein-
und Lehmwällen quer zur Abflussrichtung setzt die Fließ-
geschwindigkeit des Oberflächenwassers herab, ermöglicht
tiefgründiges Einsickern und das Absetzen von feinen Bo-
denbestandteilen: Bankettenfelder entstehen (Abb. 59.1).

Die ökologischen Ziele können nur dann erreicht werden,
wenn die beteiligten Bevölkerungsgruppen die erforderlichen Maßnahmen selbst aufgreifen, durchführen und
schließlich die Dämme instand halten. Sie müssen die
nötige Geduld vom ersten Spatenstich bis zur ersten Ernte aufbringen, und die Windschutzpflanzungen trotz
Landknappheit und Brennholzbedarfs pflegen und schützen. Besonders schwer ist eine breite Zustimmung in
einem Projekt, wie dem hier vorgestellten, zu erreichen, in
dem Interessen der viehhaltenden Nomaden und der
sesshaften Bauern einander widersprechen. Daraus resultieren nicht selten handfeste Konflikte.

Beide Nutzergruppen müssen also auf das gemeinsame Ziel der Desertifikationsbekämpfung verpflichtet werden. Das ist umso schwieriger, da es kein privates Bodeneigentum, sondern ausschließlich clan- oder stammesgebundenes Gemeindeeigentum mit Nutzungsrechten für einzelne Familien gibt. Erst wenn alle Nutzungsrechte berücksichtigt worden sind, ist mit nachhaltigem Projekterfolg zu rechnen.

Schließlich steht hinter allen Bemühungen die Frage, wie der ländliche Raum eine schnell wachsende Bevölkerung tragen kann. Die Entwicklung zentraler Marktorte bietet sich als weiterführender Ansatz an: Erzeugnisse aus Anbau und Viehhaltung, die über den Eigenverbrauch hinaus anfallen, werden hier getauscht oder verkauft. Wolle und Felle könne an Ort und Stelle verarbeitet werden. Die Veredlungs- und Überschussproduktion wird dann für die Lieferung zu den nächsten Bevölkerungszentren transportfähig gemacht und weitergeleitet. Auf diese Weise entstehen Kaufkraft und Beschäftigung außerhalb der Landwirtschaft. Positive Rückwirkungen ergeben sich für Handel und Handwerk. Sowohl die Produkte des traditionellen (Schmiede-, Schnitz- und Tonarbeiten) als auch des modernen Handwerks (Anfertigung und Reparatur neuartiger Gebrauchsgegenstände) treffen auf eine verstärkte Nachfrage.

Eine weitere Aufwertung erfahren die zentralen Marktorte dadurch, dass sie die erforderliche administrative und medizinische Grundversorgung erhalten. Mit allen ihren Funktionen üben sie eine hohe Anziehungskraft auf die ländliche Bevölkerung aus. Die dauerhafte Zuwanderung dürfte aber in einem Netz zentraler Marktorte überschaubar und kontrollierbar bleiben. Eine Möglichkeit der Steuerung kann die Wasserversorgung mit einem sorgsam an den Weidebedarf des Viehs angepassten Netz von Tiefbrunnen sein. Sie ermöglichen den Nomaden, von einer Weide zur nächsten zu ziehen So werden Nomaden nicht zur Sesshaftigkeit eingeladen, sondern zur temporären Weidenutzung und zur Marktteilnahme. Auf diese Weise kann es gelingen, jene Zerstörungen zu vermeiden, die rund um die großen Siedlungen des Sahel zu beobachten sind. Durch ungebremste Zuwanderung werden dort die ökologischen Grundlagen mit der Folge ausgedehnter Desertifikationsringe bei weitem überstrapaziert.

Aufgaben

1. Beschreiben Sie anhand Abb. 58.1 den ökologischen Umbau der Plateau-Talhang-Flächen.
2. Charakterisieren Sie „nachhaltige Entwicklung" unter Berücksichtigung ökologischer, ökonomischer und sozialer Aspekte. Nutzen Sie dazu auch S. 146/147.

59.1 Bankettenfelder mit Hirse

Der Spiegel 7. 3. 83

„Die Dürre wird kommen"

Der aussichtslose Kampf des Sahellandes Niger gegen die Wüste

Mitten in der kahlen Landschaft, in der nur ein paar Sträucher wachsen und der Harmattan, der heiße Wüstenwind, Sand und Staub aufwirbelt, steht ein hochgewachsener Mann. Vor ihm liegt eine abgehackte, von Wind und Sonne entsaftete Akazie.

„Nomaden", grollt der Mann mit dem silbernen Jagdhornemblem am Käppi, „für ihre Viecher haben sie den Baum umgehauen, damit die die Blätter abfressen können." Er beugt sich fürsorglich über den kahlen Strauch, als wollte er einen toten Kameraden beerdigen.

Ibrahim Najada, Oberförster des forstlosen Sahellandes Niger, geht auf einsame Patrouille. Sein Revier ist fünfmal so groß wie die Bundesrepublik, es reicht von der Südsahara im Norden bis zum Tschadsee im Osten und an die Ufer des Niger im Westen. Aber Forsten und Wälder? Zwei Drittel des Niger sind heute schon Wüste.

Seit der Dürre wurden an die zwei Millionen Kinder geboren, und ähnlichen Zuwachs haben die anderen Sahelländer. Mit unendlicher Mühe und viel Kapital gelingt es ihnen, ihre

Getreideproduktion um ein Prozent im Jahr zu steigern, während sich die Bevölkerung um 2,5 Prozent vermehrt.

Früher konnten die Bauern ihre Felder sieben bis acht Jahre brach liegen lassen und ihre Familien dennoch ernähren. Heute pflanzen sie jedes Jahr, auch da, wo der Boden ausgelaugt oder vom Wind weggetragen ist, einen Hirsehalm auf etwa einen Quadratmeter. Statt 1,6 Millionen Hektar um 1955 hackten die Sahel-Bauern 1979 schon 3,4 Millionen Hektar, aber der Ertrag fiel von 501 auf 408 Kilo Getreide je Hektar. Fruchtbares Land wird immer knapper.

Während die Haussa-Bauern immer weiter nach Norden ziehen, um die unfruchtbare Steppe zu beackern, auf der „Allahs Segen nicht ruht", stampfen die großen Herden der Nomaden immer weiter nach Süden, auf der Suche nach besseren Weidegründen und tieferen Brunnen.

200 000 Quadratkilometer Kulturland, eine Fläche fast so groß wie die Bundesrepublik, gehen nach Schätzung von Uno-Experten jedes Jahr auf der Welt durch Verwüstung verloren – ein großer Teil davon liegt im Sahel.

Krise der bäuerlichen
Wirtschaftsformen

– *Ausdehnung der Ackerfläche*

– *Verkürzung der Brachzeiten*

– *Überschreiten der agronomischen Trockengrenze*

– *Zerstörung der natürlichen Vegetation*

Internationaler Handel

– *Nahrungsmittelhilfe*

– *Lieferungen zu Dumpingpreisen*

– *Zerstörung traditioneller Marktbeziehungen*

– *Cash-crop-Export*

– *Veränderung der Essgewohnheiten*

Frankfurter Rundschau 4. Sept. 1993

Mit Kühlschiffen aus Europa gegen die Nomaden

Rindfleisch der EG ruiniert Viehhandel in Westafrika

Mit Dumpingpreisen hat die EG die Hälfte des westafrikanischen Fleischmarktes erobert. Die Nomaden der Sahelzone, die seit Jahrhunderten die Küste beliefern, haben dadurch ihre Absatzmärkte verloren. Früher erzielten sie umgerechnet drei Mark pro Kilo Lebendgewicht. Heute tragen ihre nicht verkaufbaren Tiere zur Überweidung der ökologisch sensiblen Sahelzone bei. Der einst bedeutsame Regionalhandel ist fast zusammengebrochen. 1975 deckten die Fleischlieferungen aus dem Sahel zwei Drittel des Bedarfs der Elfenbeinküste, 1984 waren es noch 60 Prozent, 1990 war der Anteil auf 28 Prozent abgesackt.

In einer Strukturskizze wird versucht, einen Gedankengang, zeitliche oder räumliche Beziehungen in eine logische, visuell leicht erfassbare Abfolge zu bringen. Als Grundlage kann die ganze Breite der geographischen Medien dienen. Zunächst filtert man die Schlüsselbegriffe aus den Materialgrundlagen heraus, bildet dann Problemfelder und setzt diese in eine logische Beziehung zueinander. Pfeile verdeutlichen die (Wechsel-) Beziehungen zwischen verursachenden Faktoren, Prozessverläufen und dem Ergebnis. Im vorliegenden Beispiel ist die Strukturskizze aus einer Sammlung von Zeitungsnachrichten entstanden (Klausurlösungen, S. 63). Die Art der Materialvorgabe entscheidet über die Reichweite der Aussage: In diesem Fall kann nur die anthropogen verursachte Desertifikation als Ergebnis stehen, da physiogeographische Faktoren und Prozesse in der Nachrichtenauswahl nicht enthalten sind.

Krise der nomadischen Wirtschaftsformen

- Einschränkung der Fernweidewirtschaft
- Vergrößerung der Viehzahl
- Überweidung
- Kahlfraß an Bäumen und Sträuchern
- Zerstörung der natürlichen Vegetation

Die Zeit 25.283
Trauerspiel im Trockengürtel
Das Sahel-Problem ist lösbar. Doch der politische Wille fehlt

Fouad Ibrahim befindet sich mit seiner Kritik in einem unangenehmen Zwiespalt. Denn er empfiehlt als Ausweg vor allem die flexible Fernweide-Wirtschaft gerade jener Nomaden und Halbnomaden, die den Regierungen der Sahel-Länder ein Dorn im Auge sind: Die Lebensweise der Wanderhirten garantiert, wie sich wissenschaftlich begründen läßt, noch am ehesten die Erhaltung der bedrohten Vegetation im Trockengürtel.

Deutsches Allgemeines Sonntagsblatt, 21.10.1994
Krieg der Klischees

In Mali und Niger stehen sich die Tuareg und die schwarze Mehrheit beider Staaten seit dem Ende der Kolonialzeit unversöhnlich gegenüber. Auch die neuen demokratischen Regierungen der Sahelländer suchen statt eines Ausgleichs die Konfrontation

Für die Schwarzen sind Tuareg und Mauren die Nachkommen der gefürchteten und gehaßten Sklavenhändler. Sie gelten oft als „Weiße", die wie alle Weißen in Afrika immer ein wenig mehr Rechte beanspruchen. Die militanten Tuareg hingegen betrachten die Regierungen in Bamako und Niamey als willfährige schwarze Nachfahren der französischen Kolonialherren, die die von den Franzosen geschaffenen Staatsgebilde künstlich aufrechterhalten.

Politische Instabilität

- Bürgerkrieg
- Rüstungsausgaben
- ethnisch und ökologisch unsinnige Staatsgrenzen
- Hunger als Waffe
- Fluchtbewegungen

(anthropogen verursachte) DESERTIFIKATION

demographischer Prozess

- Bevölkerungswachstum
- Brennholzbedarf
- Arbeitsmigration
- Urbanisierung
- Zerstörung der Familienverbände
- Entleerung der peripheren Räume

Dürre ist nur Auslöser

Dürre wird immer wieder als Hauptursache des Hungers in Afrika genannt. Aber die Dürre, die man weder voraussagen noch abwenden kann, ist eigentlich nur der Auslöser.

Es gibt andere und handfeste Gründe für die zunehmenden Schwierigkeiten Afrikas, sich selber zu ernähren. Einer davon ist die Nahrungsmittelhilfe selbst, wo sie sozusagen zum ständigen Bestandteil des nationalen Speisezettels wird.

Die Nahrungsmittelhilfe trägt aber auch dazu bei, die Eßgewohnheiten zu verändern. Denn die Überschußproduktion der Industrieländer (Milchpulver, Weizen, gelber Mais) ist nicht unbedingt das, was die Afrikaner brauchen. Neue Eßgewohnheiten sind aber ein wichtiger Grund für Importabhängigkeit und letztlich Hunger.

Veränderte Eßgewohnheiten

Auch dazu ein Beispiel: In Senegal gedeihen vor allem Hirse und Erdnüsse, aber

Tages-Anzeiger 24. 12. 83

nur wenig Reis und überhaupt kein Weizen. Die städtische Bevölkerung, immerhin ein Drittel der Bevölkerung, ißt aber keine Hirse mehr, sie hat sich unter dem Einfluß der Franzosen an Reis und Weizen (Brot) gewöhnt. Wenn Senegals Bauern eine gute Hirseernte haben, müssen die Überschüsse exportiert werden – in afrikanische Defizitländer oder als Viehfutter nach Europa. Weil es kaum einen Markt für Hirse gibt, neigt der Bauer dazu, nur noch für den Eigenbedarf zu produzieren.

Eines der Grundprobleme in Niger ist das Brennholz, das 90 Prozent des Energiebedarfs der Bevölkerung liefert. Jeden Abend ziehen ganze Karawanen von Kamelen mit Brennholz über die moderne Kennedy-Brücke, die bei Niamey den Niger überquert. Mit Lastwagen wird das Brennholz jetzt schon aus 60 Kilometer Entfernung herangekarrt. Die rasch wachsende Hauptstadt – keine Schöpfung der lokalen Bevölkerung – frißt sich buchstäblich in die Natur hinein, bewirkt eine verheerende Abholzung.

Die Klausur

Gegeben sind Übersichtsskizze und Text zur Sahelzone (Alle Materialien nach H. MENSCHING 1986 und 1987)

Thema: Sahelzone und Desertifikation

Die Übergangszone Sahel zwischen Wüste und Savanne ist ein ursprüngliches Nomadengebiet mit unterschiedlicher ethnischer Herkunft der Bevölkerung. Dazu zählen die westafrikanischen Fulani (Peul), die berberisch-arabischen Hassani, die Tuareg, die Tubbu und die Arabisch sprechenden Nordsudanesen, um nur einige zu nennen. Sie beanspruchten einst den ganzen Sahel als trockenzeitliches Weidegebiet.

Diese Weideflächen der Dorn- und Trockensavanne werden jedoch durch die Ausweitung des Regenfeldbaus der Sesshaften immer mehr eingeengt, was besonders durch das Verschieben der agronomischen Trockengrenze des Hirseanbaus nach Norden in Jahren mit ausreichendem Regenfall geschah. Hierdurch wurde die Wanderungsflexibilität der nomadischen Weidewirtschaft erheblich eingeschränkt, sodass Konfrontationen auch aus diesen konkurrierenden Landnutzungsweisen entstanden und traditionelle Gegensätze verschärft wurden. Hinzu kommt, dass sowohl bei den Bauern als auch bei den nomadischen Stämmen durch Verminderung der Kindersterblichkeit ein erhebliches Bevölkerungswachstum zu verzeichnen ist. Diesem folgt ein erhöhter Landanspruch und auch eine Vergrößerung der Viehherden, die sowohl bei den traditionellen Viehhaltern als auch bei den sesshaft gewordenen Gruppen eine gewaltige Vermehrung der Tierzahlen bedeutete.

So geht ein Teil der Desertifikationsfolgen neben der allgemeinen Überstockung nomadischen Weidelandes zu Lasten der vergrößerten Herden der sesshaften Bauern. Die großen Desertifikationsringe, die sich kilometerweit um fast alle Siedlungen im Sahel ausbreiten und selbst auf Satellitenaufnahmen klar erkennbar sind, sind in erster Linie eine Folge dieser Dorfviehhaltung mit zu geringen Viehwanderungsentfernungen. Die Desertifikationsringe um die Brunnen im Weideland entstehen dagegen durch vorwiegend nomadische Vieherden mit ihrer starken Vergrößerung der Zahlen bei Einschränkung der Wanderungen, besonders in Dürrezeiten.

Aufgaben

1.1 Stellen Sie den Text in einer Strukturskizze mit dem Ergebnis „Desertifikation" dar.

1.2 Ordnen Sie Ihrer Strukturskizze ein weiteres mit der Thematik verbundenes Problemfeld zu.

1.3 Machen Sie Ihre Ergänzungen (z.B. farblich) kenntlich.

2. Erörtern Sie zwei Möglichkeiten zur Eindämmung der Desertifikation. Begründen Sie die Auswahl ihrer Vorschläge.

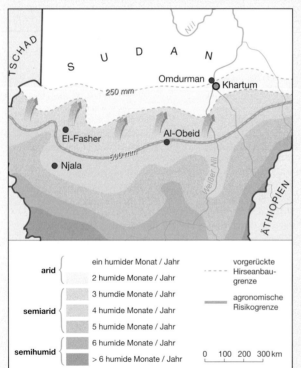

62.1 Nordverschiebung der Hirseanbaugrenze

Lösungsstrategie

Zu Aufgabe 1.1:
Schlüsselbegriffe benennen

- ○ Nomadengebiet
- ○ trockenzeitliches Weidegebiet
- □ Dorn- und Trockensavanne
- ● Regenfeldbau
- ● Sesshafte
- ● Verschiebung der agronomischen Trockengrenze
- ○ Einschränkung nomadischer Wanderungsflexibilität
- ○● Konfrontation
- ○● konkurrierende Landnutzungsweisen
- ○● Bevölkerungwachstum
- ● erhöhter Landanspruch
- ○ Vergrößerung der Viehherden
  - ● (auch Dorfviehherden)
- ○ Überstockung des Weidelandes
- ● Desertifikationsringe um die Siedlungen
- ○ Desertifikationsringe um die Brunnen
- □ Dürrezeiten

Schlüsselbegriffe zu Problemfeldern zusammenfassen

- □ ökologische Gegebenheiten
- ○ Wirtschaftsform der Nomaden
- ● Wirtschaftsform der Sesshaften
- ○● beide Wirtschaftsgruppen betreffend

Ergänzung der Schlüsselbegriffe

- ○ Viehtritt
- ○ Überweidung

- ● Verkürzung der Brachezeiten
- ● Überanspruchung des Bodens
- ● Verlust an Fruchtbarkeit und Regenerationsfähigkeit

- □ Erosion, Grundwasserentnahme
- □ Deflation, Übersandung
- □ Niederschlagsvariabilität

Zu Aufgabe 1.2:
Problemfeld Brennholzkrise
oder
Problemfeld inner- und zwischenstaatlicher Konflikte

Zu Aufgabe 1.3
Schraffur oder Farbe wählen

Zu Aufgabe 2:
Auswahl von zwei Möglichkeiten zur Eindämmung der Desertifikation, die zentral auf das Problem einwirken. Betrachtung der Maßnahmen von unterschiedlichen Positionen aus.
Formulierung der eigenen Meinung. Begründung für die getroffene Auswahl.

Aufgabe 1: Sahelzone und Desertifikation – Strukturskizze

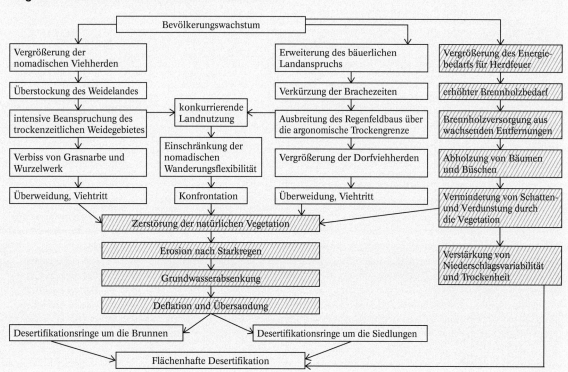

Aufgabe 2

Im Folgenden sollen Möglichkeiten der sesshaften Ackerbauern und der nomadischen Viehhalter zur Eindämmung der Desertifikation erörtert werden. Jede der beiden Wirtschaftsgruppen ist maßgeblich an der Nutzung, aber auch
an der Zerstörung des Ökosystems Sahel beteiligt. Ohne oder gegen eine der
beiden Gruppen kann die Eindämmung der Desertifikation nicht gelingen. Im
Gegenteil: Beide müssen für Regenerierungs- und Entwicklungsprogramme gewonnen und für die beschlossenen Maßnahmen aktiviert werden.

Denkbar wäre auch die Erörterung von Möglichkeiten zur Lösung der Brennholzkrise. Diese könnte man aber auch am Beispiel anderer Ökozonen disku-
tieren. In noch stärkerem Maße gilt das für das Problemfeld des Bevölkerungswachstums, das sinnvoll nur in globalem Rahmen zu behandeln ist.
Staatliche und administrative Grenzen schließlich haben in den vergangenen
Jahrzehnten eine zähe Dauerhaftigkeit bewiesen, sodass Möglichkeiten zu ihrer Überwindung, um z.B. traditionelle Weidewirtschaftsgebiete oder ethnische Einheiten wiederherzustellen, nicht realisierbar erscheinen.

Sie begründen Ihre Auswahl sehr überzeugend im gegenläufigen Verfahren: 1. Über welche Gruppen lassen sich Erfolg versprechende Maßnahmen einleiten? 2. Welche Problemfelder scheiden an dieser Stelle aus.

Zu den Möglichkeiten der sesshaften Ackerbauern:

Da die Bevölkerung in der Sahelzone auch in den nächsten Jahrzehnten so drastisch steigen wird, dass weiterhin mehr Land benötigt wird, kann man ein
Argument wie die Verlängerung der Brachezeiten zwar als durchaus erwägens-
werten Gedanken annehmen, dieser ist jedoch praktisch nicht durchführbar.

/ erläutern!

Durchführbar hingegen sind Maßnahmen wie das Anlegen von Versickerungs-
flächen. Da der meiste Niederschlag, der fällt, gar nicht genutzt werden
kann, ist es sinnvoll, die abfließenden Wassermengen, die wegen der Trockenheit des Bodens und der Lateritkrusten nicht einsickern können, durch Erd-
wälle aufzuhalten, umso das Abflusswasser versickern und die mitgeführte
Materialfracht sich ablagern zu lassen. Dieser Tonschlamm hat die Fähigkeit, Wasser über längere Zeit zu speichern. So kann entweder direkt auf
dem feuchten Schlamm angebaut oder Grundwasser aus dem Speichergestein ent-
nommen werden.

Des Weiteren wäre es weitaus praktischer, brachliegende Ländereien nicht
einfach brachliegen zu lassen, sondern sie durch Schutzpflanzungen vor Wind-
und Wassererosion zu schützen.

⅄ (sinnvoller)

Auch kann man der Lateritkrustenbildung Einhalt gebieten, indem man, wie
z.B. in Israel, das Wasser tröpfchenweise direkt zum Wurzelwerk der Pflanzen gibt. Dadurch kommt es nicht zu übermäßiger Verdunstung, und die Mineralien und Salze sammeln sich nicht an der Oberfläche des Bodens. Diese Möglichkeit ist jedoch so kostenintensiv, dass sie für die großen Bereiche der
Sahelzone nicht durchführbar ist.

sehr gute Übertragung aus einer anderen Ökozone; überlegte ökonomische Relativierung

Zu den nomadischen Viehhaltern:

Man sollte festlegen, wie lange eine Herde von einer bestimmten Anzahl Vieh
in einem bestimmten Gebiet verweilen darf. Solche Bestimmungen und die Einhaltung von ihnen sind jedoch schwer durchsetzbar und noch schwerer zu überprüfen. Auch in diesem Fall ist die Einsicht der Betroffenen in die Notwendigkeit der Festlegung zwingend erforderlich.

sehr guter Rückbezug auf den ersten Absatz und logische Gedankenführung zu einem System regulierter Weidewirtschaft.

Zunächst müssen alle Weideflächen und Tränkstellen am äußersten Rand des
Weidegebietes ausgenutzt werden, bevor sich die Nomaden mit ihren Herden in
der Trockenzeit allmählich den Tiefbrunnen nähern. Lager dürfen nicht unmittelbar an den Tiefbrunnen aufgeschlagen werden. Die Herdengröße muss sich
nach der Futtermenge richten, die in der Trockenzeit zur Verfügung steht.
Jede Überstockung und jede Form von Sesshaftigkeit würden irreversible Schäden anrichten. Nur in einem System regulierter Weidewirtschaft bleibt die
Regenerationsfähigkeit von Vegetation und Grundwasser erhalten.

GEMÄSSIGTE BREITEN –

Landnutzung zwischen Ökonomie und Ökologie

Das einzig Konstante ist der Wechsel

Die Zone der gemäßigten (temperierten) Breiten ist Teil des Landschaftsgürtels der Mittelbreiten (> S. 14–16). Die Kennzeichnung „gemäßigt" ist dabei aus den klimatischen Bedingungen abgeleitet, „Mittelbreiten" bezieht sich auf die Lage etwa zwischen dem 35. und 60. Breitengrad. Durch den höheren Landmassenanteil in diesen Breiten auf der Nordhalbkugel hat diese Landschaftszone hier ihr Schwergewicht, auf der Südhalbkugel bedeckt sie lediglich die Südspitze Südamerikas und südliche Teile Australiens sowie Neuseelands.

Innerhalb der gemäßigten Breiten existiert eine deutliche Differenzierung in feuchte und trockene Mittelbreiten. Während die trockenen Mittelbreiten vor allem im Inneren Eurasiens und Nordamerikas vorkommen, umfassen die feuchten Mittelbreiten vor allem die Kontinentalränder. Dazu kommen einige kontinentale Inselflächen.

Da die trockenen Mittelbreiten in ihren Niederschlags- und Temperaturverhältnissen oft gar nicht so „gemäßigt" sind und es sich um Steppen und Halbwüsten handelt, werden häufig auch nur die Waldlandschaften der feuchten Mittelbreiten als Zone der gemäßigten Breiten betrachtet. Man präzisiert sie dann als kühlgemäßigte Laub- und Mischwaldzone.

Typisch für die feuchten Mittelbreiten ist das Fehlen von extremen Niederschlägen und Strahlungsintensitäten wie in den Tropen oder der polaren Zone.

Niederschläge fallen über das ganze Jahr verteilt, ausgesprochene (regelmäßige) Trockenzeiten fehlen ganz. Dennoch kommt es zu saisonalen Spitzen. Global betrachtet sorgt eine stärker kontinentale Lage für Sommermaxima, während mit zunehmender ozeanischer Nähe Winterspitzen dominieren. Für die Niederschlagssumme gilt außerdem, dass sie vom Kontinentalrand zum -inneren hin abnimmt.

Der Jahresgang der Sonne führt zu Tageslängen (Sonnenscheindauer) zwischen 8 Stunden zur Wintersonnenwende und 16 Stunden zur Sommersonnenwende. Diese periodische Änderung der Strahlung ruft in den Mittelbreiten einen thermischen Jahreszeitenrhythmus hervor, bei dem zwischen der Wärme- und der Kälteperiode (Sommer, Winter) etwa gleich lange Übergangsphasen liegen (Frühling, Herbst).

Wie in allen geographischen Zonen haben sich auch hier die Lebewesen an die Naturbedingungen angepasst. Bekannteste Belege sind der Laubfall der Bäume (gegen Winterkälte und Frosttrockenheit), periodische Wanderungen (Zugvögel) und die Winterstarre (wechselwarme Tiere) bzw. Winterruhe/-schlaf (Säuger).

Jahreszeit /Monate		Vegetation	Tierwelt	landwirtschaftliche Nutzung
Winter	November – März	Winterruhe	Stand-, Strichvögel, Wintergäste Winterstarre/-schlaf wenige aktive Säugetiere	keine/kaum ackerbauliche Aktivitäten, Weidewirtschaft in geringem Umfang, meist Stallhaltung
Frühling	März/April Mai – Anfang Juni	Frühlingsblumen (besonders im Wald), Laubentfaltung der Bäume	Rückkehr der Zugvögel Revierabgrenzung Aktivwerden, Schlüpfen (Insekten, Bodenfauna) Nestbau/Brutzeit (Vögel) Fortpflanzung (Säuger)	Beginn der Bodenbearbeitung (Düngung, Sommersaat, Unkrautbekämpfung) Beginn Weidewirtschaft Auspflanzen von Feldgemüse
Sommer	Mitte Juni – Mitte Juli Mitte Juli – Mitte Sept.	Bäume voll belaubt, Boden schattig Frucht- und Samenreife	Aufzucht (Jungvögel) Massenvermehrung (Insekten etc.) Aufbruch der Zugvögel	1. Schnitt der Grünflächen Ernte (Wintergetreide, Raps, Frühkartoffeln) Anbau von Zwischenfrüchten
Herbst	September/ Oktober	Laubfall	Standvögel erste Wintergäste vermehrtes Absterben Beginn der Winterruhe	2. Schnitt der Grünflächen Ernte (Sommergetreide, Zuckerrüben, Kartoffeln) Bodenbearbeitung (Wintersaat)

66.1 Hauptaspekte im mitteleuropäischen Jahresverlauf (nach: WALTER/BRECKLE 1986, ergänzt)

Wie viele Bäume sind ein Wald?

Eine Frage, die sich fast jeder schon gestellt hat – und die sich wohl kaum exakt beantworten lässt. Zu verschieden ist die Sichtweise: für den Wüstenbewohner ist es vielleicht schon der lichte Palmenhain, für den Isländer eine Gruppe kleiner Birken, für den Städter sind es die Bäume im Park und für den kanadischen Holzfäller …

Allgemein definiert ist ein Wald ein großer Bestand hoher Holzgewächse mit mehr oder weniger geschlossenem Kronendach. Aber Wald ist nicht gleich Wald. Je nach zonaler Lage und Zusammensetzung des Ökosystems unterscheidet man:

- Tropische Regenwälder (Hylaea),
- Regengrüne Tropenwälder (Semihylaea),
- Tropische Trockengehölze in Savannen (Aridhylaea),
- Temperierte Regenwälder (Pseudohylaea),
- Lorbeerwald subtropischer Gebirge (Skleraea)
- Hartlaubwälder (ebenfalls als Skleraea bezeichnet),
- Sommergrüne Laub- und Mischwälder (Silvaea),
- Boreale und montane Nadelwälder (Taiga).

Für unsere feuchten Mittelbreiten sind die sommergrünen Laub- und Mischwälder typisch (Abb. 67.1), ja sogar namengebend (S. 66). Zwischen kontinental und maritim geprägten Räumen differieren dabei die dominierenden Arten: Eichen, auf ausreichend kalkhaltigen Böden auch Buchen, im atlantischen westeuropäischen Bereich; Buchen in Mitteleuropa; Stieleichen und Winterlinden im Osten des Kontinents. Außerdem nimmt mit der Kontinentalität der Mischwaldcharakter zu, hauptsächlich durch die Kiefer bestimmt.

In den Gebirgen der Mittelbreiten treten zusätzlich auch echte (montane) Nadelwälder auf (Abb. 67.2.).

Funktionen des Waldes

Die heutigen Wälder unserer Landschaftszone haben nur noch wenig mit ihren natürlichen Ursprüngen gemein. In der Regel handelt es sich um Wirtschaftswälder, d.h. um Wälder, die in unterschiedlichster Weise wirtschaftlich genutzt und dadurch in Gestalt und Struktur verändert wurden bzw. werden. Bei Anlage durch den Menschen spricht man auch nicht mehr von Wald, sondern von einem Forst.

Jahrhunderte standen die ökonomischen Funktionen des Waldes als Rohstofflieferant und Wirtschaftsraum im Vordergrund (> Abb. 83.1). Selbst die Idee der nachhaltigen Forstwirtschaft, die als Erste den Gedanken der langfristigen Sicherung des Nutzens bzw. Funktionierens von Raumstrukturen aufgriff, basierte zunächst auf ökonomischen Kriterien.

Seine natürlichen ökologischen Funktionen als Sauerstoffproduzent, Schadstofffilter und Klimaregulator waren lange Zeit nicht bewusst. Später, z.T. bis heute, wurden sie als dauerhaft gegebene Gratisleistung betrachtet. Die fortschreitende Zerstörung der Regenwälder wie auch die Waldschäden in vielen Teilen Europas führen warnend vor Augen, dass der Mensch auf dem Wege ist, sich seiner natürlichen Existenzgrundlagen zu berauben.

Erst seit wenigen Jahrzehnten sind auch soziale Funktionen des Waldes in das Bewusstsein des Menschen gerückt, insbesondere seit Erholung und Tourismus eine allgemein anerkannte Rolle spielen. Dabei wies die Waldnutzung schon immer soziale Aspekte auf, direkt z.B. als Siedlungsraum, indirekt als Abgrenzung bzw. natürlicher Schutz von Lebensräumen.

Um alle Funktionen des Waldes auch bei intensiver wirtschaftlicher Nutzung zu sichern, werden in Deutschland entsprechende forstliche Maßnahmen gefördert (> Abb. 83.2).

67.1 Sommergrüner Mischwald (Birken, Eichen, Kiefern) der gemäßigten Breiten

67.2 Montaner Nadelwald (Fichten) in den gemäßigten Breiten

Das Ökosystem Wald und seine Gefährdung

Lebensbedingungen und Lebensrhythmus der Silvaea-Wälder in den feuchten Mittelbreiten werden geprägt durch den periodischen Strahlungshaushalt (> S. 66).

Viele Prozesse kommen in der Kälteperiode zum Stillstand bzw. laufen stark verlangsamt ab (Tätigkeit der Mikroorganismen, Gasaustausch Boden – Luft); bei den Laubbäumen führt sie zu einer Unterbrechung der Fotosynthese. Der frühjährlich/sommerliche Anstieg der Strahlung ruft eine zeitliche Abfolge der Wachstums-/Lebensprozesse hervor. So entsteht der Etagen- oder Stockwerkaufbau des Waldes. Auch die Tierwelt passt sich „temperaturgesteuert" in ihrem Lebensrhythmus dieser Abfolge an (> Abb. 66.1).

Im Gegensatz zu den ursprünglichen, natürlichen Waldökosystemen dieser Zone weisen die bewirtschafteten Wälder erhebliche Veränderungen in ihren Komponenten und Prozessen auf. So führt z.B. die flächenhafte Aufforstung mit Bäumen gleicher Art und gleichen Alters zu einem einheitlichen Kronenschluss, der wiederum die niedrigeren Stockwerke des Waldes in ihrer Entwicklung behindert. Gleiches gilt für den Ersatz der Laub- und Mischwälder durch schnell wachsende Nadelbaumkulturen. Dadurch wird nicht nur das floristische, sondern auch das davon abhängige faunistische System aus dem Gleichgewicht gebracht. Monokultureller Wald (Forst) ist anfälliger für Schädigungen, da er ein verringertes natürliches Puffervermögen gegenüber Belastungen aufweist.

Seit ca. 20 Jahren wird über eine Zunahme der Waldschäden berichtet. Als Hauptursache gilt der „Saure Regen", der auf gestiegene Schadstoffemissionen zurückzuführen ist, vor allem auf Schwefel- und Stickoxide aus Industrie-/Energieabgasen (Abb. 68.1, > S. 84). Mit dem häufig benutzten Begriff „Waldsterben" sollte man allerdings vorsichtig umgehen. Gestiegenes Umweltbewusstsein stuft heute schneller Bestände als krank ein, die früher von Forstwirten in Kenntnis langjähriger natürlicher Schwankungen noch als gesund angesehen wurden. Gab es Mitte der 80er Jahre düstere Prognosen vom „Ende des Waldes bis 2000", so gehen jüngste Erhebungen für Deutschland „nur" noch von 15–30% deutlich geschädigten Bäumen aus (> Abb. 84.3). Selbst das ist immer noch zu viel und Grund genug für Schutzmaßnahmen bzw. für die Hinwendung zu naturnahen, standortgerechten Methoden der Waldbewirtschaftung.

Aufgaben

1. Beschreiben Sie die grundlegenden natürlichen Bedingungen und Prozesse des Ökosystems „Sommergrüner Laub- und Mischwald".
2. Charakterisieren Sie die Funktionen des Waldes.
3. Erläutern Sie mögliche Ursachen für die Waldschäden in Mitteleuropa. Begründen Sie die Notwendigkeit geeigneter Gegenmaßnahmen und entwickeln Sie Lösungsansätze (> Abb. 83.2, 84.2.).

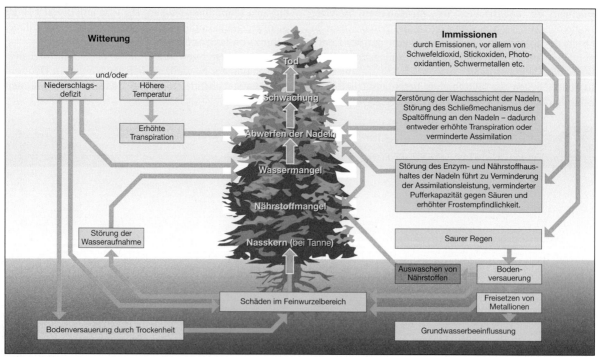

68.1 Vermutete Zusammenhänge bei Waldschäden

Die planetarische Frontalzone und ihr Einfluss auf das Wettergeschehen in den Mittelbreiten

Zwischen dem 30. und 50. Breitengrad – im Sommer jeweils um ca. 10° Richtung Pol verschoben – liegen auf beiden Halbkugeln der Erde die Zonen mit dem höchsten meridionalen Temperaturgefälle (Abb. 69.2).

In der oberen Troposphäre zeigt dieser Bereich ein starkes polwärtiges Luftdruckgefälle. Die als Druckausgleichsbewegung entstehende Höhenströmung wird mit zunehmender geographischer Breite immer stärker zonal abgelenkt (Coriolisablenkung > S. 13). Es entstehen die außertropischen Westwinde. Die durch sie hervorgerufene Störung des Wärmetransports (Druckausgleich) aus den Tropen verstärkt die Temperatur- und Druckgegensätze.

Werden die Gegensätze zu groß, ergeben sich Störungen im Zirkulationssystem. Ausläufer der einen Luftmasse brechen in Richtung der anderen durch. Es kommt zu einer wellenartigen Verformung der zonalen Strömung (Abb. 69.3) und zur Ausbildung von Zyklonen (Tiefdruckwirbeln).

60 bis 70 solcher Zyklonen ziehen im Jahr vom Atlantik über Europa hinweg und bestimmen unser Wettergeschehen. Die kurze Abfolge von wärmeren und kälteren Luftmassen und die daraus resultierende Wolken- und Regenbildung sorgen für das typische wechselhafte Wettergeschehen der europäischen Mittelbreiten (Abb 69.1).

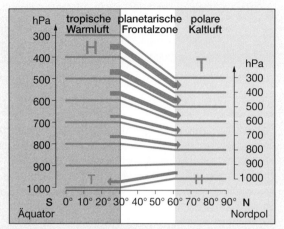

69.2 Dynamik der Frontalzone

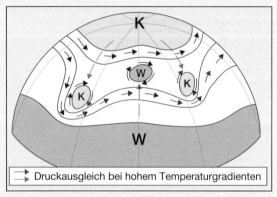

⟶ Druckausgleich bei hohem Temperaturgradienten

69.3 Strömungsentwicklung in der Frontalzone

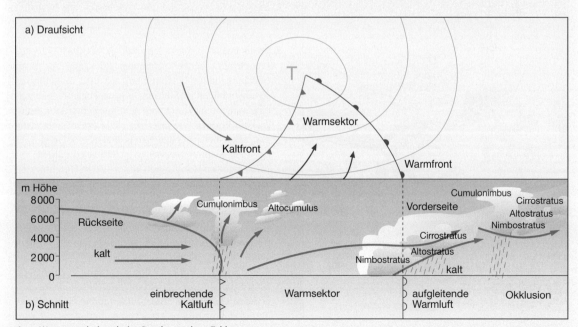

69.1 Wettergeschehen beim Durchzug einer Zyklone

Die glaziale Prägung Deutschlands

Erst etwa 10000 – 12000 Jahre sind vergangen, seit sich die letzten Gletscher der Eiszeit aus Deutschland zurückgezogen haben. Ihre „Reste" liegen heute dort, von wo sie auch ausgingen: in den Skanden (Norden) und in den Alpen (Süden).

Der Wechsel von Kalt- und Warmzeiten (glazial und interglazial) im Pleistozän führt zu unterschiedlichen räumlichen Ausdehnungen des Eispanzers (Abb. 70.1). Die einzelnen Kaltzeiten werden nach den Flüssen benannt, die sie bei ihrer weitesten Erstreckung erreichten. So erklären sich auch abweichende Bezeichnungen für dieselbe Eiszeit, z.B. Saale- im Norden, Riß-Eiszeit im Süden Deutschlands. Außerdem gab es innerhalb der einzelnen Kaltzeiten Schwankungen bzw. längere Stillstandszeiten des Eisrandes, die als Stadien bezeichnet werden.

Im Laufe des Pleistozän bedeckte das Eis fast die Hälfte unseres Raumes, vor allem in Norddeutschland. Es überformte aber nicht nur das bisherige Relief in seinem unmittelbaren Bedeckungsraum, sondern beeinflusste durch Temperatur, Materialtransport und Schmelzwasser weitaus größere Gebiete. Neben reinen glazialen Formen finden sich daher auch im Norden Deutschlands Periglazialerscheinungen, wie wir sie aktuell aus den Alpen oder der Tundra kennen (> S. 90).

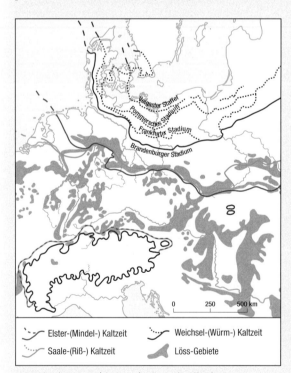

Elster-(Mindel-) Kaltzeit

Saale-(Riß-) Kaltzeit

Weichsel-(Würm-) Kaltzeit

Löss-Gebiete

0   250   500 km

70.1 Vereisung und Lössverbreitung in Mitteleuropa

Glazigene und glaziäre Oberflächenformen

Zwei grundlegend unterschiedliche Landschaftstypen haben sich durch die Tätigkeit des Eises herausgebildet: die Erosionslandschaften in den Gebirgen (Alpen) und die aus dem im Gebirge und „unterwegs" abgetragenen und zerkleinerten Material (Geschiebe) entstandenen Akkumulationslandschaften in den Tiefländern bzw. Ebenen (Norddeutschland, Alpenvorland). Sind Oberflächenformen durch direkte Wirkung des Eises entstanden, so spricht man von einer glazigenen Bildung, waren es indirekte (Schmelzwasser, Wind, Temperatur), so heißen sie glaziär.

Erosionsformen

Durch Druck und Temperatur des Eises sowie die Arbeit des fließenden Wassers wirkte der Gletscher auf die vorhandenen Oberflächenformen. Gesteine wurden abgetragen, bisherige Formen überprägt. So vergrößerten sich die Quellmulden des Gletschers und es entstanden Kare. Bisherige Kerbtäler wurden ausgeschürft und abgeschliffen, es entstanden Trogtäler. Tiefer liegende Hügelspitzen wurden überfahren, abgerundet und abgeflacht (z.B. Rundhöcker). Während man in Deutschland diese Formenwelt nur in geringer Ausprägung findet (Alpen), zeugen die skandinavischen Fjorde, Schären und Fjelle noch heute eindrucksvoll von der gewaltigen erodierenden Kraft des Eises.

Akkumulationsformen

Die regelhafte Abfolge von Räumen unterschiedlicher glazialmorphologischer Prägung wurde von PENCK als glaziale Serie bezeichnet. Sie besteht aus vier bzw. fünf Teilen (Abb. 71.1):

1. **Grundmoräne** – eine leicht wellige bis flach hügelige Landschaft, die bei schnellem Rückgang des Eises (= flächenhaftes Niedertauen) aus dem mitgeführten sandiglehmigen Material (Geschiebelehm/-mergel) entstand; sie ist durchsetzt von speziellen morphologischen Formen wie Oser (Ez.: Os) bzw. Kames (lang gestreckte bzw. hüglige Sand- und Kiesablagerungen aus dem Schmelzwasser) oder Söllen (rundliche, oft wassergefüllte Hohlformen von 5 – 30 m Durchmesser, aus Toteisblöcken entstanden, die in das Moränenmaterial eingelagert waren);

2. **Endmoräne** – eine schmale, in lang gestreckte Bögen gegliederte Hügellandschaft mit hoher Reliefenergie, d.h. mit deutlichen Höhenunterschieden auf engstem Raum; sie ist aus der Akkumulation des Geschiebes am Gletscherrand und/oder durch Aufstauchung solchen Materials von der vorrückenden Gletscherfront entstanden; auch hier findet man durch eingepresstes Toteis hervorgerufene Hohlformen unterschiedlichster Größe;

3. Sander – eine flache, reliefarme, an den Endmoränen ansetzende Landschaft, die aus Sanden und Kiesen des abfließenden Schmelzwassers entstand;

4. Urstromtal – eine flache, breite, parallel zu den Eisrandlagen (Endmoränen) verlaufende feuchte Landschaft, die Sammler und Abflussrinne für das Schmelzwasser war.

Eingelagert in die Grundmoränen findet man außerdem Gletscherzungenbecken. Diese lang gestreckten, tief ausgeschürften und oft wassergefüllten Hohlformen werden gelegentlich als eigenständiger fünfter Teil zur glazialen Serie gezählt. Sie sind allerdings den Erosionsformen zuzurechnen.

Die klassische Abfolge findet man nahezu lehrbuchartig im Bereich des nördlichen Landrückens wieder. Prinzipiell gilt sie aber für alle Akkumulationsräume. So existieren auch in den Alpentälern und im Alpenvorland Moränen, sanderähnliche Ablagerungen und Schmelzwasserabflussbahnen. Meist sind jedoch die Dimension geringer und das Material aufgrund des kürzeren Transports gröber und kantiger (z.B. Schotter statt Sand).

Eine wichtige glaziäre Akkumulationsform ist die Lössschicht, die weite Teile Mitteldeutschlands bedeckt (Abb. 70.1). Die feinen Bestandteile des Geschiebelehms wurden ausgeweht und entsprechend der Korngröße unterschiedlich weit transportiert. Die feinsten, staubartigen Bestandteile haben dabei die größte Ausdehnung erreicht und geschlossene Decken gebildet, z.T. bis zu mehreren 10 m mächtig.

Wirtschaftliche Nutzung der Glaziallandschaften

Die spezifischen Entstehungsbedingungen der einzelnen glazial beeinflussten oder geprägten Landschaften haben differenzierte Naturraumpotenziale zur Folge, aus denen wiederum unterschiedliche Bewirtschaftungsmöglichkeiten resultieren.

So eignen sich Grundmoränen wegen ihres Reliefs und der mittleren Bodenqualität besonders für die agrarische Nutzung. Zahlreiche Kiesvorkommen machen sie aber auch zur Rohstoffquelle.

Die Endmoränen des Tieflandes sind in der Regel waldbestanden, z.T. von Wasserflächen durchsetzt und bieten im Zusammenhang mit ihrem abwechslungsreichen Relief attraktive Erholungsbedingungen.

Die trockenen, nährstoffarmen Böden der Sander sind oft von Kiefernwäldern bestanden und werden forstwirtschaftlich, aber auch bergbaulich (Kies) genutzt.

Die Urstromtäler sind noch heute von Fließgewässern durchzogen; in den Auen und den höher gelegenen Randbereichen findet man vorrangig Grünlandnutzung.

Beste Bedingungen für die Landwirtschaft bieten die Lössgebiete, die mit ihren Schwarzerden über die fruchtbarsten Böden Deutschlands verfügen.

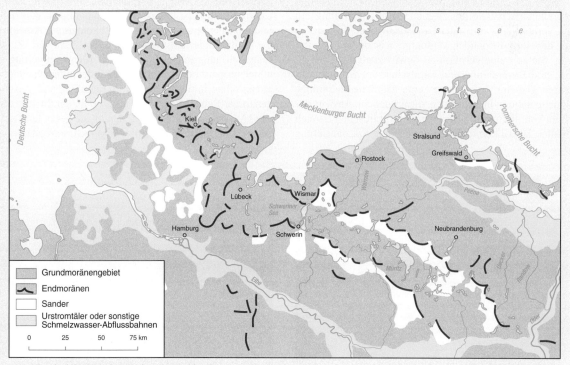

71.1 Die glaziale Serie im Norden Deutschlands

Die totale Kulturlandschaft

Es klingt fast paradox, aber wer heute Natur erleben will, muss ein Naturschutzgebiet wie zum Beispiel die Lüneburger Heide oder den nördlich von Kassel gelegenen Reinhardswald aufsuchen. Eine Naturlandschaft im ursprünglichen Sinn ist in Mitteleuropa nicht mehr vorhanden, man kann nur noch von naturnahen Räumen sprechen. Der Mensch, der seit etwa 5000 v.Chr. Landwirtschaft betreibt (erste Ackerbauinseln durch Brandrodung in den lichten Eichenmischwäldern der Bördenlandschaften), wandelt durch Nutzung und Gestaltung die Naturlandschaft immer mehr in eine Kulturlandschaft um.

Mit dem wissenschaftlich-technischen Fortschritt im 19. Jh. wurde eine Intensivierung der Landwirtschaft möglich. Seit der zweiten Hälfte des vergangenen Jahrhunderts wurde durch die Entwicklung von Kunstdünger und Pflanzenschutzmitteln erreicht, dass die Bevölkerung, die in Europa explosionsartig anstieg, nicht an eine Nahrungsgrenze stieß. Traktoren, die man vor dem 2. Weltkrieg nur vereinzelt auf großen Gütern einsetzte, traten in den 50er Jahren nahezu vollständig an die Stelle der tierischen Arbeitskraft. Der Wirtschaftssektor Landwirtschaft weist bei einem sinkenden Anteil am Bruttosozialprodukt heute nur noch rund 3 % der Erwerbstätigen auf. Änderungen der Flächenaufteilung, der Flächennutzung und neue Bearbeitungsmethoden führten zu einer Freisetzung von zahlreichen Arbeitskräften. Ein weiterer Rückgang der Arbeitsplätze in der Landwirtschaft könnte zu einer sozialen Verödung und zum Verlust vieler vertrauter Landschaftsbilder führen.

Eine der einschneidenden Maßnahmen ist die Flurbereinigung. Sie soll eine vernünftige Bewirtschaftung ermöglichen und Bevölkerung und Landschaft vor Schaden bewahren. Die Flurbereinigung ist eine staatliche Maßnahme mit bedeutenden Investitionen, die erhebliche Auswirkungen im konjunktur- und beschäftigungspolitischen Bereich entfaltet. Hinzu kommt, dass eine weitere Spezialisierung in der Landwirtschaft unumgänglich ist, wenn sie modernen ökonomischen Anforderungen entsprechen soll. Zwischen 1950 und 1992 wurde die Agrarfläche der alten Bundesländer um ca. 16 % reduziert. Heute sind knapp 50 % der landwirtschaftlichen Betriebe in Deutschland Vollerwerbsbetriebe, die etwa 80 % der landwirtschaftlich genutzten Fläche bewirtschaften und eine Durchschnittsgröße von 34,5 ha aufweisen.

Landwirtschaft (einschl. Moor und Heide)	54,7 %
Wald	29,2 %
Gebäude	5,8 %
Verkehrsflächen	4,6 %
Wasserflächen	2,2 %
Industriegelände (unbebaut)	0,7 %
Freizeitflächen	0,6 %
Sonstige	2,2 %

72.2 Bodennutzung in Deutschland (356970 km²)

Die Veränderungen in der agraren Kulturlandschaft erfolgen bis heute über eine Intensivierung bis zur industriellen Landwirtschaft mit industriemäßigen Methoden. Gesetz ist, „die Landwirtschaft mit den Mitteln der allgemeinen Wirtschafts- und Agrarpolitik ... in den Stand zu setzen, die für sie bestehenden naturbedingten und wirtschaftlichen Nachteile gegenüber anderen Wirtschaftsbereichen auszugleichen" (§1 des Landwirtschaftsgesetzes vom 5.9.55). Zum Erreichen dieser Ziele treten ökologische Gesichtspunkte häufig hinter ökonomische Interessen zurück, Überproduktion ist fast zwangsläufig die Folge. Aus dieser Situation ergibt sich die Chance, ökologische Aspekte in der Kulturlandschaft stärker zu berücksichtigen. Zudem stellt sich aufgrund der räumlichen Kleinkammerung der mitteleuropäischen Kulturlandschaft, der unterschiedlichen klimatischen und edaphischen Verhältnisse und verschiedenartiger Reliefformen die Frage, ob die landwirtschaftliche Nutzung in Mitteleuropa den an sie gestellten Bedingungen in Zukunft überhaupt wird gerecht werden können.

72.1 Naturlandschaft (naturnahe Landschaft)

72.3 Kulturlandschaft

Meliorationsprojekt Friedländer Große Wiese

Im Nordosten Deutschlands, südlich des Oderhaffs, haben sich aus flachen Wasserbecken der glazialen Abflussbahnen große Niedermoorgebiete gebildet (Abb. 73.1). Im Naturzustand ist der Torfboden hier fast vollständig mit Wasser durchtränkt. Sinkt der Grundwasserstand, so bildet die oberste Schicht unter Lufteinfluss eine feste Bodendecke. Diese bietet durch Nähr- und Mineralstoffreichtum gute Bedingungen für eine ertragreiche Grünlandnutzung. Teilflächen der Torfmoore, vor allem der über 10 000 ha umfassenden Friedländer Großen Wiese, waren daher schon seit Ende des vorigen Jahrhunderts nutzbar gemacht worden. Erste Entwässerungsgräben wurden angelegt, der Oberboden mit Sand durchmischt (Sanddeck-/-mischkultur). Nach dem Ersten Weltkrieg baute man die Vorfluter aus, eine geplante umfangreichere Erschließung verhinderte jedoch der Zweite Weltkrieg.

Beim Aufbau der DDR-Landwirtschaft kam die Nutzbarmachung der Niedermoorflächen wieder auf den Plan, nun aber in agrarindustriellem Stil. Im „Plan der Masseninitiative für den Bezirk Neubrandenburg bis 1965" klang dies so: „ In der Friedländer Großen Wiese sind noch große Reserven zur Steigerung der tierischen und pflanzlichen Produktion verborgen, die es gilt, zur Erhöhung unseres Lebensstandards zu nutzen ... Die Hauptmaßnahmen ... sind: Bau von Hauptverkehrs- und Wirtschaftswegen, Durchführung von wasserwirtschaftlichen Maßnahmen, Erschließung des Ödlandes für landwirtschaftliche Nutzung, landwirtschaftliche Folgemaßnahmen und Bau von Wirtschaftsgebäuden, Ställen und Wohnungen."

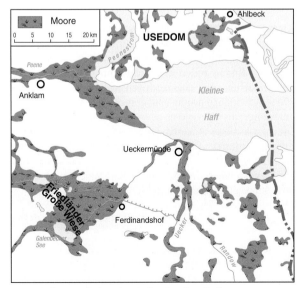

73.1 Niedermoorflächen im Uecker-Randow-Kreis

73.2 Friedländer Große Wiese, im Hintergrund die Rindermastanlage

Insgesamt wurden in der ersten Projektphase (1958–1962), an der über 6000 Jugendliche an diesem „Jugendobjekt der FDJ" mitwirkten, 156 km^2 Fläche urbar gemacht. Hauptziel war, Futter- und Weidefläche für die Rindermastanlage Ferdinandshof zu gewinnen. Sie war mit ca. 20000 Plätzen, vorwiegend in Stallhaltung, eine der größten in Europa (Abb. 73.3).

Infolge der großflächigen Entwässerung sackten die oberen Bodenschichten ab. Neue Methoden der Melioration wurden erforderlich, z.B. erfolgte die Anlage von Poldern und Schöpfwerken. Die Intensivwirtschaft führte, auch durch Ausbringen der Gülle mit LKW direkt auf die Wiesenflächen, zur Vermullung der obersten Torfschicht. Die entstandene extrem lockere, wasserabweisende Bodenstruktur bot den Pflanzen keinen Zugang mehr zu Nährstoffen. Um die Versorgung der Tiere abzusichern, musste daher Futter aus größeren Entfernungen und in erheblich höherem Umfang als geplant angeliefert werden.

Seit November 1995 ist die Anlage privatisiert, mästet bis zu 25000 Bullen, nun verstärkt im Weidebetrieb, und bewirtschaftet fast 7 000 ha Land. Der Betrieb zählt damit noch immer zu den größten seiner Art in Europa. Nach Meinung des neuen bayerischen Besitzers liegt jedoch der Viehbesatz derzeit mit 1,58 Vieheinheiten je ha „dicht an der Grenze der extensiven Bewirtschaftung".

Aufgaben

1. Erläutern Sie anhand des Beispiels Nutzen und Risiken meliorativer Maßnahmen.
2. Bewerten Sie die Aussage des neuen Besitzers der Rindermastanlage Ferdinandshof.

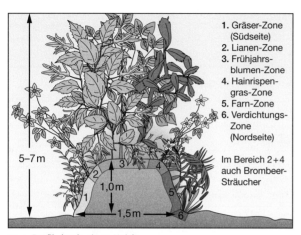

1. Gräser-Zone (Südseite)
2. Lianen-Zone
3. Frühjahrs-blumen-Zone
4. Hainrispen-gras-Zone
5. Farn-Zone
6. Verdichtungs-Zone (Nordseite)

Im Bereich 2+4 auch Brombeer-Sträucher

74.1 Profil durch einen Knick

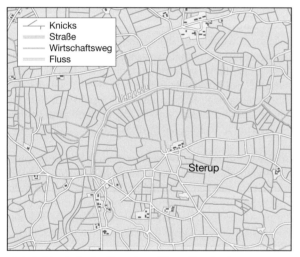

Knicks
Straße
Wirtschaftsweg
Fluss

Sterup

74.2 Knicknetz in der Gemarkung Sterup/Angeln 1877

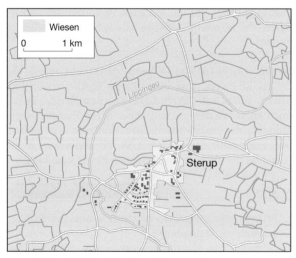

Wiesen

0   1 km

Sterup

74.3 Knicknetz in der Gemarkung Sterup 1990

Auf dem Wege zur Agrarsteppe

Kein Bildband über Schleswig-Holstein ist aufzufinden, in dem nicht die landschaftliche Prägung des Landes durch seine Knicks hervorgehoben wird. Knicks sind auf den Wall gepflanzte Feldrandgehölze, die seit der Überführung der gemeinschaftlich bewirtschafteten Teile der Gemarkung in die Einzelbewirtschaftung die neuen Grenzen in der Feld-flur markieren. Dies geschah im Verlaufe des 18. Jahrhun-derts und wurde in den Verkoppelungsverordnungen der Jahre 1770/71 und 1776 festgeschrieben. Die Knicks des östlichen Hügellandes zeichnen sich durch ihren hohen ökologischen und landschaftsästhetischen Wert aus (Abb. 74.1). Sie bieten ideale Lebensräume für Insekten und Nie-derwild, für Sing- und Greifvögel. Auf 1000 m Knicklänge brüten durchschnittlich 30 Vogelpaare, an beidseitig mit Knicks eingefassten Wirtschaftswegen kann dieser Wert sechsmal so hoch sein. Knicks bieten Windschutz. Sie verhindern Erosion und verbessern das Mikroklima.

Ihre Funktion als Grenzmarkierung verloren die Knicks in der Phase, in der die Landwirte ihre mit Weidevieh kombi-nierten Betriebsorganisationen zugunsten reiner Ackerbau-betriebe aufgaben. Dieser Umstellungsprozess begann im östlichen Hügelland etwa um 1965. Damals wurde der Ackerbau der Betriebe in der ersten Maschinengeneration vollmechanisiert. Die Viehhaltungszweige in vergleichbarer Weise zu mechanisieren überstieg bald die Investitions-möglichkeiten der Betriebe. Deshalb nutzten die Landwir-te des östlichen Hügellandes die natürliche Standortgunst (mineralreiche Böden, günstige Klimabedingungen), die hohe und sichere Getreideerträge erwarten ließ. Die Land-wirte haben sich heute auf den Anbau von Weizen, Gerste und Raps spezialisiert – alle drei sind arbeitsextensive Mähdruschkulturen.

Knicks stehen dem Maschineneinsatz im Wege. Also ließen die Landwirte in Eigenregie oder im Rahmen von flächen-zusammenlegenden Flurbereinigungen ihre besitzunter-teilenden Knicks roden und ließen nur die besitzabgren-zenden stehen. Aus engmaschigen Knicknetzen von über 200 m Knicklänge pro ha sind aufgerissene Knickbestände mit weniger als 60 m pro ha geworden (Abb. 74.2 und 74.3). Die spezialisierte Ackerbauwirtschaft, d. h. die Verringe-rung der Kulturen und die Rodung der Knicks, bereiten den Weg zur monotonen Agrarsteppe. Darüber kann auch das leuchtendste Gelb der blühenden Rapsfelder im Mai/Juni nicht hinwegtäuschen.

Aufgaben

1. Beschreiben Sie den Aufbau eines Knicks.
2. Benennen Sie Funktionen von Knicks.
3. Erläutern Sie die Zusammenhänge zwischen Knicknetz und landwirtschaftlichen Betriebssystemen.

Ökologischer Landbau

Die Entwicklung des ökologischen Landbaus

Der ökologische Landbau verzichtet auf den Einsatz leicht löslicher Mineraldünger und chemisch-synthetischer Pflanzenschutzmittel. Der Einsatz von Tierarzneimitteln und der Zukauf von Futtermitteln sind Ausnahmen. Bei Einhaltung der festgelegten Produktionsrichtlinien dürfen eingetragene Warenzeichen verwendet werden.

In den 70er Jahren setzte eine immer stärker werdende öffentliche kritische Diskussion über Fragen des Umwelt- und Naturschutzes ein. In den Bereichen Umweltschutz und Landbauverfahren wurden erste geeignete Strategien entwickelt. Eine zunehmende Sensibilisierung vieler Verbraucher in Gesundheits- und Umweltfragen führte in den 80er Jahren zu einer erhöhten Nachfrage nach Produkten des ökologischen Landbaus. Mit der steigenden Nachfrage hat sich auch eine stetig steigende Zahl von Landwirtschaftsbetrieben auf die ökologische Wirtschaftsweise umgestellt. Die Umstellung von Landwirtschaftsbetrieben auf eine entsprechende Wirtschaftsweise wurde ab 1989 durch das Extensivierungsprogramm und ab 1993 durch die so genannten flankierenden Maßnahmen zur EU-Agrarpolitik staatlich gefördert. Diese Impulse für den ökologischen Landbau in der Bundesrepublik Deutschland bewirkten, dass 1995 rund 2% des Produktionsvolumens der Landwirtschaft auf den ökologischen Landbau entfielen.

Die im Bundesgebiet tätigen anerkannten Verbände des ökologischen Landbaus haben sich zu einer Arbeitsgemeinschaft Ökologischer Landbau (AGÖL) mit dem Ziel zusammengeschlossen, gemeinsam – unter Wahrung ihrer Eigenständigkeit und der allgemein verbindlichen Richtlinien – die ökologisch wie ökonomisch orientierten Zukunftsziele alternativer Landbewirtschaftung zu verfolgen.

- Geschlossener Bewirtschaftungskreislauf
- Organische Düngung und Anbau von stickstoffbindenden Feldfrüchten
- Mechanische Bodenbearbeitung, Unkrautbekämpfung
- Untersaaten, Zwischenfrüchte, ausgewogene Fruchtfolgen
- Wahl weitgehend krankheitsresistenter Pflanzenarten und -sorten
- Förderung der Nützlinge
- Verzicht auf tiefe, wendende Bodenbearbeitung
- Tiergerechte Stallhaltung
- Anlage von Hecken, Feldrainen, Knicks, Biotopen
- Verbot chemisch aufgearbeiteter und synthetisierter Dünger und Pflanzenbehandlungsmittel
- Verbot von Lagerschutz- und Nachreifemitteln, Hormonen und Wuchsstoffen

---

75.1 Allgemeine Bewirtschaftungsgrundlagen im alternativen Anbau

Biologisch-dynamische Wirtschaftsweise

Neben dem in den 30er Jahren in der Schweiz von Dr. MÜLLER begründeten organisch-biologischen Landbau kommt der biologisch-dynamischen Wirtschaftsweise im alternativen Landbau eine besondere Bedeutung zu. Diese strengste der alternativen Methoden wurde 1924 durch Rudolf STEINER ins Leben gerufen. Die geisteswissenschaftlichen Erkenntnisse der Anthroposophie finden hier im Landbau ihren Niederschlag. Die theoretischen Grundlagen werden erkennbar im Streben nach erweiterter Naturerkenntnis, in einem geschlossenen Betriebsorganismus und in der Förderung biologischer Prozesse im Boden. Die Fruchtfolge ist vielgestaltig und enthält viele Leguminosen als Stickstoffbinder. Dadurch soll ein natürliches Konkurrenzverhalten der Anbaufrüchte zu Schädlingen und Unkraut mit dem Ziel eines biologischen Gleichgewichts erreicht werden. Synthetisch hergestellte Stickstoffdünger und wasserlösliche, ätzende oder brennende Mineraldünger dürfen grundsätzlich nicht verwendet werden. Die Düngung erfolgt organisch durch Stallmist, Kompost und Leguminosen. Besonderheiten der biologisch-dynamischen Wirtschaftsweise sind die Anwendung spezieller Präparate und die Beachtung kosmischer Rhythmen.

Der Pflanzenschutz wird mechanisch-biologisch durchgeführt, die Unkrautbekämpfung erfolgt über die Bodenbearbeitung und eine entsprechende Fruchtfolge, bei Mais und Gemüse auch durch Abflämmen. Um einen weitgehend geschlossenen Betriebskreislauf zu erreichen, muss sowohl in der biologisch-dynamischen Wirtschaftsweise als auch im organisch-biologischen Landbau eine gezielte Humuswirtschaft mit wirtschaftseigenem Dünger betrieben werden. Das bedeutet, dass eine Viehhaltung unerlässlich ist. Die meisten Betriebe erreichen einen Tierbesatz von etwa einer Großvieheinheit/ha. Betriebe ohne Viehhaltung, die auf den Zukauf von zugelassenen Düngemitteln angewiesen sind, können den geschlossenen Bewirtschaftungskreislauf nicht erreichen, die Produktion wird erheblich verteuert.

Aufgabe

Stellen Sie die Möglichkeiten des alternativen Landbaus im Zusammenhang mit dem Natur- und Landschaftsschutz dar.

Präparat	Herkunft	Anwendung
Hornmist	Kuhfladen, Horn	Bodenaktivierung
Hornkiesel	Quarz, gemahlen	
Schafgarbe	Blüte	} Pflanzendüngung
Kamille	Blüte	
Brennnessel	Pflanze in Blüte	} Kompostierung
Eichenrinde	Rinde	
Löwenzahn	Blüte	} Bodenbelebung
Baldrian	Blütenstände	

75.2 Biologisch-dynamische Präparate nach STEINER

76.1 Boschheide Hof

Alternativer Landbau – Boschheide Hof

Unter Federführung der Landwirtschaftskammer Rheinland wurde der Boschheide Hof in der Nähe von Moers/Vennikel (Niederrhein) im Herbst 1979 von konventioneller auf alternative Bewirtschaftung (biologisch-dynamische Wirtschaftsweise) umgestellt. Auf eine über Jahre ablaufende stufenweise Umstellung auf die biologisch-dynamische Wirtschaftsweise wurde verzichtet, um frühestmöglich zu wissenschaftlich gesicherten, in die Praxis umsetzbaren Erkenntnissen zu gelangen. Für die Bewirtschaftung gelten die Richtlinien der biologisch-dynamischen Wirtschaftsweise (> S. 75). Eine EG-Verordnung vom Juli 1991 ersetzt den Begriff „Alternativer Landbau" durch die verbindliche Kennzeichnung „Ökologischer Landbau".

Der Boschheide Hof hat sich von einem Bullenmast- und Marktfruchtbetrieb zu einem Milchviehbetrieb mit modernster Technik entwickelt. Er liegt in einer reich gegliederten Landschaft, die von Waldstücken, Gräben und Bächen geprägt ist. Zur Verbesserung des Kleinklimas, zur Förderung von Nützlingen und zur Schaffung von Brutplätzen für Vögel wurden zusätzlich 600 m Hecken angelegt (Abb. 76.2). 1400 Hainbuchen, Feldahorn, Wild- und Vogelkirschen haben sich in zehn Jahren zu baumhohen Beständen entwickelt. Acker- und Grünflächen liegen zwischen 30 und 32 m über NN auf der Rheinniederterrasse. Die Jahresniederschläge schwanken zwischen 680 und 740 mm, die Jahresdurchschnittstemperatur beträgt 9,7°C.

Die landwirtschaftliche Nutzfläche (ca. 35 ha) wird zu 80% als Ackerland genutzt, der Rest ist Grünland und dient dem Weidegang sowie der Heu- und Silagegewinnung. Winterweizen, Dinkel (wenig verbreitete Weizenart) und Winterroggen nehmen 44%, Kartoffel- und Feldgemüsebau 13% der Ackerfläche ein, der Rest bleibt dem Futterbau (Mais/Kleegras/Hafer/Bohnen/Erbsen) vorbehalten.

76.2 Heckenbepflanzung auf dem Boschheide Hof

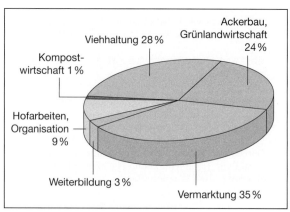

76.3 Wirtschaftsbereiche und Arbeitsaufkommen

Zur Verbesserung der Bodenfruchtbarkeit tragen der zweijährige Kleegrasanbau, der Einsatz von Gründüngung und die Verwendung von Rottemistkompost (erdiger, verrotteter Stallmist) und Rinderjauche bei. Zur Unterstützung der Bodenprozesse werden Hornmistpräparate (homöopathisch wirkendes Präparat zur Bodenaktivierung) eingesetzt und die Grundregeln der ackerbaulichen Nützlingsförderung beachtet (Abb. 77.4).

Die Viehhaltung besteht aus Milchkühen, Masttieren und Nachzucht und erreicht den Wert von 0,9 Großvieheinheiten je ha. Die Weidefläche ist groß genug, sodass der tägliche Weidegang gewährleistet ist. Die gerätetechnische Ausstattung des Betriebes stellt eine erfolgreiche Bewirtschaftung sicher. Der Betriebsleiter, seine Ehefrau (mit 0,5 Arbeitskräfteeinheiten), ein Auszubildender und Aushilfen nach Bedarf gehören zur personellen Ausstattung des Boschheide Hofes. Die Vermarktung der Produkte erfolgt hauptsächlich in Form eines Ab-Hof-Verkaufs. Daneben werden Großhändler und Bäcker beliefert. Der Milchverkauf erfolgt ab Hof sowie an einen Milchhof in Essen. Die Produktpalette umfasst Brotgetreide, Kartoffeln, Gemüse, Obst, Eier, Brot, Gebäck, Säfte, Konserven und Trockenfrüchte. Die Umwandlung von Nährstoffen in Futtermitteln zu Nährstoffen in tierischen Produkten und Exkrementen, die in Form von Stallmist und Jauche wieder der pflanzlichen Produktion zugeführt werden, ist der wesentliche Prozess des Nährstoffflusses eines Vieh haltenden Betriebes. Durch den Vergleich dieser Variablen lässt sich der innerbetriebliche Nährstofffluss bilanzieren und auftretende Verlustquellen können aufgezeigt werden.

Aufgaben

1. Charakterisieren Sie das Betriebssystem des Hofes.
2. Stellen Sie die wirtschaftliche Bedeutung einer Ab-Hof-Vermarktung dar.
3. Nennen Sie mögliche Probleme dieser Vermarktungsform und erörtern Sie Lösungsmöglichkeiten.

Fruchtfolge	Düngung
Kleegras	100 dt/ha Reifkompost, 10 m³ Jauche
Kleegras	dasselbe
Winterweizen	10 m³ Jauche im Frühjahr Zwischenfrucht Ölrettich
Kartoffeln	300 dt/ha Rottemist
Winterroggen	Untersaat Welsch-Weidelgras + Weißklee
Feldgemüse/Mais	2–400 dt/ha Rottemist, 10 m³ Jauche, Untersaat Weißklee zum Mais
Hafer/Gerste/Erbsen	10 m³ Jauche
Winterroggen	Kleegras-Untersaat

77.1 Düngung im Rahmen der Fruchtfolge

77.2 Ladengeschäft auf dem Boschheide Hof

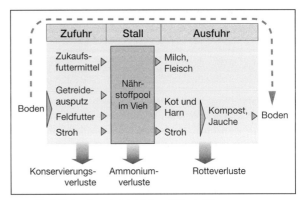

77.3 Modell des innerbetrieblichen Nährstoffflusses

1. Der Anfang der Nützlingsförderung liegt in einer ausreichenden Ernährungsgrundlage der Nützlinge. Dazu müssen die Bodentiere genügend organisches Material aus der Düngung (Fettmist, Kompost), durch Ernte- und Wurzelrückstände und aus Pflanzenresten im und auf dem Boden vorfinden.
2. Felder sollen über Winter nie ohne Bewuchs liegen gelassen werden. Es ist deshalb nötig, Zwischenfruchtanbau oder Gründüngung möglichst bald nach der Ernte durchzuführen.
3. Das Bodenleben sollte nicht durch häufige, intensive Bodenbearbeitungsgänge gestört werden. Durch Untersaaten werden Bodenbearbeitungen vermieden und längere Abschnitte der Bodenruhe erzielt.
4. Feldbegleitende Heckenanlagen (Abb. 76.2) helfen verschiedenen räuberischen Nützlingen bei der Besiedlung der Felder. Ihre Erhaltung und Neuanlage ist ackerbaulich sinnvoll. In heckenbenachbarten Feldbereichen sollte weitgehend auf den Einsatz von Pflanzenbehandlungsmitteln verzichtet werden. Der Zukauf teurer Pflanzenbehandlungsmittel wird so weitgehend unnötig.

77.4 Grundregeln der ackerbaulichen Nützlingsförderung

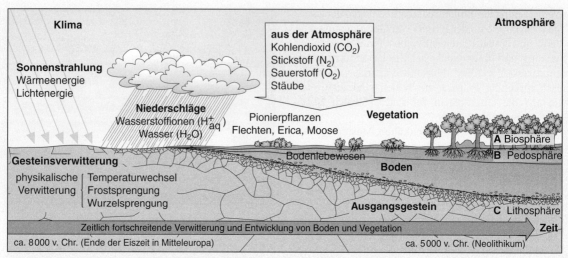

78.1 Allgemeines Schema des Bodenbildungsprozesses

Boden

Böden sind aus Sicht der Bodenkunde dreidimensionale, in sich einheitliche Ausschnitte aus der Pedosphäre, die von der Erdoberfläche bis zum unverwitterten Gestein reichen. Die Böden einer Landschaft sind durch Stofftransporte verknüpft, beeinflussen sich in ihren Eigenschaften und bilden mit den anderen Ökofaktoren (> S. 17) ein gemeinsames Wirkungsgefüge, d.h. ein Ökosystem (Abb. 79.1). Sie gehören damit zu den kostbarsten und schützenswertesten Gütern der Menschheit.

Bodenentwicklung und -aufbau

Als Naturkörper ist ein Boden dem ständigen Einfluss von Klima, Vegetation und Bodenorganismen ausgesetzt. Durch Boden bildende Prozesse, bei denen neben Verwitterung, Mineralbildung, Humifizierung und Zersetzung verschiedenste Stoffumlagerungen stattfinden, unterliegt der Boden einer permanenten Veränderung und Umformung.

Die Bodenentwicklung beginnt in der Regel an der Oberfläche eines Gesteins und schreitet im Laufe der Zeit zur Tiefe fort, wobei Lagen entstehen, die sich in ihren Eigenschaften unterscheiden und als Horizonte bezeichnet werden (Abb. 78.1).

Alle Horizonte zusammen bilden das Bodenprofil, einen zweidimensionalen Vertikalschnitt. Eine charakteristische Abfolge bestimmter Horizonte wird mit dem Begriff Bodentyp belegt, wodurch Böden ausgewiesen werden, die sich im gleichen oder ähnlichen Entwicklungsstand befinden. Die oberen humosen Horizonte werden dabei als organische Auflagehorizonte von den unteren Mineralhorizonten getrennt.

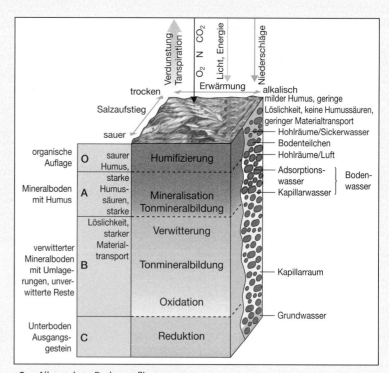

78.2 Allgemeines Bodenprofil

Statt von Auflage- und Mineralhorizonten wird besonders in der Landwirtschaft auch von Oberboden, Unterboden und Ausgangsgestein gesprochen (Abb. 78.2).

Ausgangsmaterial des Bodens

Primäre Quelle für den Aufbau eines Bodens ist neben dem Gestein der Erdkruste die organische Substanz, der Humus. Dazu gehören sämtliche abgestorbenen pflanzlichen und tierischen Stoffe, deren organische Umwandlungsprodukte sowie die anthropogen eingebrachten synthetischen Stoffe. Ausgenommen sind lebende Organismen und Wurzeln.

Entsprechend dem Grad der Humifizierung (Umwandlung) wird die organische Substanz in Streu- oder Nichthuminstoffe, die nicht oder nur schwach umgewandelt sind, und Huminstoffe unterteilt. Ihre Bedeutung liegt zum einen darin, dass sie nach Zersetzung und Mineralisierung, bei denen letztlich ein nahezu vollständiger mikrobieller Abbau zu anorganischen Stoffen erfolgt, wichtige Pflanzennährstoffe liefern. Zum anderen spielen sie beim Kationenaustausch (Abb. 79.2) eine wichtige Rolle, indem durch elektrische Ladungen an ihren Oberflächen die Stoffe angezogen und nur locker gebunden werden. So bleiben sie für die Pflanzen verfügbar, sind aber auch gegen Verlagerung durch Auswaschung geschützt.

Das anorganische Material eines Bodens hängt vom jeweiligen Ausgangsgestein (Granit, Basalt, Sandstein, u.a.) und dessen führenden Mineralien ab, wobei hier vielfach Feldspate, Quarze und Glimmer die Hauptanteile stellen. Die durch physikalische und chemische Verwitterung des Gesteins entstandene mineralische Bodensubstanz lässt sich nach ihrer Korngröße (= mittlerer Durchmesser in mm) in Bodenskelett- und Feinbodenfraktionen unterteilen. Die beiden mengenmäßig stärksten Fraktionen des Feinbodens ergeben schließlich die Bodenart, die in enger Beziehung zu den Eigenschaften eines Bodens steht. Aus dem Verhältnis der Hauptbodenarten Sand, Schluff und Ton sind u.a. Aussagen über Wasser- und Nährstoffgehalt, Kationenaustauschfähigkeit und Durchlüftung möglich.

Bodenchemie

Für die bodenchemischen Vorgänge sind die Tonminerale (Tone) und Huminstoffe von besonderer Bedeutung (Abb. 79.2).

Tonminerale bestehen überwiegend aus Silicium-Aluminium-Verbindungen, deren Teilchen eine Größe von < 2μ (1μ = 1/1000 mm) besitzen. Sie haben eine spezifisch große Oberfläche, sind plastisch, können durch Aufnahme oder Abgabe von Wassermolekülen quellen bzw. schrumpfen und bestimmte Ionen wie Kalium-, Magnesium oder Calciumionen gegen Wasserstoffionen austauschen. Sie beeinflussen damit erheblich den Nährstoffhaushalt des Bodens.

nach: P. BUSCH und D. MARQUARDT

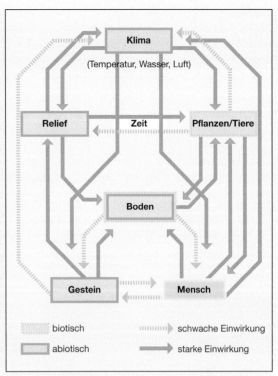

79.1 Boden bildende Faktoren

Zweischicht-Tonmineral

z.B. Kaolinit (von Kau ling, Berg in China, Fundort von Porzellanerde = Kaolin)

Schichtflächenabstand nicht variabel, nicht quellbar, Ionen-Adsorption nur an Außen- und Bruchflächen.

Dreischicht-Tonmineral

z.B. Montmorillonit (von Montmorillon, Ort in Frankreich, hier erstmals beschrieben)

Schichtflächenabstand variabel, gut quellbar durch Eintritt von Wasser, Ionen-Adsorption vorwiegend an „inneren" Oberflächen sowie an Außen- und Bruchflächen.

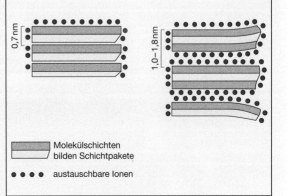

79.2 Ionenaustauschkapazität

Bodenprofil

Die Bodenbildungsprozesse verlaufen auf der Erde unterschiedlich schnell und mit wechselnder Dominanz der Boden bildenden Faktoren. Je länger der Zeitraum bei gleichbleibenden Bedingungen ist, desto tiefgründiger entwickelt sich ein Boden.

Seine besonderen Merkmale werden in einem Bodenprofil (senkrechter Aufschluss von durchschnittlich 1 m Tiefe) erfasst, wobei die verschiedenen Bodenhorizonte sichtbar werden (Abb. 80.1–81.2).

Derartige Bodenprofile bestehen aus einer Aufeinanderfolge annähernd horizontal verlaufender Schichten (Bezeichnung als Horizont). Diese lassen sich häufig recht gut durch ihre unterschiedliche Färbung voneinander abgrenzen. Mitunter wechselt aber auch von Schicht zu Schicht die Bodenart, zumindest die Zusammensetzung der Bodenteilchen oder die Festigkeit des Materials.

Bodenhorizont

Bodenhorizonte sind waagerecht im Boden angeordnete Schichten, die gleiche Merkmale und Eigenschaften besitzen. Zur Unterscheidung und Kennzeichnung der verschiedenen Horizonte im Bodenprofil werden sie mit Großbuchstaben bezeichnet.

Als A-Horizont (Auswaschungshorizont) bezeichnet man den von Pflanzen und Bakterien geprägten humusreichen Oberboden. Er besitzt meist eine dunkle Farbe.

Der durch Mineralien und Huminstoffe angereicherte Unterboden, der den Zustand der Gesteinszersetzung anzeigt, heißt B-Horizont (Anreicherungshorizont). Oft weist er eine braune bis rötliche Färbung auf, hervorgerufen u.a. durch das Vorhandensein von Eisen- und Aluminiumoxiden.

Der unveränderte Unterboden oder das Ausgangsgestein werden C-Horizont genannt.

80.1 Podsol

80.2 Parabraunerde

Bodenart

Der Boden stellt ein Gemisch aus unterschiedlich großen Partikeln dar. Die prozentualen Anteile der jeweiligen Korngrößengruppen bestimmen dabei die Bodenart.

Feinboden besteht hauptsächlich aus kleinkörnigem Sand, Schluff oder Ton. Sie bewirken die Möglichkeit der Nährstoffspeicherung, gehören zu den gut luft- und wasserdurchlässigen Böden, sind gut durchwurzelt und problemlos zu bearbeiten.
Sandböden verfügen wegen des lockeren Gefüges der Sandkörner über verhältnismäßig große Hohlräume. Dementsprechend sind sie gut durchlüftet, erwärmen sich rasch, lassen Wasser schnell versickern und können kaum Nährstoffe an sich binden. Andererseits sind sie gut durchwurzelbar.
Grobboden enthält überwiegend Kiese und Steine verschiedener Größen.

Bodentyp

Böden mit ähnlichen Bodenbildungsprozessen und gemeinsamen Eigenschaften, die in den Horizonten nachprüfbar sind, fasst man zu Bodentypen zusammen. Ihre Benennung erfolgt häufig nach der Farbe (z.B. Braunerde, Roterde, Schwarzerde), nach Landschaften (z.B. Auenboden, Marschboden, Moorboden) oder durch Übernahme ausländischer Bezeichnungen (z.B. Gley, russ.: schwerer Lehm im Grundwasserbereich, Rendzina, poln.: flachgründiger Kalkboden).

Die Bodentypen geben Hinweise auf die Differenzierung des Bodenkörpers und die zu erwartende Bodenfruchtbarkeit. Dabei erreichen die Schwarzerden als humose tiefgründige Böden eine hohe potenzielle Fruchtbarkeit. Demgegenüber besitzen Podsole als verarmte und versauerte Böden mit starken Verdichtungserscheinungen die ungünstigsten Eigenschaften.

81.1 Schwarzerde

81.2 Latosole

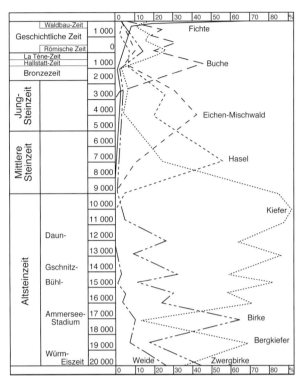

82.1 Nacheiszeitliche Waldentwicklung

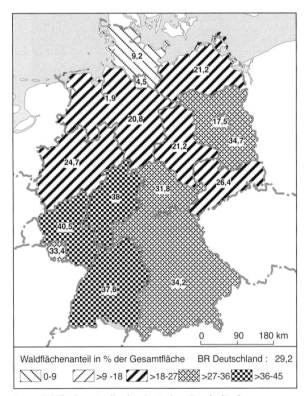

Waldflächenanteil in % der Gesamtfläche   BR Deutschland : 29,2

0-9   >9 -18   >18-27   >27-36   >36-45

82.2 Waldflächenanteile der deutschen Bundesländer

Waldnutzung zwischen Ökonomie und Ökologie

Ursprünglich bedeckte der sommergrüne Laub- und Mischwald (Abb. 82.1) mindestens 70 – 80% der feuchten Mittelbreiten. Doch in keiner anderen Landschaftszone hat der Mensch durch seine Nutzung die Naturlandschaft so stark umgestaltet.

Die natürlichen Bedingungen der feuchten Mittelbreiten bieten günstige Voraussetzungen für eine kontinuierliche wirtschaftliche Nutzung:

- keine klimatischen Extreme,
- günstiger Wasserhaushalt (Überschuss) durch reichliche Niederschläge und mittlere, mit dem Strahlungsgang schwankende Verdunstung,
- ausreichend lange Vegetationsperiode,
- relativ hohe Bodenfruchtbarkeit durch Humusbildung/ -anreicherung und kurzen Mineralstoffkreislauf.

Zwar beeinflussen der unbeständige Witterungsablauf und der Jahreszeitenwechsel die Nutzbarkeit auch negativ, dennoch wird diese Zone wirtschaftlich am intensivsten genutzt. Hier liegen wichtige Siedlungs-, aber vor allem eben Wirtschaftszentren der Erde:

- auf der Nordhalbkugel: große Teile Europas, der Osten der USA und Kanadas, weite Gebiete Ost-Chinas sowie das mittlere Japan;
- auf der Südhalbkugel: die Südost-Küste Australiens sowie die Süd-Insel Neuseelands.

Die natürlichen Wälder in diesen Räumen sind, soweit es Bodenverhältnisse und Hangneigung zuließen, in Agrarflächen umgewandelt worden (Abb. 83.1). Außerdem lässt der Bedarf an Siedlungs- und Verkehrsfläche die Wälder weiter schrumpfen. So ist Deutschland heute nur noch zu 29% von Wald bedeckt (Abb. 82.2). Im Laufe von 2000 Jahren ist die Waldfläche durch Raubbau und Rodung um mehr als die Hälfte reduziert worden. Und selbst die noch vorhandenen Waldflächen sind keineswegs mehr in ihrem natürlichen Zustand, sondern durch Bewirtschaftung in ihrem Aufbau und ihrer Zusammensetzung verändert (> S. 68/69).

Mit seiner intensiven Nutzung hat der Mensch eine gefährliche Entwicklung ausgelöst: Durch Flächen- und Artenrückgang sowie Umweltbelastungen droht der Verlust wesentlicher Funktionen dieses Ökosystems (> S. 68). Während die Industrienationen mittlerweile versuchen, ihre Waldanteile zu stabilisieren bzw. wieder zu erhöhen (Abb. 83.2), gehen in den Entwicklungsländern unter ökonomischen Zwängen weiter riesige Waldflächen verloren. Schätzungen gehen allein von 55 000 ha Tropenwald pro Tag aus (> S. 26/27), mehr als die Fläche des Bodensees.

	Entwicklungs- phase	Wirtschaftsformen	Nutzungsweisen (Aktivitäten)	(ökologische) Auswirkungen
frühgeschichtliche Phase	Jungsteinzeit	• **Jagd- und Sammelwirtschaft** (keine Agrar- und Forstflächen)	Jagd von Tieren, Sammeln von Naturprodukten, Holz als Bau- und Brennstoff	keine/vernachlässigbar
	Bronze- bis Eisenzeit	• Übergang zu **Feldbau** und **Vieh- haltung,** erste flächenhafte Ro- dung (meist Brandrodung), **Waldweide**	allmähliche Ausdehnung von Acker- und Grasland, daneben Schweine-, Ziegen-, z.T. auch Rinderhaltung/-mast im Wald	geringer Rückgang der Waldfläche, punktuell erste Folgen der Waldweide (s.u.)
agrargesellschaftliche Phase	ab 8. Jh.	• Übergang zur **Dreifelderwirt- schaft** mit intensiver Rodungs- phase und **Waldweide** • Aufschwung des **Handwerks** und des **Bergbaus** • Waldbewirtschaftung im **Plenterbetrieb**	flächenhafte agrarische Nutzung (Ackerbau, Viehhaltung) unter Einbeziehung des Waldes Holz als Werkstoff (u.a. Schiff- bau), Rohstoff (z.B. Teer), Brennstoff und Grubenholz punktueller Aushieb, natürliche Walderneuerung	großflächiger Waldrückgang (auf ca. 30%), Entwicklung von Heideflächen Entstehung von Hutewäldern mit Solitärbäumen, Boden- verdichtung und geringem Unterwuchs Raubbau in den Mittelgebirgen (z.B. Holzkohle für Erzver- hüttung)
	ab 13. Jh.	**Niederwaldbetrieb**	Aushieb junger Bäume/ Ausschläge (12-25 J.), keine langfristige Regeneration	
	ab 15. Jh.	**Mittelwaldbetrieb**	Mischform aus Plenter- und Niederwaldbetrieb	Veränderung des Wald- ökosystems (Baumarten, Vielfalt, Regenerationszyklus)
industriegesellschaftliche Phase	ab 18./19. Jh.	• erste Ansätze nachhaltiger Forstwirtschaft (langfristiger Erhalt der Leistungsfähigkeit), **Hochwaldbetrieb**	Aufforstung von Kahlflächen und Lichtungen, Aushieb/Schlag der Bäume im hohen Alter großflächig monokulturelle Nutzung und Regeneration (schlagweiser Hochwald)	Stabilisierung des Flächenanteils unter Veränderung der Artenanteile zugunsten von Nadelbäumen (Fichte) Entstehung von Forsten (Wälder gleichen Alters und gleicher Baumart)
	ab 19. Jh.	• massive **Industrialisierung,** Serien-/Massenproduktion für stark wachsende Bevölkerung	Holz wird Rohstoff für neue Massenprodukte (Papier, Mö- bel), Substitution als Brennstoff	Bodenverdichtung und Arten- verdrängung durch Forstwirt- schaft (Maschineneinsatz) und Tourismus
	ab 20. Jh.	• Aufwertung „**nichtökonomi- scher**" Funktionen des Waldes • **standortgerechter Waldbau**	Erholungswälder, Landschafts- pflege/Naturschutz ökologische Vielfalt, natürliche Regeneration (Plenterbetrieb)	Regeneration, Schutz und Pflege des Waldökosystems

83.1 Waldnutzung in Deutschland/Mitteleuropa – Entwicklungsphasen, Wirtschaftsformen und Auswirkungen

Gemeinsam mit den Ländern fördert der Bund bereits seit Jahren die Erstaufforstung im Rahmen der Gemeinschafts- aufgabe „Verbesserung der Agrarstruktur und des Küsten- schutzes" durch einen Zuschuss zu den Kosten der Erstin- vestition (bis zu 85% der förderfähigen Kosten). Durch höhere Förderzuschüsse wird dabei ein besonderer Akzent zugunsten ökologisch hochwertiger Misch- und Laub- baumkulturen gesetzt ...

Die jährliche Aufforstungsprämie kann ab 1993 je nach Bodengüte des aufgeforsteten Acker- oder Grünlandes

• auf Ackerflächen mit bis zu 35 Bodenpunkten (BP) und auf Grünland bis zu 600 DM/ha betragen,
• auf Ackerflächen mit mehr als 35 BP zwischen 600 DM und 1400 DM/ha (600 DM Sockelbetrag zzgl. bis zu 15 DM je BP über 35 BP) liegen ...

Die Europäische Union wird sich künftig mit mindestens 50% an der Finanzierung der Erstaufforstungsförderung beteiligen, in den neuen Ländern ab 1994 sogar mit 75% ... Die langjährige Herausnahme landwirtschaftlich genutzter Flächen durch standortgerechte Erstaufforstung dient zugleich

• einer langfristigen Entlastung des Agrarmarktes;
• der Sicherung ländlicher Räume durch Erhalt und Schaffung zusätzlicher Arbeits- und Einkommensmög- lichkeiten für bäuerliche Betriebe und einen verbesser- ten Erholungswert von Agrarlandschaften;
• der Steigerung des Selbstversorgungsgrades mit Holz als umweltfreundlichem, nachwachsendem Rohstoff.

(Quelle: Raumordnungsbericht 1993, S. 133)

83.2 Maßnahmen der Bundesregierung und der EU zur Förderung der Forstwirtschaft

Im Harz ist jeder zweite Baum krank

Braunlage (dpa) Jeder zweite Baum in den 79 200 Hektar Harzwald ist krank. Ursache sei die anhaltende Luftverschmutzung und der damit produzierte saure Regen, berichteten gestern Experten der Waldinformationsstelle des Forstamtes Braunlage. Die Giftfracht, die mit Luft und Wasser in den Boden gelangt, entzieht den Bäumen lebensnotwendige Nährstoffe. „Der Wald kriegt nur noch eine Überdosis Stickstoff", sagte Forstrat Karl Schumann. Es entstehe ein Effekt „als würden Menschen nur Fastfood essen". Die Widerstandskraft der Bäume gegen Wetter, Insekten oder Trockenheit werde geschwächt.

84.1 Pressemeldung vom 17. Juli 1996

84.2 Wirtschaftliche Nutzung des Harzwaldes

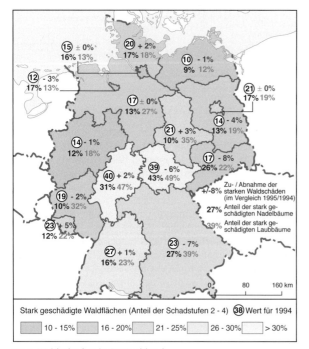

Zu- / Abnahme der
+/-8% starken Waldschäden
(im Vergleich 1995/1994)

27% Anteil der stark geschädigten Nadelbäume

39% Anteil der stark geschädigten Laubbäume

Stark geschädigte Waldflächen (Anteil der Schadstufen 2 - 4) (38) Wert für 1994

| 10 - 15% | 16 - 20% | 21 - 25% | 26 - 30% | > 30% |

84.3 Waldschäden in Deutschland

Montaner Nadelwald in Norddeutschland

Die Nordhälfte Deutschlands liegt in ihren Waldanteilen bis auf Brandenburg unter dem Bundesdurchschnitt (Abb. 82.2). Dafür finden wir im Harz eine forstliche Besonderheit: den nördlichsten montanen Nadelwald Mitteleuropas. Zwischen 700/800m und 1000/1100m ist er hier die natürliche Vegetationsform.

Der heutige dichte Fichtenwald ist zwar bodenständig, in seiner Ausprägung jedoch Ergebnis jahrhundertelanger wirtschaftlicher Nutzung. Häufig handelt es sich um Aufforstungen nach flächenhaften Rodungen für die Brenn- oder Nutzholzgewinnung (> Abb. 83.1). Dennoch hat sich in weiten Bereichen des Harzes, vor allem im Oberharz, eine naturnahe Struktur regeneriert. Dies ist nicht zuletzt glückliches Produkt der unglücklichen Teilung Deutschlands. Die streng gesicherte deutschdeutsche Grenze verlief direkt über den Brocken und schloss damit den Oberharz über drei Jahrzehnte von einer intensiven menschlichen Nutzung aus.

In den subalpinen Heiden haben sich Pflanzen und Tiere halten können, die sonst kaum oder nicht mehr in Deutschland vorkommen: die Brocken-Anemone, das Brocken-Habichtskraut, der Brocken-Mohrenfalter oder die Alpen-Smaragdlibelle. Sogar eine spezifische Harz-Fichte hat sich in langer Auslese herausgebildet, sie ist besonders schneebruchsicher.

Bereits seit 1960 ist der Westteil des Harzes als Naturpark ausgewiesen, seit 1990 auch der Ostharz. Aufgrund der ökologischen Besonderheiten wurden 1990 außerdem 59 km^2 im Ostharz zum Nationalpark („Hochharz") erklärt. 1993/94 folgten 165 km^2 im Westteil. Die mit dem Schutzstatus verbundenen Beschränkungen (> S. 129) rücken ökologische und soziale Funktionen in den Vordergrund. Da aber die Erholungsfunktion des Waldes heutzutage auch eine wichtige ökonomische Komponente enthält, kommt es gerade in den Mittelgebirgen immer wieder zu Konflikten zwischen touristischen und landschaftsökologischen Raumansprüchen.

Unter den aktuellen Bedingungen (Abb. 84.1, 84.3) scheint es ökologisch unverantwortlich, die touristische Nutzung des Harzes flächenhaft und wachstumsorientiert auszubauen. Insbesondere die weitere Erschließung für den Wintersport ist Gegenstand der Diskussion. Das betrifft nicht nur die ökologischen Folgen von Abfahrtspisten, Langlaufloipen oder Skilifts, sondern auch den ökonomischen Sinn solcher Anlagen angesichts einer relativ geringen Schneesicherheit: 1995 lief der Lift in Drei-Annen-Hohne insgesamt nur 5 Tage und im Januar 1996 lagen ganze 5 cm Schnee!

Deshalb sieht das 1996 erarbeitete Tourismusleitbild Ostharz die Ausweisung des gesamten Harzes als Naturpark und die Entwicklung darauf abgestimmter touristischer Angebote als Hauptziele und Chancen der Konfliktlösung an.

Viele Menschen = wenig Wald?

Nordrhein-Westfalen ist viertgrößtes und zugleich bevölkerungsreichstes Bundesland Deutschlands. Man könnte vermuten, dass hier der Waldanteil aufgrund des hohen Bedarfs an Siedlungs-, Verkehrs- und Wirtschaftsflächen besonders gering ist. Doch mit 26% Waldfläche liegt NRW nur 3 Prozentpunkte unter dem bundesdeutschen Schnitt und sogar 5 Prozentpunkte über Mecklenburg-Vorpommern, dem am dünnsten besiedelten Bundesland, das wegen seiner ausgedehnten Wald-Seen-Landschaften gemeinhin als besonders waldreich gilt.

Nordrhein-Westfalen weist regional unterschiedliche Bewaldungsdichten auf (Abb. 85.1). Die niedrigste liegt bei 13% im Industrieraum der Niederrheinischen Bucht, die höchste im Bereich des Sauerlandes mit 58%. Betrachtet man die Zusammensetzung dieser Wälder, so wird ein relativ hoher Anteil Nadelwald sichtbar. Fast 40% aller Bäume sind Fichten (Abb. 85.2). Dabei ist auf nahezu allen Standorttypen, auch in den niedrigen Mittelgebirgen, der Laubwald die vorherrschende natürliche Vegetation. Doch gerade die schnell wachsenden Nadelbäume wurden in den letzten Jahrzehnten vielfach zur Aufforstung genutzt, sodass heute fast die Hälfte des Nadelbaumbestandes jünger als 40 Jahre ist. Bei Laubbäumen sind es nur wenig mehr als ein Viertel.

Aufgaben

1. Beschreiben Sie die Entwicklung der Waldnutzung in Deutschland.
2. Zeigen Sie die Zusammenhänge zwischen wirtschaftlicher Nutzung von Waldlandschaften und ökologischen Wirkungen sowie Veränderungen auf.
3. a) Vergleichen Sie den Zustand der Wälder in Ihrem Heimatraum mit dem in Deutschland bzw. in anderen Beispielräumen.
   b) Erörtern Sie Nutzungsmöglichkeiten, deren Folgen und notwendige Schutzmaßnahmen.
4. Fassen Sie Nutzungsmöglichkeiten und -probleme der Wälder sowie Schutzmaßnahmen in einer nach Geozonen gegliederten Tabelle zusammen.

Baumart	Anteil an der Waldfläche (in %)		
	NRW	MV	BRD
Fichte	39,6	10,6	32,5
Kiefer	8,3	44,6	27,7
Lärche	3,3	3,6	3,0
sonst. Nadelbäume	0,8	1,4	2,9
Nadelbäume gesamt	**52,0**	**60,5**	**66,1**
Buche	17,3	11,3	14,0
Eiche	14,9	6,4	8,6
sonst. Laubbäume	15,8	21,8	11,3
Laubbäume gesamt	**48,0**	**39,5**	**33,9**

85.2 Baumartenanteile

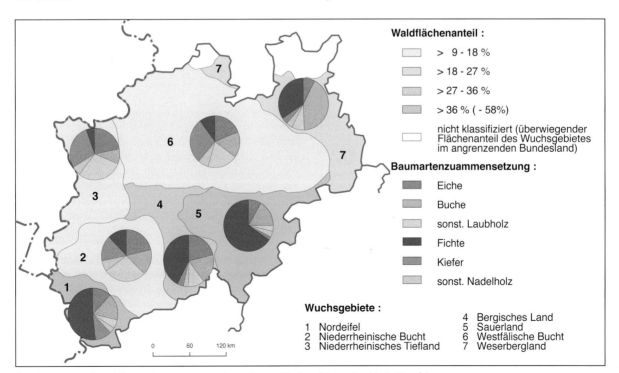

85.1 Flächenanteil und Baumartenzusammensetzung in den Wuchsgebieten Nordrhein-Westfalens

Analyse landwirtschaftlicher Nutzungsstrukturen

Überlegungen des Landwirtes und Agrarwissenschaftlers J. H. v. THÜNEN zu den lagebezogenen Transportkosten bzw. Gewinnspannen (Lagerente) führten Anfang des 19. Jh. zu einer ersten landwirtschaftlichen Standorttheorie (Abb. 86.1). Wenngleich die räumliche **Lage zum Markt** aufgrund technischer und politischer Rahmenbedingungen heute nicht mehr so im Vordergrund steht, sind bestimmte Erkenntnisse weiterhin gültig.

Für die Landwirtschaft ist die Erdoberfläche (Boden) nicht nur Standort der Produktion, sondern zugleich auch hauptsächlicher Produktionsfaktor. So ist sie wichtigster Flächennutzer der Wirtschaft. Gleichzeitig ist sie der am stärksten klimatisch abhängige Wirtschaftsbereich. Die geographische Analyse landwirtschaftlicher Nutzungsstrukturen muss sich daher nicht nur mit Fragen der Betriebsstrukturen und mit räumlich-flächenhaften Aspekten ihrer Verteilung auseinander setzen, sondern auch mit den zugrunde liegenden natürlichen Bedingungen. Dies gilt vor allem dann, wenn die Nutzungsstrukturen verschiedener Räume verglichen werden sollen. Bezieht sich der Vergleich auf Zeithorizonte, so sind auch die jeweiligen gesellschaftlichen Entwicklungsstände zu berücksichtigen.

Räumliche Nutzungsstrukturen erfasst man am besten über Kartierungen. Je größer der untersuchte Raum, desto gröber die Differenzierung. Atlaskarten über die Bodennutzung in Deutschland weisen meist nur 4–5 Kategorien (Ackerbau, Weidewirtschaft ...) aus. Zusätzlich erfolgt die Angabe der regional dominierenden Pflanzen- und Tierarten.

Bei Analyse kleinerer Einheiten hängt die Detailliertheit vom Anliegen der Kartierung und vom Darstellungsmaßstab ab (Abb. 87.2). So können erfasst werden:
- Flächennutzung insgesamt (Landwirtschaftliche Nutzfläche, Wald, Verkehrs-, Siedlungs-, Bergbaufläche, sonst. Nutzungen, z.B. Militär, Natur-/Landschaftsschutz),
- Agrarflächen nach Größe und Lage,
- Agrarflächen nach Nutzung (Ackerland, Dauergrünland, Brache ...),
- Agrarflächen nach Anbaukulturen (entweder Kartierung des jährlichen Wechsels oder Erfassung der Leitkulturen),
- Standort/Art landwirtschaftlicher Anlagen (Ställe, Silos, Bürogebäude, Werkstätten ...).

Da die **natürlichen Standortbedingungen** für die landwirtschaftliche Produktionsstruktur von besonderer Bedeutung sind, müssen für eine gründliche Strukturanalyse zumindest die wichtigsten in die Untersuchung einbezogen werden (Abb. 87.3):
- Boden (Substrat, Steingehalt, Feuchtigkeit, Fruchtbarkeit ...),
- Oberfläche/Relief (Neigung/Erosionsgefährdung, Landschaftsgliederung ...),
- Klima (Niederschlagsverteilung, Temperaturen, mikroklimatische Besonderheiten ...).

Aussagekräftige Korrelationen zwischen Naturbedingungen und aktueller Nutzung lassen sich z.B. durch Übereinanderlegen gleichmaßstäbiger Karten erzielen (Deckfolien).

Ein zusätzlicher ökonomischer Analyseschritt könnte die räumlich sichtbaren Aspekte inhaltlich ergänzen. **Betriebliche Nutzungsstrukturen** sind dann allerdings meist nur über direkte Befragungen zu analysieren. Hierbei sind vor allem wichtig: Betriebssystem, Besitzverhältnisse, Betriebsgröße und Produktionskennziffern. Die räumliche Differenziertheit betrieblicher Strukturen lässt sich wiederum am günstigsten in thematischen Karten veranschaulichen.

Durch die gestiegene ökonomische Komplexität sind heute außerdem die **Vermarktungsstrukturen** von besonderem Interesse, d.h. die Verflechtung der Landwirtschaftsbetriebe untereinander bzw. mit ihren Abnehmern. Im Wesentlichen werden folgende Aspekte erfasst:
- Organisationsform des Absatzes (Selbstvermarktung, Zweckverband, Vermarktungsgesellschaft ...),
- Vertriebsweg (Direktabsatz, Zwischenhändler, Großhandel ...).

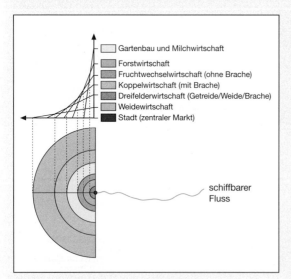

86.1 Die Thünen'schen Kreise – Modell der landwirtschaftlichen Raumstruktur auf Transportkostenbasis

Legende (Abbildung):
- Gartenbau und Milchwirtschaft
- Forstwirtschaft
- Fruchtwechselwirtschaft (ohne Brache)
- Koppelwirtschaft (mit Brache)
- Dreifelderwirtschaft (Getreide/Weide/Brache)
- Weidewirtschaft
- Stadt (zentraler Markt)

schiffbarer Fluss

Landwirtschaftliche Nutzfläche nach Nutzungsarten (1991)

	ha	%
gesamt	66 493	100,0
Ackerland	53 389	80,3
dar. Gerste	10 131	15,2
Mais	23 876	35,9
Grünland	12 809	19,3
Sonderkulturen	295	0,4

Betriebe mit Tierproduktion (1994)

Tierart	Halter	Bestand (in Stück)
Rinder	k. A.	113 394
Schweine	1 379	704 580
Legehennen	328	6 592 832
Masthühner	94	2 554 687
Puten	36	361 585

(Quelle: KLOHN/WINDHORST 1995)

87.1 Ausgewählte landwirtschaftliche Strukturdaten des Landkreises Vechta

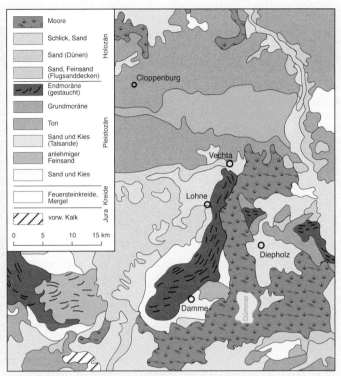

87.3 Geologisch-morphologische Oberflächen-Situation im Raum Südoldenburg (aus: KLOHN/WINDHORST 1995)

87.2 Räumliche Konzentration bäuerlicher Veredelungsbetriebe und Bodennutzung bei Rüschendorf (Kreis Vechta) 1995 (aus: KLOHN/WINDHORST: Das agrarische Intensivgebiet Südoldenburg, 1995)

Strukturschema einer Ökozone – Das Beispiel der feuchten Mittelbreiten

Die außerordentlich komplexen Zusammenhänge zwischen den Komponenten einer Ökozone kann man in einem Schaubild vereinfacht und übersichtlich darstellen. Das Schema ist dabei für jede Zone dasselbe, nur die Aus-prägung der Komponenten – und damit ihre Wirksamkeit – ist jeweils unterschiedlich.

Die gewählte Darstellungsvariante basiert auf den Übersichten von J. SCHULTZ in „Die Ökozonen der Erde" (1988) und kann analog für jede andere Ökozone erarbeitet werden. Neben dem Lehrbuch bieten dafür auch Fachbücher, der Atlas sowie Nachschlagewerke entsprechende Informationen.

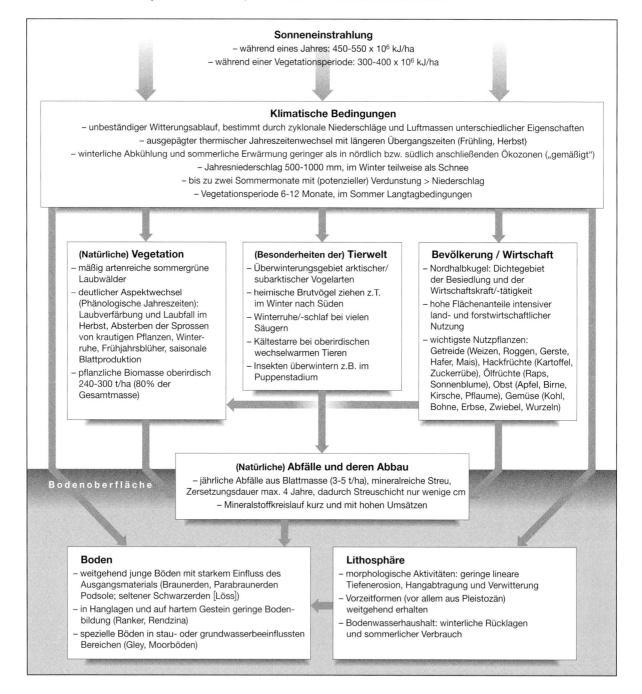

Sonneneinstrahlung
– während eines Jahres: 450-550 x 10^6 kJ/ha
– während einer Vegetationsperiode: 300-400 x 10^6 kJ/ha

Klimatische Bedingungen
– unbeständiger Witterungsablauf, bestimmt durch zyklonale Niederschläge und Luftmassen unterschiedlicher Eigenschaften
– ausgepägter thermischer Jahreszeitenwechsel mit längeren Übergangszeiten (Frühling, Herbst)
– winterliche Abkühlung und sommerliche Erwärmung geringer als in nördlich bzw. südlich anschließenden Ökozonen („gemäßigt")
– Jahresniederschlag 500-1000 mm, im Winter teilweise als Schnee
– bis zu zwei Sommermonate mit (potenzieller) Verdunstung > Niederschlag
– Vegetationsperiode 6-12 Monate, im Sommer Langtagbedingungen

(Natürliche) Vegetation
– mäßig artenreiche sommergrüne Laubwälder
– deutlicher Aspektwechsel (Phänologische Jahreszeiten): Laubverfärbung und Laubfall im Herbst, Absterben der Sprossen von krautigen Pflanzen, Winterruhe, Frühjahrsblüher, saisonale Blattproduktion
– pflanzliche Biomasse oberirdisch 240-300 t/ha (80% der Gesamtmasse)

(Besonderheiten der) Tierwelt
– Überwinterungsgebiet arktischer/ subarktischer Vogelarten
– heimische Brutvögel ziehen z.T. im Winter nach Süden
– Winterruhe/-schlaf bei vielen Säugern
– Kältestarre bei oberirdischen wechselwarmen Tieren
– Insekten überwintern z.B. im Puppenstadium

Bevölkerung / Wirtschaft
– Nordhalbkugel: Dichtegebiet der Besiedlung und der Wirtschaftskraft/-tätigkeit
– hohe Flächenanteile intensiver land- und forstwirtschaftlicher Nutzung
– wichtigste Nutzpflanzen: Getreide (Weizen, Roggen, Gerste, Hafer, Mais), Hackfrüchte (Kartoffel, Zuckerrübe), Ölfrüchte (Raps, Sonnenblume), Obst (Apfel, Birne, Kirsche, Pflaume), Gemüse (Kohl, Bohne, Erbse, Zwiebel, Wurzeln)

(Natürliche) Abfälle und deren Abbau
– jährliche Abfälle aus Blattmasse (3-5 t/ha), mineralreiche Streu, Zersetzungsdauer max. 4 Jahre, dadurch Streuschicht nur wenige cm
– Mineralstoffkreislauf kurz und mit hohen Umsätzen

Bodenoberfläche

Boden
– weitgehend junge Böden mit starkem Einfluss des Ausgangsmaterials (Braunerden, Parabraunerden Podsole; seltener Schwarzerden [Löss])
– in Hanglagen und auf hartem Gestein geringe Bodenbildung (Ranker, Rendzina)
– spezielle Böden in stau- oder grundwasserbeeinflussten Bereichen (Gley, Moorböden)

Lithosphäre
– morphologische Aktivitäten: geringe lineare Tiefenerosion, Hangabtragung und Verwitterung
– Vorzeitformen (vor allem aus Pleistozän) weitgehend erhalten
– Bodenwasserhaushalt: winterliche Rücklagen und sommerlicher Verbrauch

POLARE BREITEN

Leben am Rande
der Ökumene

Ökosystem polarer Breiten

Die für die polaren Regionen signifikanten Klimaelemente sind Strahlungshaushalt und Temperatur. Dauer und Intensität der Sonneneinstrahlung wirken sich sowohl auf die Vereisungs- und Auftauvorgänge im Boden, Verwitterungs- und Bodenbildungsprozesse als auch auf die Abflussvorgänge der Gewässer aus. Weiterhin beeinflussen sie die Anpassungen von Pflanzen, Tieren und Menschen an die extremen klimatischen Bedingungen.

Die polare Zone kann von Süden nach Norden in drei Teilgebiete untergliedert werden:

1. In der Region des ewigen Eises ist es das ganze Jahr sehr kalt und trocken. Die Temperaturen liegen in allen Monaten unter 0 °C.
2. Die Tundra weist sehr kalte und trockene Winter sowie sehr kurze und kühle Sommer auf. Alle Monate unter 10 °C, Wachstumszeit unter 100 Tage (> 5 °C).
3. Die Taiga ist durch sehr kalte und trockene Winter sowie kühle und feuchte Sommer gekennzeichnet. Wärmster Monat über 10 °C, 100–170 Tage Wachstumszeit (> 5 °C).

Aus dem geringen Einfallswinkel der Sonnenstrahlen resultiert eine Wärmemenge, die nur in den Sommermonaten ausreicht, den tiefgründig gefrorenen Boden (Permafrost) an der Oberfläche aufzutauen. Es treten dann in den polaren und subpolaren Gebieten klimatisch bedingte Umlagerungsprozesse im Boden auf, die zu Strukturböden führen. Bei Gefrieren des Bodenwassers entstehen durch die Volumenvergrößerung Kräfte (Frosthub und Frostschub), die Bodenteile an die Erdoberfläche befördern. Bei häufigem Wechsel von Frieren und Auftauen (Häufigkeit der Nullgraddurchgänge) läuft dieser Prozess beschleunigt ab und es bilden sich polygone Frostmusterböden heraus. Bei Hangneigungen von mehr als

90.2 Girlandenböden

2° (> 4–5 %) beginnt die aufgetaute Schicht über dem gefrorenen Permafrost zu fließen, wobei hangparallele Girlandenböden auftreten.

Dort, wo während der kurzen Sommermonate die oberste Bodenschicht auftaut und das Wasser nicht abfließen kann, entstehen vernässte Böden und Geländesenken verwandeln sich in Seen. Als Folge der oberflächigen Vernässung sind weite Bereiche von Arktis und Subarktis im Sommer unpassierbar.

Als Tundra wird die baumlose Vegetationszone zwischen dem Eismeer und dem nördlichen Rand der Nadelwälder (Taiga) bezeichnet. Während des kurzen Sommers taut eine dünne Bodenschicht auf, der Untergrund bleibt ständig gefroren (Permafrost). Der Oberflächenabfluss erfolgt nur langsam und es bilden sich entlang der Flüsse weite Mäander und ausgedehnte Seengebiete, die von versumpften Landbrücken getrennt sind. Die Vegetation besteht aus Moosen, Flechten, Gräsern sowie aus zwergwüchsigen Weiden und Birken. Aufgrund der Kürze der Vegetationszeit, der geringen pflanzlichen Produktivität und der unvollständigen Umsetzung der Pflanzen zu Humus dauern Bodenbildung und Biomassenzuwachs sehr lange.

Die Tundra ist das Sommerweidegebiet der Rentiere (amerikanisch: Karibus). Während der extrem kalten Winter wandern die Tiere in das geschützte Waldland der Taiga. Zugvögel finden im Sommer reichlich Nahrung in der Tundra, verlassen diese aber im Herbst. Nur wenige besonders kälteangepasste Säugetiere bleiben im Winter in der Tundra.

Aufgaben

1. Beschreiben Sie die Verbreitung der polaren Zone auf der Erde.
2. Erklären Sie die Zusammenhänge zwischen Klima, Bodenbildung und Vegetation.

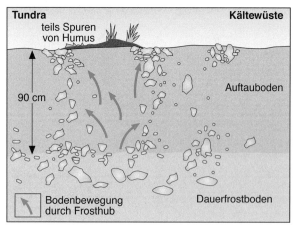

90.1 Bodenprofil der Arktis

Auswirkungen des Klimas auf den Menschen

Der Wechsel von Polartag und Polarnacht wirkt sich auch auf die Menschen aus. Als positiv für die Aktivitäten erweist sich die Verlängerung der Sonneneinstrahlung. Am Ende der langen Polarnacht treten jedoch gehäuft psychische Störungen, Krankheiten und Depressionen auf. Dann erreicht auch die Selbstmordquote ihr jährliches Maximum. Vielerorts hat die indigene Bevölkerung den Kulturschock nicht überwunden. Kulturelle Entwurzelung und Flucht in den Alkohol trugen zur Schwächung der Widerstandskräfte und zur Verstärkung der Depressionen bei. Alkoholismus und Entwurzelung sind heute zirkumpolar verbreitet. Durch die Schaffung einiger alkoholfreier Siedlungen (dry cities) hebt sich Alaska positiv von den übrigen Gebieten der arktischen Zone ab.

Im Gegensatz zur indigenen Bevölkerung lebt die zumeist für einen begrenzten Zeitraum zugezogene Bevölkerung der Weißen in künstlichen Inseln, den Camps, an Standorten des Rohstoffabbaus (Abb. 91.1) und in militärischen Vorposten. Alle Einrichtungen zu ihrem Aufbau und ihrer Unterhaltung sind von außerhalb eingeflogen worden.

Der 14-tägige Wechsel von Arbeits- und arbeitsfreier Zeit soll dazu beitragen bei den vorwiegend aus dem Süden zugezogenen Arbeitern Lethargie, Ermüdung und Depressionen zu verhindern. Fitness-Räume und Hallenbäder komplettieren das Angebot zur Vermeidung von Langeweile und Bewegungsarmut, besonders im Winter, wenn außerhalb des Camps Temperaturen von –40°C im Schneesturm herrschen.

Bei Wind verliert der Körper mehr Wärme als bei Windstille. Dieser Wärmeverlust wird durch die auskühlende Wirkung des Windes an Oberflächen verursacht. Dieses Phänomen ist unter der Bezeichnung „Wind Chill" oder als die „Doppelte Kälte" bekannt (Abb. 91.2).

Anpassungen an die klimatischen Verhältnisse sind auch in der Siedlungsweise erforderlich. Beheizte Wohngebäude, die über Permafrostböden errichtet werden, müssen auf Pfählen über dem Boden stehen, damit die Wärme im Winter nicht in den gefrorenen Boden dringt und dessen Stabilität gefährdet. Die Luftschicht zwischen Haus und Erdboden wirkt isolierend und verhindert das Auftauen des Dauerfrostbodens.

	Lufttemperaturen in °C (unter Null)							
	0	12	18	24	26	31	37	42	47
	8	15	21	26	29	34	40	45	51
	16	24	29	37	40	45	54	60	68
	24	29	34	42	45	54	62	68	76
	32	31	37	45	51	60	65	73	82
	40	34	42	51	54	62	71	79	87
	48	34	45	54	56	65	73	82	90
	56	37	45	54	60	68	76	84	93
	64	37	47	56	60	71	76	87	96

(Windgeschwindigkeit in km/h — linke Spalte: 0, 8, 16, 24, 32, 40, 48, 56, 64)

Gefährlicher Bereich, in dem innerhalb einer Minute bei ungeschützten Körperteilen mit Erfrierungen gerechnet werden muss.	Sehr gefährlicher Temperaturbereich, in dem Erfrierungen schon innerhalb einer halben Minute eintreten können.

Mit wachsender Windgeschwindigkeit empfindet der Mensch die Temperaturen viel niedriger als ein Thermometer anzeigt. So wirkt z.B. eine Temperatur von „nur" –26°C bei einer Windgeschwindigkeit von auch „nur" 40 km/h auf den Menschen wie eine Temperatur von –54°C. Also lebensgefährlich!

91.2 Wind-Frost-Effekt

91.1 Bohrcamp in Prudhoe Bay (Alaska)

Traditonelle Nutzungsformen

Inuit ist der Name, den sich das Volk der Eskimos selbst gegeben hat. Er bedeutet „Mensch". Eskimo ist die Bezeichnung der Indianer für das Küstenvolk. In der Übersetzung lautet es „Rohfleischfresser". Die Heimat der Inuit (Küsteneskimos) erstreckt sich über die nördlichen Bereiche von Asien, Grönland und Nordamerika. In diesem zirkumpolaren, küstenparallelen Streifen, leben verschiedene Kulturgruppen. So leben im nördlichen Alaska die Inupiat (Küsteneskimos), die in ihrer Lebensweise vorwiegend auf die Jagd von Walen, Walrossen und Robben ausgerichtet waren. Landeinwärts lebende Gruppen jagten hauptsächlich Karibus und die Yupik-Eskimos ernährten sich zum überwiegenden Teil von Fischen. Ihnen gemeinsam war, dass sie Subsistenzwirtschaft betrieben, d. h., dass sie ausschließlich von den Nahrungsquellen der Region lebten, keinen Markt belieferten und ohne Zufuhr von Gütern von außen auskommen konnten.

Wer in den unwirtlichen Weiten von Arktis und Subarktis dauerhaft überleben wollte, musste in besonderem Maße an die extremen Klimabedingungen angepasst sein und sowohl entsprechende Jagdtechniken, Siedlungsformen als auch Verhaltensnormen entwickeln.

Bewohner der arktischen und subarktischen Zone, in denen der Anbau von Kulturpflanzen unmöglich ist, mussten ihren Nahrungsmittelbedarf als Sammler und Jäger decken. Die traditionelle Ernährung der Inuit setzte sich vornehmlich aus Fleisch und Fett zusammen. Den Inupiat von Sibirien bis Grönland diente das Meer als Hauptnahrungsquelle. Sie jagten Meeressäugetiere, Fische und Seevögel. Zusätzlich sammelten sie Vogeleier und Beeren. Bevorzugte Hauptnahrungsquellen der Inupiat waren die wandernden Karibuherden, Elche und Zugvögel. Sie waren zu halbnomadischer Lebensweise gezwungen. Die Ureinwohner erlegten nur so viele Tiere, wie sie tatsächlich zum Leben benötigten und verwendeten von ihnen alles. Tierhäute und Felle von Karibu und Robbe dienten zur Bespannung von Booten (Kajak und Umiak) und Hütten. Aus den Fellen von Eisbär und Polarfuchs fertigten die Inuit Decken, Stiefel und Bekleidung. Um sich warm zu halten bzw. Wärmeverluste zu vermeiden, trugen sie eine doppelte Schicht aus Fellhäuten, wobei die Unterbekleidung mit dem Fellbesatz nach innen, die Oberbekleidung mit dem Fell nach außen getragen wurde. Das zwischen den Häuten befindliche Luftpolster stellte eine optimale Isolierschicht dar, die in ihrer Wirkung bisher von keiner Textilfaser übertroffen werden konnte.

Für das Überleben in der Arktis waren die Inuit optimal ausgestattet. Sie besaßen wendige Kajaks und Umiaks (große Boote mit Robbenfell bespannt, deren Wanten aus Weidenzweigen bestanden), mit denen sie im Sommer

92.1 Fellbespanntes Umiak

Jagd auf Wale machten und Hundegespanne, die im Winter die Schlitten zogen. Iglu bedeutet in der Sprache der Inuit Haus. Die aus Eisblöcken gefertigten Iglus stellen eine Sonderform der Siedlungsweise dar, die die Inuit im Nordosten Kanadas ausschließlich während der Jagd auf dem Eis errichteten.

Der Mangel an verfügbaren Baumaterialien zwang zur Bauweise halbunterirdischer Behausungen, die mit Grassoden abgedeckt wurden. Wegen des Holzmangels in der Tundra bestanden die oberirdischen Hauskonstruktionen aus Treibholz oder Walknochen, die mit zusammengenähten Fellen bespannt wurden. Um Wärmeverluste zu vermeiden, hatten diese Grassodenhäuser keine Fensteröffnungen. Diese scheinbar primitiven Unterkünfte verfügten über eine hervorragende Wärmeisolierung.

Die Inuit verfügten über Kenntnisse und Erfahrungen, um auf die ständigen lokalen Witterungsbedingungen, die die Schnee- und Eisverhältnisse beeinflussten, reagieren zu können. In ihrer Sprache gibt es 30 Ausdrücke für Eis und Schnee. Sie verfügten über das Wissen, wo z. B. Wild in und unter dem Packeis zu finden war und wie man es erlegte. In Jagdgemeinschaften gingen die Männer auf die Jagd. Gemeinschaftliches Teilen der Beute unter den Familien der beteiligten Jäger war selbstverständlich. Traditionsgemäß hatten alle, die an der Jagd teilnahmen, Anrecht auf ein Stück Fleisch. Misserfolge, bedingt durch das Ausbleiben der im jahreszeitlichen Rhythmus umherziehenden Tiere oder durch Populationsschwankungen, bewirkten Nahrungsmangel und Hungersnöte. In Zeiten extremen Nahrungsmangels erlaubte die Moralvorstellung den Inuit, die schwächsten Mitglieder (Alte, Gebrechliche) im Eis zurückzulassen und damit dem sicheren Tod auszuliefern. Mit der Missionierung durch die Weißen fand dieser Brauch ein Ende.

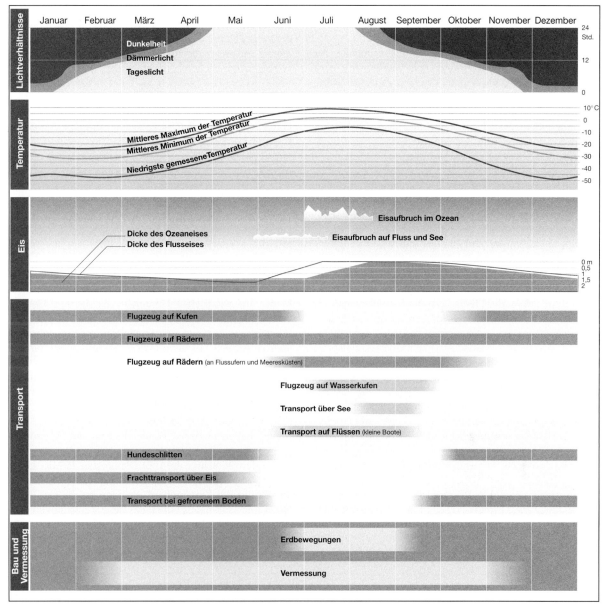

93.1 Auswirkungen des Klimas auf die Raumerschließung

Die gefährliche Jagd auf dem offenen Meer forderte unter den Jägern viele Opfer. Die Witwen und ihre Kinder fanden in den Familien der Verwandten Unterkunft. Diese Form der sozialen Absicherung interpretierten die Missionare als Polygamie. Da diese mit ihren Moralgrundsätzen unvereinbar war, bekämpften sie sie mit zweifelhaftem Erfolg.

Auch Veränderungen in der Siedlungsweise traten ein. Ein Inuit berichtet: „Vor der Ankunft der Missionare lebten wir unter dem Boden in unseren mit Gras bedeckten Hütten und legten unsere Toten auf die Tundra. Jetzt leben wir über dem Boden und beerdigen die Toten, und seitdem ist uns kalt".

Aufgaben

1. Erklären Sie, weshalb die Moralvorstellungen der Inuit mit denen der Missionare unvereinbar waren.
2. Erläutern Sie das Zitat.
3. Erläutern Sie die jahreszeitlichen klimabedingten Möglichkeiten zur Raumüberwindung in der Arktis.

Aktuelle Nutzungsformen

Unwirtlichkeit und Kargheit der Arktis schützten die Inuits lange Zeit vor Kontakten mit Weißen. Mit dem Goldrausch (1898) am Yukon drangen zunächst weiße Abenteurer oder Goldsucher weit in den Norden Nordamerikas vor. Ihnen folgten Händler und Missionare, die bis zu den kleinen Siedlungen am Polarmeer vordrangen. Mit ihnen unterlagen die Lebens-, Wirtschafts- und Siedlungsformen deutlichen Veränderungen.

Besondere Überzeugungskraft, dass die Kultur der Weißen besser sei als die der Inuit, kam den Gütern zu, die die Weißen mitbrachten: zunächst Haushaltsgegenstände, wirkungsvolle Gewehre, weit reichende Harpunenbomben, die im Walkörper explodierten, und Munition, später Außenbordmotore und Motorschlitten; zuletzt die modernen Unterhaltungs- und Kommunikationstechnologien. In der Folge gerieten die besonderen Fähigkeiten der Inuitkultur, viele der Techniken und Erfahrungen in Vergessenheit, sogar die Inuit-Sprache wurde verdrängt. Zirkumpolar hat heute der Einfluss der Weißen zugenommen. Weil viele unausgebildete Inuit keinen Arbeitsplatz finden, ist die Arbeitslosenrate unter ihnen regional unterschiedlich, insgesamt aber sehr hoch (60–90 %). Der Gebrauch moderner Zivilisationsgüter (Kauf von Benzin, Elektrizität) führt ohne Einnahmen in wirtschaftliche Abhängigkeit, erzeugt Armut und Elend und verstärkt Depressionen. Alkoholkonsum scheint für viele der einzige Ausweg zu sein, zu vergessen, dass aus den einstigen Herren der Arktis vielerorts Sozialhilfeempfänger geworden sind.

Alaska spielt unter den Raumeinheiten der Arktis eine Sonderrolle. Zwei Ereignisse beeinflussten den Entwicklungsprozess dieses Bundesstaates positiv. Die Ölfunde am Nordpolarmeer und ein Gesetz, das den Ureinwohnern ein Zehntel der Fläche und 962 Mio. $ als Entschädigung zusprach, bewirkten, dass diese schlagartig am Wirtschaftsgeschehen beteiligt wurden.

Viele Petrodollars wurden im Land investiert, und der unübersehbare Reichtum ist sowohl im Siedlungsbild als auch in (fast) jedem Inuit-Haushalt heute feststellbar.

Folge dieses Reichtums ist einerseits eine Flut von eingeflogenen Gütern, andererseits ein Berg von Abfallprodukten. Abfallberge, die wegen der niedrigen Temperaturen nicht verrotten und deshalb in Jahrhunderten kaum zersetzt werden, kennzeichnen die Ränder der Siedlungen in der kalten Zone (Abb. 94.1).

Petrodollars verändern die Arktis

Mit der Entdeckung der größten Erdöllagerstätten auf dem nordamerikanischen Kontinent am Rande des Nordpolarmeeres begann schlagartig ein neues Zeitalter für Alaska. Zeitgleich mit der Erdölexploration wurden zwei in der amerikanischen Geschichte einzigartige Gesetze verabschiedet, die die Ureinwohner erstmals an der wirtschaftlichen Blüte ihres Landes beteiligten. Danach fließen sowohl aus den Landnutzungsrechten für die Erdölgesellschaften als auch aus der Erdölförderung den Gemeinden und Genossenschaften der Ureinwohner (natives) erhebliche Finanzmittel zu. Der Geldsegen hat dazu geführt, dass sich das Siedlungsbild der kleinen Ortschaften grundlegend verändert hat.

Längst haben moderne Fertigteilhäuser die Grassodenhäuser der Inuit ersetzt. Den Schülern in Barrow steht die modernste Schule der USA (Baukosten 75 Mio. US-$) mit Schwimmbad und Telekommunikationseinrichtungen zur Verfügung. Krankenhaus, Regierungsgebäude, Bank, Hotel und Warenhaus bilden das neue Zentrum von Barrow (Abb. 95.1). Eine erweiterte und asphaltierte Landebahn und ein funktionelles Flughafengebäude ermöglichen die schnelle und bequeme Verbindung zur Außenwelt.

Auch die Lebensgewohnheiten der Inuit haben sich geändert. Einerseits verfügen sie über moderne technische Güter und weit reichende Waffen, die die Jagd weniger gefährlich machen, und über alle Nahrungsmittel der westlichen Welt, andererseits haben sie zu Entwurzelung, Vereinsamung und Alkoholismus geführt. „Ich stehe mit beiden Beinen auf der Erde, aber mit je einem in einer anderen Kultur", sagte ein erfahrener Eskimo.

Der Dollarsegen wurde auch dazu verwendet, die katastrophalen sanitären Verhältnisse grundlegend zu verbessern. In die Straßen von Barrow haben zwei gigantische Fräsen einen fünf Meter tiefen und vier Meter breiten Graben in den Permafrostboden geschnitten. In ihm wurden zunächst alle Ver- und Entsorgungseinrichtungen (Utilidor Abb. 95.2) verlegt, dann die Röhren iso-

94.1 Offene Abfalldeponie in der Tundra

95.1 Modernes Stadtbild von Barrow

95.2 Utilidor (Unterirdischer Versorgungskanal)

liert und später die Gräben abgedichtet. Heute verfügt jedes Wohngebäude über fließendes warmes und kaltes Wasser, Brauchwasserabfluss, Telefon- und Kabelanschluss sowie Strom- und Gasversorgung. Barrow, der Regierungssitz des North Slope Borough, hat 3500 Einwohner.

Aktuelles Konfliktfeld im Norden Alaskas

Spätestens im Jahr 2010 wird der untere Grenzwert der Öldurchlaufmenge durch die Trans-Alaska-Pipeline (> S. 97) erreicht sein. Dann wird der Rohöltransport unrentabel. Bei Betriebseinstellung der Pipeline muss diese – das ist vertraglich vereinbart – vollständig abgebaut werden. Um dieses zu verhindern ist die Erdölindustrie bestrebt, weitere Ölfelder zu erschließen, die in der Küstenebene des Arctic National Wildlife Refuge (ANWR) erwartet werden. ANWR befindet sich zwischen den Ölfeldern von Prudhoe Bay und den kanadischen Erdöllagerstätten westlich der kanadischen Grenze.

Genau diese Fläche (36000 km²) stellte 1960 die Regierung unter Naturschutz. Sie wurde 1980 auf 77000 km² erweitert. In der großen baumlosen Weite der Küstenebene bringen die Karibus im Sommer ihre Kälber zur Welt. Mit der Öffnung von ANWR befürchten Naturschützer und auch große Teile der indigenen Bevölkerung (Inuit und Indianer), dass das letzte große Grasland-Paradies von der Ölindustrie zerstört wird.

Der Einfluss des Geldes und der westlichen Zivilisation haben auch unter den Inupiat Erwartungen und Wünsche geweckt und Befürworter für die Erdölförderung gefunden. Diese erhoffen sich reichen Geldsegen, der für die Ausbildung künftiger Generationen angelegt werden kann und der ihnen finanzielle Sicherheit gewährleistet, um sorgenfrei der traditionellen Jagd auf Wal und Robbe auf See und Eis nachgehen zu können.

Den Befürwortern steht der Stamm der Gwich'in-Indianer gegenüber, der am Übergang der Brooks-Range zur Küstenebene von der Karibu-Jagd lebt. Dieses ist auch heute noch ihre wichtigste Nahrungsgrundlage. Mehr als 80% der Nahrung stammen aus der Jagd auf Karibus, Elche und Bergschafe. Sie wehren sich vehement gegen die Ölförderung, denn Rückgang oder Veränderung der Wanderwege der Karibus würde ihnen die traditionelle Lebensgrundlage entziehen. Als weiteres Argument führen sie die Tatsache an, dass sich die Tundra in einem äußerst ausgewogenen, aber auch ebenso labilen ökologischen Gleichgewicht befindet. Schäden an der dünnen Vegetations- und Bodendecke sind nach Jahrzehnten noch sichtbar.

Dieser scheinbar unbedeutende lokale Konflikt am äußersten Rande der Ökumene zwischen Ölgesellschaften einerseits sowie Umweltverbänden und Indianern und Inuit andererseits hat gravierende Auswirkungen auf die Arbeitsmärkte sowohl in Alaska als auch in den übrigen USA. Polarisiert heißt das: Erhalt einer „arktischen Serengeti" oder Energielieferung und Erhalt von Arbeitsplätzen? ANWR befindet sich im Besitz der Bundesregierung. Daher wird dieser aktuelle Konflikt in Washington entschieden.

Aufgaben

1. Beschreiben und erläutern Sie anhand der veränderten Lebensbedürfnisse der Inuit ihre Entwicklung von den ehemaligen „Herren der Arktis" zu den Sozialhilfeempfängern von heute.
2. Erläutern Sie die Sonderrolle der indigenen Bevölkerung Alaskas gegenüber den übrigen Inuit.
3. Beschreiben Sie den gegenwärtigen Konflikt um das ANWR. Nehmen Sie Stellung.

Klimatische Anbaugrenzen

Als Ökumene wird der Siedlungs- und Wirtschaftsraum bezeichnet, in dem der Mensch dauerhaft lebt. Periodisch bewohnte Räume werden der Subökumene zugerechnet. Die Anökumene umfasst die unbewohnten Gebiete der Erde.

Klimafaktoren setzen dem wirtschaftenden Menschen natürliche Grenzen. Die polare Kältegrenze der Ökumene wird durch den Temperaturfaktor bestimmt. Er bestimmt die Verbreitung des geschlossenen Dauerfrostbodens und die Grenze zwischen Waldland (Taiga) und baumloser Tundra. Diese reicht in den kalten Binnengebieten weiter nach Süden als in den wärmeren Küstenbereichen gleicher geographischer Breite (> S. 15).

Der Anbau von Kulturpflanzen wird polwärts durch Kältegrenzen bestimmt und ist nur möglich, wenn die Vegetationsperiode ausreicht. Der kurze Sommer setzt der ackerbaulichen Nutzung enge Grenzen, sodass als Feldbaukulturen im hohen Norden nur Sommergetreide und Kartoffeln möglich sind.
Voraussetzung für erfolgreiches Getreidewachstum ist eine Bodenwärme von 8–11° C während der gesamten Vegetationszeit. Diese ist nur in der mittleren Taiga im Juni, Juli und August gegeben. In der nördlichen Taiga ist die vollständige Reifung der Getreidepflanzen – mit

Ausnahme mikroklimatischer Anbauinseln – nicht mehr möglich.

Auch die Höhengrenze des Anbaus ist eine klimabestimmte (Wärmemangel-) Grenze. Bedingt durch die Temperaturabnahme mit zunehmender Höhe erreichen die Kulturpflanzen ihre natürliche Verbreitungsgrenze in der Vertikalen. Die Höhengrenze des Anbaus liegt in niederen Breiten relativ hoch und nimmt mit zunehmender geographischer Breite deutlich an Höhe ab.

Die Trockengrenze des Anbaus wird nach dem Verhältnis von Niederschlag und Verdunstung definiert als klimatische Trockengrenze. Die agronomische Trockengrenze ist dort erreicht, wo Regenfeldbau als Folge von zu niedrigen Niederschlägen und zu großer Verdunstung nicht mehr möglich ist.

Versuche, den Wirtschaftsraum zu erweitern und den Nahrungsspielraum für die wachsende Bevölkerung zu vergrößern, trugen dazu bei, jede dieser Grenzlinien zu überschreiten. Die Züchtung kälteresistenter Getreidearten ermöglichte eine Verschiebung der Polargrenzen des Ackerbaus nach Norden. Der Umbruch von Grasländern über die Trockengrenzen hinaus führte in Nordamerika und Kasachstan zu erheblichen ökologischen Folgeproblemen. Die Verschiebung von Anbau- und Weideflächen in den Trockengürtel des Sahel ist am Prozess der Desertifikation beteiligt (> S. 58).

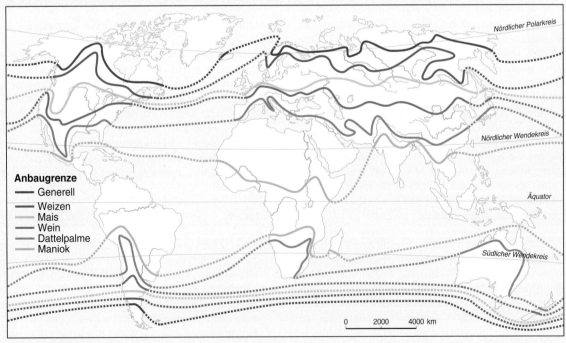

Anbaugrenze
— Generell
— Weizen
— Mais
— Wein
— Dattelpalme
— Maniok

Nördlicher Polarkreis

Nördlicher Wendekreis

Äquator

Südlicher Wendekreis

0   2000   4000 km

96.1 Anbaugrenzen

Die Trans-Alaska-Pipeline

Im Dezember 1967, als die Bohrung Prudhoe Bay Nr. 1 auf das größte Erdölfeld der USA stieß, begann die Boom-Phase des „schwarzen Goldes" in Alaska.

Während die sieben großen Ölkonzerne, die sich an der Ölsuche beteiligen, noch weitere Erdölfelder erschließen, stellen sie den Antrag auf den Bau einer Pipeline quer durch Alaska von Norden nach Süden. Die denkbare Alternative des Transports mit Schiffen wird nach wenig erfolgreichen Versuchen aufgegeben.

Im April 1974, die Baugenehmigung ist inzwischen erteilt, beginnen die Vorbereitungen für den Bau der Trans-Alaska-Pipeline. Schon nach drei Jahren war die fast 1300 km lange Pipeline fertig gestellt. Sie über- oder unterquert 70 größere Flüsse und drei Gebirge (Abb. 97.2) und verläuft überwiegend im Permafrostbereich. Elf Pumpstationen befördern das ca. 60 °C heiße Öl, in isolierten Rohren, mit knapp 10 km/h in fünfeinhalb Tagen bis zum Verladeterminal in Valdez. Täglich fließt dabei eine Ölmenge von ca. 270 Millionen Litern durch die Rohre, die einen Durchmesser von 1,2 m aufweisen. Pro Monat können mit dieser Menge 70 Supertanker gefüllt werden.

97.3 Trans-Alaska-Pipeline

Bei der Errichtung der Pipeline musste auf die erheblichen Proteste der indigenen Bevölkerung und Umweltschutzorganisationen Rücksicht genommen werden. Daher verläuft ein Teil der Strecke wegen der Karibu-Wanderwege unterirdisch (604 km), ein anderer Teil oberirdisch auf Stelzen (674 km, Abb. 97.3). Jede Stelze im Dauerfrostboden ist mit einem in sich geschlossenen Kühlkreislauf ausgerüstet, um dem sommerlichen Auftauen des Bodens entgegenzuwirken und die Stabilität der gut eine Tonne pro laufendem Meter schweren (öl-gefüllten) Pipeline zu erhalten. Da Zentral- und Südalaska erdbebengefährdet sind, musste beim Bau der Pipeline auch dieses Problem berücksichtigt werden. Die Pipeline ist beweglich auf Trägern gelagert, wodurch sie 3,6 m horizontal und 0,6 m vertikal ausscheren kann. Damit auch Stauchungen und Dehnungen in der Längsachse abgefangen werden können, verläuft die Streckenführung nicht geradlinig, sondern im Zickzack.

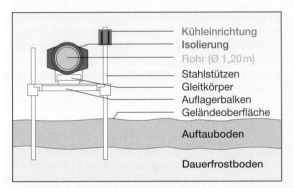

97.1 Oberirdische Pipeline-Verlegung

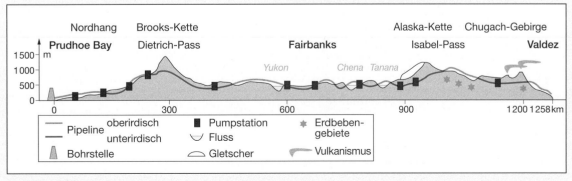

97.2 Trassenführung

98.1 Hudson Bay nördlich von Radisson

98.2 Turbineneinlass La Grande II A (Bauphase)

Hydro-Energie aus dem Norden Québecs an der Baie James

Die Erschließung des hydroelektrischen Potenzials des mittleren Nordens der Provinz Québec begann 1971. Die in die Baie James mündenden Flüsse sollten zu großen Kraftwerksketten ausgebaut werden. Die Baie James (südliche Ausbuchtung der Hudson-Bay und daran östlich anschließender Landraum) bezeichnet einen eigenen Verwaltungsraum, der 1971 von der Provinz Québec im Hinblick auf die Verwirklichung der hydroelektrischen Projekte geschaffen wurde. Es handelt sich um ein Gebiet zwischen 49° und 55° nördlicher Breite mit einer Fläche von ca. 350 000 km². Damit entsprechen die Einzugsgebiete der Flüsse, die in die Bucht entwässern, der Größe der Bundesrepublik Deutschland. Der Raum liegt im Übergangsbereich zwischen borealem Nadelwald und Tundra. Östlich der Hudson-Bay-Tiefländer werden im Bereich des Kanadischen Schildes Höhen von 900 m erreicht. Der Teil des Gebietes, der nördlich 51° liegt, wird fast ausschließlich von Cree-Indianern (Gesamtbevölkerung heute ca. 10 000) und einigen hundert Inuit bewohnt.

Die wirtschaftlichen Ziele dieses gewaltigen Erschließungsprojektes sind:

• Sicherung der zukünftigen Energieversorgung der Provinz,
• Energieversorgung der Märkte im Nordosten der USA,
• Schaffung wettbewerbsmäßiger Voraussetzungen für eine konsequente Wirtschafts- und Industriepolitik (besonders für energieintensive Branchen),
• Stärkung und langfristige Stabilisierung des Binnenarbeitsmarktes.

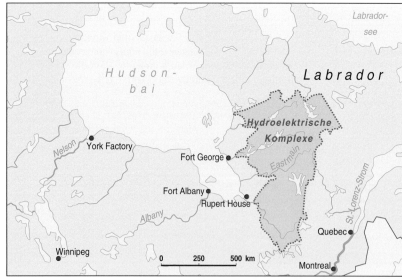

98.3 Das Projekt der Baie James

Das Projekt Baie James, für dessen Verwirklichung drei bis vier Jahrzehnte veranschlagt waren, gehört zu den bedeutendsten hydroelektrischen Entwicklungsvorhaben der Welt und soll eine Gesamtleistung von 28 000 MW erreichen. Die Wasserkraft wird als eine der umweltverträglichsten Energieformen überhaupt angesehen, da sie erneuerbar ist und vergleichsweise emissionsarm genutzt werden kann. Der erste Bauabschnitt „La Grande" ist Mitte der 90er Jahre vollendet worden, zwei weitere Bauabschnitte sollen, wenn überhaupt, erst im nächsten Jahrtausend verwirklicht werden. Die Baumaßnahmen umfassen Erschließungsachsen (Straßen und Hochspannungsleitungen, letztere allein bei „La Grande" mit einer Gesamtlänge von 5300 km), Flugplätze, Dämme, Turbinenhallen sowie künstliche Abfluss- und Überleitungswege. Ingenieur- und bautechnisch ist die Realisierung dieses Projektes eine außergewöhnliche Leistung, die u. a. dazu geführt hat, dass das Québecer Know-how ein weltweit gefragtes Wirtschaftsgut geworden ist.

Die Leistungsfähigkeit eines Wasserkraftwerkes wird vom Relief und den hydrogeographischen Voraussetzungen bestimmt, d. h. also von der Fallhöhe und der Wassermenge. Ein weiterer wesentlicher Faktor ist der Zeitpunkt, zu dem das Wasser verfügbar ist. Bei der technischen Konzeption der Baie-James-Projekte muss also berücksichtigt werden, dass das Oberflächenwasser in den kühlgemäßigten und subarktischen Zonen vor allem im Frühsommer verfügbar ist, die Elektrizität dagegen in Québec aber vor allen Dingen im Winter benötigt wird. Diese zeitliche Diskrepanz hat die Notwendigkeit zur Folge, das Wasser bis zum Bedarf speichern zu müssen. Großvolumige, räumlich aber eng begrenzte Speicherseen sind bei der geringen Reliefenergie des Kanadischen Schildes nicht möglich, die Überflutung weiter Bereiche ist deshalb unumgänglich. Das gilt auch für die Umlenkung von Flüssen über Wasserscheiden hinweg, um die Speicher ausreichend mit Wasser zu versorgen zu können. Die Wasserführung solcher Flüsse kann dadurch bis zum Zehnfachen des natürlichen Wertes gesteigert werden. Dahingegen verdienen die Wasserläufe unterhalb der Dämme wegen der geringen Wasserführung die Bezeichnung Fluss nicht mehr.

Zur Beurteilung der räumlichen Dimensionen dieses Projektes ist es zweckmäßig, sich das Beispiel nach Europa übertragen vorzustellen: Ein Aufstauen des Rheins bei Basel mit dem Ziel, durch ein Umleiten des Oberlaufwassers durch die Burgundische Pforte und dann über die Saône die an der unteren Rhône gelegenen Kraftwerke in ihrer Kapazität besser nutzen zu können, wäre in der Größenordnung ein vergleichbarer Eingriff.

Auf der einen Seite dieser Hydro-Energie-Projekte stehen technisch-wirtschaftliche Argumente, auf der anderen Seite die berechtigten Ansprüche der Betroffenen. Der starke Widerstand der indigenen Bevölkerung hat die Verzögerungen bei der Realisierung weiterer Ausbaustufen mitbewirkt.

Seit Jahren stehen die Projekte häufig im Brennpunkt heftiger, auch gerichtlich ausgetragener Auseinandersetzungen. Große Teile der Bevölkerung, der Wirtschaft und der Medien halten die Nutzung der hydroelektrischen Ressourcen für richtig und rechtmäßig, wohingegen die Cree-Indianer als wichtigste Opponenten sich von den Projekten existenziell beeinträchtigt fühlen und von Umwelt- und Menschenrechtsorganisationen vor allem außerhalb Kanadas unterstützt werden. Die endgültige Klärung der Rechtmäßigkeit dieser Ressourcen-Nutzung wird, soweit überhaupt möglich, noch viele Jahre dauern.

Neben den gesellschaftlichen dürfen die ökologischen Probleme nicht vergessen werden. Drastische ökologische Veränderungen haben schon die bisherige Realisierung der Projekte begleitet. Dazu gehören zum Beispiel die Veränderung von Wassermenge und -beschaffenheit, von Temperaturverhältnissen, von Artenanzahl und -zusammensetzung in Binnen- und Küstengewässern und die Abnahme der Produktion von Biomasse. Ein besonderes Problem stellt das Quecksilber dar. Quecksilber entsteht als natürliches Verwitterungsprodukt der Gesteine des Kanadischen Schildes. Bei erhöhten Zersetzungsraten von Biomasse unter weitgehendem Luftabschluss – Überflutung von vegetationsreichen Tälern und Wäldern – bildet sich mehr Quecksilber als wieder abgebaut wird. Der Überschuss wird biologisch verfügbar und reichert sich in den Nahrungsketten an. Der Verzehr von Fischen aus diesen Gewässern wird damit auch für die Menschen gefährlich.

Aufgabe

Kanada preist dieses Projekt als ein Beispiel für nachhaltige Entwicklung an (> S. 146/147). Erörtern Sie, ob das Projekt unter diesen Bedingungen haltbar ist.

Komplex	Einzugsgebiet (km²)	Bauzeit	Kraftwerke	Leistung (MW)	Speicher (km²)	Überflutetes Land (km²)
Verwirklicht/ im Bau						
La Grande I		1971–1985	3	10 282	13 520	10 400
	176 800					
La Grande II		1987–1996	6	5 437	2 039	1 105
In der Planung						
La Grande Baleine	57 200		3	3 168	3 576	1 786
In der Vorplanung						
Nottaway-Broadback-Rupert (NBR)	131 820		8	8 400	6 500	3 900

Quelle: Hydro-Québec, Vice-Présidence Environnement (Hrsg.), 1991: Hydroelectric Development and Native Communities of Northern Québec

99.1 Hydroelektrische Komplexe an der Baie James

Geographisches Institut
der Universität Kiel

Russland und sein Norden

Der „Äußerste Norden", wie er offiziell bezeichnet wird, umfasst ca. 70% der Fläche des Landes mit nur 12,4 Mio. Einwohnern, darunter 30 indigene Gruppen mit zusammen rund 200 000 Menschen. Für Russland ist er allerdings weniger als Lebensraum, sondern eher als Wirtschafts- und Ressourcenraum wichtig:

* Hier lagern zwischen 70 und 90% der russischen Vorkommen an Erdöl, Erdgas, Apatit (wichtiges Phosphatmineral), Nickel, Kobalt, Zinn, Blei, Gold und vieler seltener Metalle.
* Von hier stammen etwa die Hälfte des russischen Fischfangs und über 40% der Fischkonserven,
* Hier stehen 70% des borealen Nadelwaldes der Erde.

Aus letzterer Größe wird auch eine globale ökologische Bedeutung des äußersten Nordens abgeleitet und offiziell propagiert. Das inländische Handeln und seine Folgen stehen aber oft im krassen Widerspruch zu dieser Position (Abb. 100.1). So hat Russland z.B. einen Schadstoffausstoß von mindestens 25 Mio. t pro Jahr.

Außerdem ist dieser Raum für Russland aus strategischer und verteidigungspolitischer Sicht von Bedeutung. Davon zeugen etliche Militärstützpunkte, deren Bewirtschaftung – ebenso wie die Ausbeutung der Rohstoffe – zu erheblichen ökologischen Problemen führt.

Erdölförderung um jeden Preis

Nur in Einzelfällen dringen Meldungen über die ökologischen Folgen der Wirtschaft nach außen. So im August 1994, als in der Republik Komi an einem 43 km langen Abschnitt einer Erdölpipeline Risse auftraten. Nach Schätzungen des US-Energieministeriums liefen 280 000 t Erdöl in die Tundra, 8-mal mehr als beim Exxon-Valdez-Unglück vor Alaska. Rettungsmaßnahmen setzten mit erheblicher Verzögerung ein; erst nach 19 Tagen begann die Reparatur. Bis dahin hatte lediglich ein russischer Öl-konzern seine Transporte gestoppt, die internationalen Unternehmen schickten ihr Öl weiter durch die Pipeline. Auch während der Reparatur wurde gefördert. Das nicht abtransportierte Öl lief auf den Dauerfrostboden rund um die Bohrlöcher.

Aus ökonomischen Gründen nahm man – wie schon 5 Jahre vorher in der Region Tjumen (vermutet: 500 000 t) – die Katastrophe in Kauf. Mindestens 70 000 ha Land wurden langfristig verseucht, da bei den niedrigen Temperaturen das Öl frühestens in 50 Jahren abgebaut ist. Betroffen waren auch tausende Hektar landwirtschaftlicher Fläche, die hier im Norden besonders kostbar ist. In vielen Produkten, vor allem in Milch, wurden Erdölbestandteile nachgewiesen. Dennoch ging der Verkauf weiter, nicht zuletzt wegen der hohen Preise der aus dem Süden eingeflogenen Erzeugnisse.

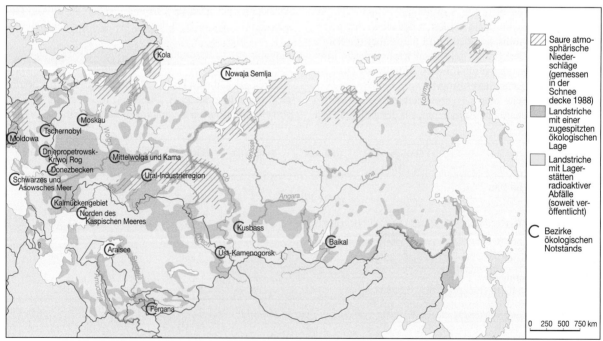

100.1 Ökologische Problemgebiete in Russland

101.1 Ölfeldbrand in Nordrussland

101.2 Holzeinschlag in Sibirien

Norilsk – eine Stadt ohne Bäume

1935 entstand an der Stelle, wo heute Norilsk liegt, ein so genanntes Arbeitslager. Strafgefangene sollten als billige Arbeitskräfte die wertvollen Erzlagerstätten dieses Raumes erschließen: Nickel (35% der Weltvorräte – nach russischen Angaben), Kupfer (9%), Kobalt (14%) und Platinerze (40%).

Jahr für Jahr wuchs die Bergbau- und Industriesiedlung am Polarkreis, ohne Rücksicht auf Mensch und Umwelt, nur im Interesse der Ökonomie. Auch die späteren Versuche, den Zustand der Stadt nach der Abschaffung der Lager zu verbessern, blieben Stückwerk. Viele Zechen sind seit den 40er Jahren nicht modernisiert worden. Nicht nur die Arbeitsbedingungen sind dadurch unmenschlich, auch ökologisch tickt hier eine Zeitbombe. Das Nickel-Werk hat eine jährliche SO_2-Emission von etwa 2,3 Mio. t. 350 000 ha Wald im Umland sind dieser Luftverschmutzung in den letzten Jahrzehnten zum Opfer gefallen.

Die Taiga – bald ein Wald ohne Bäume?

Mit 650 Mio. ha sind die borealen Nadelwälder Sibiriens doppelt so groß wie der Amazonas-Regenwald. Noch steht hier ein Fünftel des Waldbestandes der Erde. Aber jährlich werden etwa 4 Mio. ha abgeholzt (Abb. 101.2). Neben Russland selbst, sind vor allem asiatische Länder an diesem Raubbau beteiligt. Angeblich nicht nur aus ökonomischen Gründen, sondern auch, um dem Ruf als „Vernichter des Regenwaldes" zu entgehen. Dabei bleiben 40% des sibirischen Einschlags jedoch ungenutzt; sie gehen vor Ort oder beim Transport verloren. Über die ökologischen Folgen dieses Kahlschlags wird derzeit kaum gesprochen.

Mütterchen Russland und sein Stiefkind Natur

Der sträfliche, gleichgültige Umgang mit der Natur steht allerdings im krassen Widerspruch zur tiefen, emotionalen Beziehung der russischen Bevölkerung zu ihrer „Mutter Erde".

In sozialistischer Zeit resultierte diese ökologische Ignoranz aus einer Ideologie, in der alles gut war, was dem (ökonomischen) Wohl des Menschen und dem Beweis der (ökonomischen) Stärke des Systems diente. Der Glaube an die technische Beherrschbarkeit der Umgestaltung und Steuerung von Natur dominierte die Entscheidungen.

Heute ist die Rücksichtslosigkeit gegenüber der Natur vor allem auf innen- wie außenwirtschaftliche Defizite und innenpolitisches Chaos zurückzuführen. Dazu tragen neben der geringen Wirtschaftskraft und der hohen Wirtschaftskriminalität auch die ausländischen Konzerne bei. Diese nutzen zwar gern die lukrativen Geschäfte bei Jointventures, im Falle ökologischer Probleme verweisen sie jedoch oft auf die russischen Partner oder Zustände. Dabei wären gerade sie als Nutznießer moralisch verpflichtet und mit ihrer materiellen wie politischen Kraft auch fähig, die ökologische Krisensituation zu entschärfen.

Aufgaben

1. Erklären Sie die besondere Anfälligkeit der polaren Ökozone gegenüber Umwelteinflüssen und -schäden an zwei Beispielen aus unterschiedlichen Regionen (> S. 94 ff.).
2. Beurteilen Sie die Dimension der Umweltschäden in Russland (Abb. 100.1, 101.1, 101.2) und die Rolle der früheren wie der aktuellen Wirtschaftspolitik bei ihrem Entstehen.

Rohstoffe

Anfang der 70er Jahre erschütterte der Club of Rome mit seinem Bericht „Die Grenzen des Wachstums" den Glauben an die Unbegrenztheit der Rohstoffe. Plötzlich war Rohstoffknappheit zu einem allgemeinen Diskussionsthema geworden. Zehn Jahre später hielt man die Prognosen des Club of Rome für überholt. Heute hat sich die Aufregung gelegt, aber die Frage nach Mangel oder Überfluss bei den Rohstoffen wird weiter unterschiedlich diskutiert (> S.146/147). Allerdings gab der Club of Rome wichtige Denkanstöße bezüglich des Recycling oder der Substitution von Rohstoffen (Abb. 102.2).

Als Rohstoffe werden alle in der Natur vorkommenden Stoffe bezeichnet, die direkt oder aufbereitet vom wirtschaftenden Menschen verbraucht bzw. genutzt werden (Abb. 102.1). Sie gehen als Grundsubstanzen in die Produktionsprozesse ein.

Für eine Einteilung der Rohstoffe gibt es keine einheitlichen Kriterien. Von ihrer Herkunft ausgehend unterscheidet man zumeist nach pflanzlichen, tierischen und mineralischen oder chemischen Rohstoffen.

Als eine eigene Gruppe werden häufig die Energierohstoffe zusammengefasst. Umstritten ist die Zweiteilung in erneuerbare und nicht erneuerbare Rohstoffe, die zuerst nur für die Gruppe der Energierohstoffe verwendet wurde.

Die Rohstoffvorräte der Erde sind in Ressourcen und Reserven eingeteilt. Die Ressourcen bilden die Gesamtheit der wirtschaftlich gewinnbaren und der wegen ihrer

102.2 Sekundärrohstoff

mangelnden Wirtschaftlichkeit ungenutzten Rohstoffe. Reserven sind derjenige Teil der Ressourcen, der zwar bekannt aber erst bei gegebener Wirtschaftlichkeit nutzbar wäre (Abb.103.1).

Die gegenwärtigen Rohstoffprognosen weichen sehr stark voneinander ab. Zwei ungelöste Probleme erschweren jede verbindliche Aussage: Zum einen gibt es nur grobe Schätzungen zu den auf der Erde vorhandenen biologischen und mineralischen Ressourcen. Zum anderen fehlen zugleich zuverlässige Daten über die zu erwartende Entwicklung des Rohstoffverbrauchs einer wachsenden Erdbevölkerung.

1. Abiotische (unbelebte) Rohstoffe	2. Biotische (belebte) Rohstoffe

a) Primärrohstoffe in natürlichem Zustand
  1 Bergbauerzeugnisse
    Kohle, Torf, Erze, Kalisalze,
    Phosphate, Natururan, Erdgas,
    Erdöl . . .
  2 Steine und Erden
    unbearbeitete Erde, Sand, Kies,
    Natursteine . . .
	a) Primärrohstoffe
	  1 Pflanzen
	    Kultur- und Wildpflanzen
	    und -früchte
	
	  2 Tiere
	    Tierhaltung, Wasserkulturen,
	    Jagd- und Fischfang
	  3 Mikroorganismen

b) Sekundärrohstoffe
  1 Recyclingrohstoffe
    Altmetalle, Altglas,
    Altkunststoffe, Altpapier, Altöl . . .
	b) Sekundärrohstoffe
	  1 Kompost
	
	  2 Stoffe biologischen Ursprungs
	    Naturdünger, Knochenmehl, Biogas

102.1 Rohstoffe

Entstehung von Rohstoffen: Beispiel Erdöl

Fossile Rohstoffe wie Kohle, Erdöl und Erdgas sind biogenen Ursprungs. Sie sind aus den Überresten von tierischen und pflanzlichen Organismen entstanden, hauptsächlich aus Zoo- und Phytoplankton, Pflanzenresten und Bakterien.

Die Bildung von Plankton erfolgt größtenteils in den gut durchlüfteten lichtdurchlässigen obersten Wasserschichten der Meere und Seen. Abgestorbenes Plankton und Pflanzenreste sinken auf den Meeres- bzw. Seeboden und bleiben unter anaeroben Bedingungen (Mangel an Sauerstoff) in der organischen Substanz erhalten. Das abgestorbene tierische und pflanzliche Plankton vermischt sich mit kleinsten mineralischen Schwebteilchen, die von Flüssen, Strömungen oder durch den Wind herangetragen werden. Bei einer Anreicherung von 0,3 % bis 0,5 % organischer Substanz im Bodensediment bildet sich aus den organischen und mineralischen Stoffen Sapropel (Faulschlamm). Bei zeitlich fortschreitender Überlagerung der Faulschlammschicht mit weiteren Sedimentschichten sinkt der Faulschlamm in größere Tiefen ab. Unter höherem Druck und höheren Temperaturen bildet sich das Muttergestein von Erdöl und Erdgas. Der Faulschlamm wird in Tonschiefer, auch Ölschiefer genannt, umgewandelt. In durchschnittlichen Tiefen von 2 000 bis 4 000 m entstehen bei Temperaturen zwischen ca. 65 und 120 °C Erdöl und Erdgase. Ihre parallele Entstehung ist möglich, muss aber nicht immer der Fall sein.

Damit es zu einer Anreicherung kommt, müssen Erdöl und Erdgas in ein besonders durchlässiges Speichergestein (meist Sandstein) wandern können. Erdöl und Erdgas folgen den Gesetzen des Auftriebs, zumal sie leichter als Wasser sind. Sie können auf ihrer Wanderung bis an die Erdoberfläche gelangen. Das Erdgas verflüchtigt sich, das Erdöl tritt in Ölkuhlen aus. Die bekanntesten Ölkuhlen im nördlichen Deutschland befanden sich bei Wietze in der Nähe von Celle.

Wirtschaftlich nutzbare Lagerstätten können sich nur dort bilden, wo eine undurchlässige Schicht (z.B. Mergel, Tone oder Salzlager) zu einer Anreicherung der flüssigen bzw. gasförmigen Kohlenwasserstoffe im Speichergestein führt. Es entstehen unterschiedliche Lagerstättentypen, die sich in ihrer jeweiligen Form nach den geologischen Gegebenheiten richten (Abb. 103.2).

Energieträger	Vorräte in Milliarden Tonnen Steinkohleeinheiten (SKE)	jährliche Förderung in Milliarden Tonnen (SKE)	Reichweite in Jahren
Erdöl	204	4,8	43
Erdgas	137	2,6	67
Steinkohle	494	2,7	180
Braunkohle	72	0,3	225

103.1 Globale Reserven und Reichweiten fossiler Energieträger (1995)

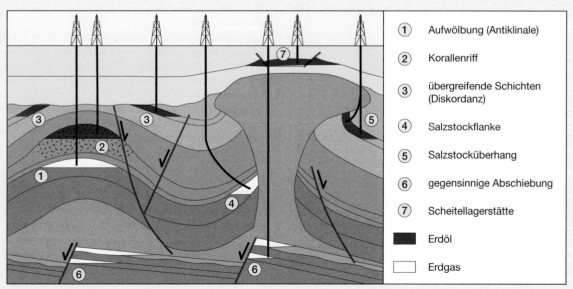

1 Aufwölbung (Antiklinale)

2 Korallenriff

3 übergreifende Schichten (Diskordanz)

4 Salzstockflanke

5 Salzstocküberhang

6 gegensinnige Abschiebung

7 Scheitellagerstätte

Erdöl

Erdgas

103.2 Die wichtigsten Lagerstättentypen

104.1 Vulkanausbruch auf Heimaey (1973)

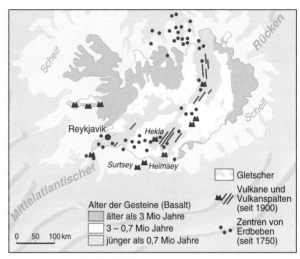

104.3 Island – „feurige" Eisinsel

Island – Insel unter Dampf

In Island tritt der nördliche mittelatlantische Rücken über die Wasseroberfläche. Die Insel ist durch Vulkantätigkeit entstanden (Abb. 104.3). Den Vulkanen verdankt Island seine Existenz, aber auch eine ständige Bedrohung. Immer wieder reißen Spalten auf, aus denen häufig große Lavamengen hervordringen.

Die Eruptionen beginnen zumeist mit starken Lavafontänen und dem Ausstoß großer Aschemassen (Abb. 104.1).

27 der über 140 nacheiszeitlichen Vulkane sind aktiv. Sie bedrohen mit ihren Ausbrüchen die Menschen auf Island nach wie vor. Einige isländische Vulkane sind von Gletschern bedeckt. Ereignet sich ein Vulkanausbruch unter dem Eis, so können verheerende Gletscherläufe auftreten (Abb. 104.2).

Obwohl Helfer rund um die Uhr am Bau von Schutzdämmen und Ablaufgräben arbeiteten, flossen Anfang November 1996 riesige Wassermassen auf einer Breite von 30 km in den Atlantik. Sie zerstörten Straßen, Brücken, Strom- und Telefonleitungen (Abb. 104.4).

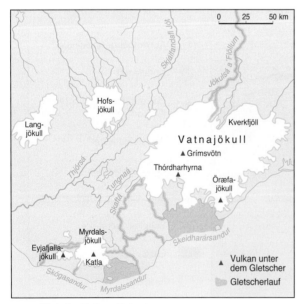

104.2 Gletscherläufe auf Island

Nach heftigem Vulkanausbruch auf Island:
Gletscher schmilzt
dpa Reykjavik. Islands Regierung hat gestern in Reykjavik höchste Alarmbereitschaft für alle zuständigen Stellen wegen Überschwemmungsgefahr nach heftigen Vulkanausbrüchen unter dem Vatnajökull, Europas größtem Gletscher, angeordnet. Die fünf Kilometer hohe Dampf- und Aschesäule über dem Gletscher zwang die Behörden bereits dazu, den internationalen Flugverkehr über der Insel umzudirigieren. Da die Region um den Gletscher, der zehn Prozent von Islands Landfläche bedeckt, nahezu unbewohnt ist, besteht keine direkte Gefahr für Menschen.
Durch den Ausbruch eines Vulkans schmelzen seit dem Wochenende riesige Mengen Eis. Sie konnten bisher in einen See ablaufen, der sich nach dem letzten Vulkanausbruch 1938 gebildet hat. Nun aber befürchten die Behörden, dass Überschwemmungen die größte Brücke zerstören und die wichtigste Straßenverbindung des Landes unpassierbar machen könnten.

104.4 Pressemeldung vom 5. 10. 96 (gekürzt)

Der tätige Vulkanismus ist auch durch austretende Dämpfe, heiße Quellen und Geysire (Springquellen) an der Erdoberfläche zu erkennen (Abb. 105.1).

Weiße Dampfwolken, die aus Rissen und Spalten in heißen Vulkangebieten aufsteigen, bestehen überwiegend aus Wasserdampf, enthalten aber auch Teile ätzender und giftiger Gase. Diese zersetzen das Gestein und lagern es in farblich unterschiedlichen Krusten um die Austrittsstelle herum wieder ab. Die Hitze im Untergrund ist auch verantwortlich für das Auftreten heißer Quellen mit hohem Mineralgehalt. Die heißen Quellen sind über ganz Island verteilt. Wasser, das durch die Gesteinsschichten tief genug hinabgesickert ist, dringt nach Erwärmung wieder an die Oberfläche. Dabei können Temperaturen bis zum Siedepunkt erreicht werden (bei Wasser 100 °C). Ein Geysir ist tätig, wenn das heiße Wasser rhythmisch und unter Druck aus der Erde schießt:

Man muss sich das Gestein mit seinen Rissen und Spalten wie von einem Röhrensystem durchsetzt vorstellen. Das System ist mit Wasser gefüllt. Es entleert sich mit jeder Fontäne, die aus der Öffnung an der Erdoberfläche schießt. Kühles Grundwasser fließt nach und füllt die Röhren wieder. In den tieferen Bereichen des Röhrensystems, in denen das Gestein heißer ist als nahe an der Erdoberfläche, gerät das Wasser schneller zum Sieden als in den oberen Bereichen. Nun hindert aber das kühlere Wasser oben das bereits kochende im tieferen Untergrund am Verdampfen. Durch ständige Hitzezufuhr wird das bereits kochende Wasser immer heißer – auf mehrere hundert Grad überhitztes Wasser entsteht. Allmählich beginnt auch das Wasser im oberen Bereich zu kochen und zu verdampfen. Dadurch nimmt der Druck, der auf dem überhitzten Wasser lastet, ab. Es kommt zur Explosion. Denn überhitztes Wasser dehnt sich, wenn es Platz bekommt, schlagartig um das Tausendfache aus. Die Folge: Der Geysir schießt in die Höhe.

(FWU 1995)

Island ist reich an natürlichen Heißwasservorkommen. Die mittlere Temperatur seiner etwa 700 Heißwasserquellen liegt bei 75 °C. Im Jahre 1924 wurde erstmals ein Gewächshaus durch Wasser aus einer heißen Quelle erwärmt. Heute erzeugt man in ausgedehnten Treibhauskulturen besonders Tomaten und Gurken. Auch Melonen, Trauben, Blumen, Zierpflanzen und Bananen werden kultiviert.

1930 wurde Reykjavik an die Fernwärmeversorgung aus geothermischer Energie angeschlossen. Die Häuser der Stadt und die Freibäder werden, wie in vielen anderen Siedlungen, aus dieser Energiequelle gespeist. Island nutzt die natürliche Wärmeenergie auch zur umweltfreundlichen Elektrizitätsgewinnung. Geothermische Kraftwerke und zahlreiche Wasserkraftwerke sichern der „Insel unter Dampf" ihre Stromversorgung.

105.1 Geysir in Island

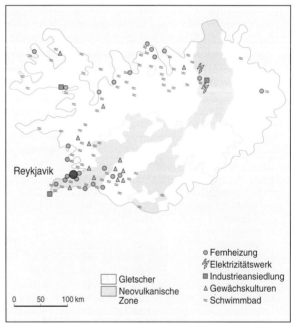

105.2 Nutzung der Erdwärme in Island

Aufgaben

1. Beschreiben Sie Islands geotektonische Situation (Abb. 104.3 und Atlaskarten).
2. Vergleichen Sie Islands Bevölkerungsverteilung (Atlaskarte) mit den Informationen zur Nutzung der Erdwärme (Abb. 105.2).
3. Stellen Sie die Erklärung zum Geysir in einer Schemaskizze dar.
4. Beurteilen Sie die Chancen und Risiken der Nutzung von Erdwärme auf Island.

Geothermalenergie in Deutschland

Weltweit sind gegenwärtig (Stand 1996) geothermische Anlagen mit rund 9 000 MW elektrischer und 14 000 MW thermischer Leistung installiert. Die Tendenz ist mit über 10 % Kapazitätszuwachs pro Jahr stark steigend. Führende Länder sind neben Island vor allem die USA (3 000 MW Strom), die Philippinen (1 100 MW Strom) und Mexiko (800 MW Strom). Aber auch andere Staaten setzen aktiv auf Geothermie, so z. B. Italien, das in Larderello über das älteste und heute größte Geothermiekraftwerk Europas verfügt (545 MW).

Deutschland hat nur einen minimalen Anteil von 41 MW installierter thermischer Leistung (Abb. 106.1). Dies liegt zum einen an den ungünstigen geologischen Voraussetzungen (z. B. tiefe Lage und hoher Salzgehalt der Thermalwässer), zum anderen an der späten technologischen Beschäftigung mit dieser alternativen Energieform. Stromerzeugung aus Erdwärme spielt bei uns keine Rolle, dafür bescheinigt die Wissenschaft aber der Heizwärmegewinnung ein nach heutigem Stand nutzbares Potenzial von über 50 000 MW. Im Nordosten Deutschlands liefern geothermische Heizzentralen bereits seit Mitte der 80er Jahre Wärme für Wohnungen und öffentliche Gebäude. Neue Anlagen sind im Bau bzw. in der Planung, vor allem in Mecklenburg-Vorpommern und Brandenburg. Aber auch im Süden Deutschlands existieren, nach ersten Klein- und Versuchsanlagen, heute Projekte mit bis zu 20 MW (z. B. Erding bei München). Dabei muss berücksichtigt werden, dass geothermische Heizwärme derzeit noch 1–10 Pfennige je Kilowattstunde teurer als Wärme aus Erdgas ist und daher in vielen Regionen nicht rentabel erzeugt werden kann. Neue Technologien bei der Ausnutzung der Erdwärme lassen aber auch in solchen Gebieten zukünftig eine verstärkte Anwendung zu. So hat sich z. B. die Stadt Meppen mit einem Geothermie-Projekt für die EXPO 2000 beworben.

Um die Rentabilität zu erhöhen, wird verstärkt zu Mehrfachnutzungen des warmen Wassers übergegangen. Zur bereits praktizierten Wärmeversorgung und Bade- bzw. Heilwassernutzung kommen zukünftig Anwendungsbereiche wie Trocknungsanlagen (z. B. Klärschlamm), Fischzucht oder Mineralwassergewinnung. Auch die Nutzung von im Tiefenwasser enthaltenen Begleitstoffen (z. B. seltene Metalle) ist bereits möglich.
Wenngleich Geothermie insgesamt in Deutschland mittelfristig nur eine Nebenrolle spielen wird, so kann sie regional durchaus zur echten Heizungsalternative werden. Prognosen des Bundesforschungsministeriums gehen immerhin von ca. 250 MW installierter thermischer Leistung im Jahr 2000 aus.

Ort	Installierte Leistung (MW)	Temperatur (°C)	Nutzungsart
Neubrandenburg	10,00	90	C
Neustadt-Glewe	12,00	90	C
Konstanz	9,26	29	A
Waren (Müritz)	5,20	60	C
Straubing	2,90	56	A, C
Wiesbaden	1,76	69	A, C
Staffelstein	1,70	54	A, C
Saulgau	1,25	42	A, B
Biberach	1,17	49	A, C
Buchau	1,13	48	A, C
Bad Urach	1,0	58	A, C
Aachen	0,82	68	A, C
Waldsee	0,44	30	A, C
Bad Füssing	0,41	56	A, C
Rodach	0,35	34	A
Griesbach	0,20	60	A, B, C
Birnbach	0,20	60	A, C
Bad Ems	0,16	43	A, C
Weiden	0,11	38	A, C
gesamt	41,06		

A: Bad/Brauchwasser, B: Gewächshäuser,
C: Gebäudeheizung

106.1 Geothermische Heißwassernutzung in Deutschland
(Stand: 31. 12. 1994; IZE: StromBasiswissen 112)

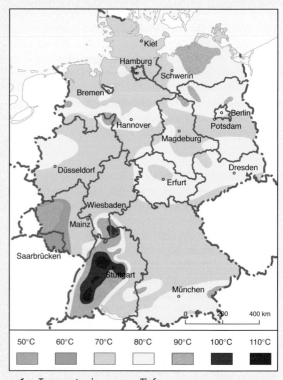

106.2 Temperatur in 2000 m Tiefe

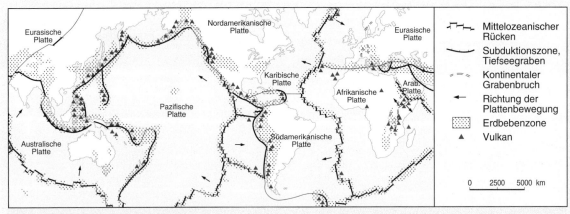

107.1 Plattentektonik und ihre Erscheinungen

Endogene und exogene Kräfte

Wenn das Innere der Erde nicht noch immer auf die Erdkruste einwirkte und ihre Teile ständig verschöbe, höbe und senkte, dann hätten die von außen einwirkenden Kräfte unsere Erde schon lange zu einer glatten und überall mit 800 m Wasser bedeckten Kugel gemacht. Die endogenen und die exogenen Kräfte führen mit jeweils wechselnden Anteilen zu einer ständigen Umgestaltung der Erdoberfläche.

Die Erde ist schalenförmig aufgebaut. Unter der äußeren Hülle, der 6 bis 70 km mächtigen festen Erdkruste, befinden sich der obere Mantel (bis 700 km Tiefe), der untere Mantel (bis 2900 km Tiefe), der flüssige Kern (bis 5200 km Tiefe) und der feste Kern. Vom Erdinneren wird ständig Energie an die äußeren Schalen abgegeben. Dadurch geraten der obere und der untere Mantel, die beide aus zähflüssigem magmatischen Gestein bestehen, in Zirkulationsbewegungen, die sich auf die aufliegende feste Erd-

kruste übertragen. Diese ist in zahlreiche Platten zerstückelt, die alle durch die Strömungen im oberen Mantel bewegt werden. Dabei können zwei Platten (Abb. 107.1)
a) voneinander wegbewegt werden. An den Rissstellen, die alle fast ausschließlich im Ozean liegen, bildet sich durch Magmaaufstieg neue Erdkruste (konstruktive Plattengrenze, Abb. 107.2).
b) aufeinander zubewegt werden. Die schwächere Platte taucht unter die stärkere und wird in der Tiefe aufgeschmolzen. In der Abtauchzone entstehen im Ozean Tiefseegräben, auf den Kontinenten Hochgebirgen vorgelagerte Ebenen. Im Aufprallbereich falten sich auf der stärkeren Platte Gebirge auf, die oft Magmaherde enthalten und vulkanisch sind (destruktive Plattengrenze, Abb. 107.2).
c) aneinander vorbeibewegt werden. Es kommt weder zur Neubildung noch zum Abbau von Krustenmaterial. Die Plattengrenzen sind nicht glatt, sondern vielfältig ineinander verhakt. Die Vorbeibewegung führt deswegen zu wachsenden Spannungen, die sich schließlich in Erdbeben entladen (konservative Plattengrenze).

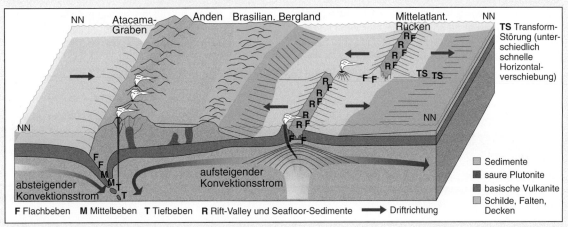

107.2 Die Erdkruste zwischen Atacama-Graben und Mittelatlantik

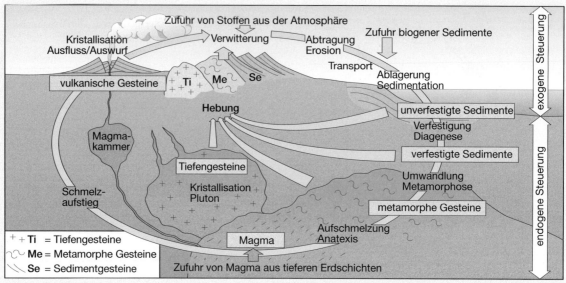

108.1 Kreislauf der Gesteine

Das Zusammenspiel endogener und exogener Kräfte wird u. a. im Kreislauf der Gesteine deutlich (Abb. 108.1). Gesteinsschmelze (Magma) dringt in die feste Erdkruste vor, kühlt dort langsam ab und bildet kristalline Gesteine. Sie kann aber auch sofort an die Oberfläche vordringen, wo sie dann rasch zu Ergussgesteinen abkühlt. Das entstehende Gestein wird zerkleinert, abgetragen, wegtransportiert und zu Sedimentgestein verfestigt. Auch Sedimente können verwittern, abgetragen, wegtransportiert und erneut sedimentiert werden. Sie können aber auch wie die magmatischen Gesteine unter große Druck- und Temperatureinwirkungen geraten. Dies geschieht z.B. durch Absenkungs- oder Faltungsprozesse. Dann verändern sie sich in ihrem Mineralbestand und in ihrer Struktur. Sie werden zu metamorphen Gesteinen. So wird aus Sandstein Quarzit, aus Kalkstein Marmor und aus Granit Gneis.

Neben der Sonneneinstrahlung und den Niederschlägen wirken vor allem das fließende Wasser, der Wind und das fließende Eis auf die Erdoberfläche ein. So hat das Inlandeis den vielfältigen Formenschatz der glazialen Serie z.B. in Norddeutschland zurückgelassen. Talgletscher haben u.a. Fjorde und Alpentäler, aber auch die oberitalienischen Seen und das deutsche Voralpenland geschaffen. Der Wind ließ und lässt immer noch Dünen wandern. Er schuf die Lösslandschaften, schleift Felsen ab und trägt ganze Äcker fort. Die Meeresbrandung schafft Kliffs und Klippen. Die Küstenströmungen formen Haffe und Nehrungen, Bodden, Sandbänke und das Watt.

In Abb. 108.2 (a) sammelt sich das Wasser eines Flusses vor einer aufgrund rezenter endogener Prozesse entstandenen Barriere in einem See, durchquert die Barriere, stürzt in das Vorland und fließt weiter. In (b) schneidet er sich tiefer ein, der See ist leergelaufen, die Seitentäler verlängern sich nach hinten und die Barriere zeigt deutliche Erosionserscheinungen. In (c) hat der Fluss sein ideales Längsprofil erreicht, er lagert ab und fängt an, das Tal auszuweiten. In (d) schließlich schwingt der Fluss in großen Mäandern aus und schafft sich ein immer breiteres Tal. Auch die Seitentäler beginnen, breite Talböden auszuräumen. Die ursprüngliche Barriere ist stark abgebaut.

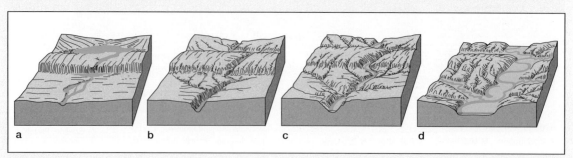

108.2 Entwicklung eines Tales

MARINE ÖKOSYSTEME

Nordsee – Ostsee

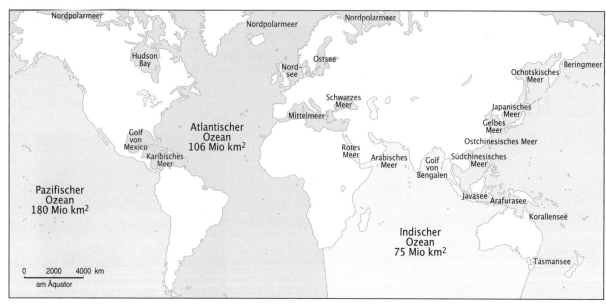

110.1 Ozeane und Meere

Das Weltmeer

Meere sind marine Großökosysteme, die sowohl durch anorganische (Klima, Wasser, Bodenrelief, Sediment) und organische Inhaltsstoffe als auch durch biotische Faktoren im offenen Meer und an seinen Küsten bestimmt werden. Die chemische Zusammensetzung des Salzwassers erfordert von den Meeresorganismen spezielle Anpassungen an z.T. extreme Lebensbedingungen. Das marine Ökosystem ist durch kurzzeitige, dynamische Vorgänge – ausgelöst durch Stürme, Strömungen, Vereisung – sowie unmerklich langfristige Vorgänge (Klima) ständigen Veränderungen unterworfen.

Innerhalb gewisser Grenzen sind Störungen im Ökosystem durch Regenerationsprozesse regulierbar. Belastungen, also anthropogen verursachte Störungen, können die Regenerationsfähigkeit beeinträchtigen, sogar überfordern, sodass irreparable Schäden auftreten. Wann in dem Ökosystem oder einem seiner Teilbereiche die Belastbarkeitsgrenze überschritten ist, lässt sich wegen der Komplexität des Systems nur schwer vorhersagen.

Das Weltmeer ist der älteste und sowohl in vertikaler als auch horizontaler Ausdehnung größte Lebensraum der Erde. Es setzt sich aus den drei großen Ozeanen (Abb. 110.1) zusammen, die mit 70,8 % (361 Mio. km²) mehr als 2/3 der Erdoberfläche bedecken. Physikalisch-chemische Eigenschaften des Wasserkörpers wie Salzgehalt, Temperatur, Lichtdurchdringung und Austauschbeziehungen wie Meeresströmung und Wasserbewegung bestimmen

als Umweltfaktoren die Lebensbedingungen der Organismen und ihre Artenzusammensetzung.

Der Meeresboden ist stark reliefiert. Den schematischen Übergang vom Festland zur Tiefsee verdeutlicht die hypsographische Kurve (Abb. 110.2). Bergketten (Mittelatlantischer Rücken) und tiefe Rinnen (Tongagraben) haben großen Einfluss auf Umfang, Volumen sowie Austausch-

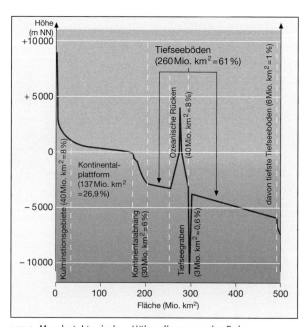

110.2 Morphotektonisches Höhendiagramm der Erde

bewegungen des Wasserkörpers und beeinflussen somit über Temperatur und Salzgehalt die Artenzusammensetzung unterschiedlicher mariner Lebensräume.

Das Meer lässt sich sowohl horizontal als auch vertikal in verschiedene ökologische Zonen gliedern. In ihnen leben bestimmte Pflanzen- und Tierarten zusammen, die an die jeweils vorherrschenden Umweltbedingungen angepasst sind. Randmeere und Küsten stellen Sonderfälle dar, in denen andere, spezielle Bedingungen herrschen als im offenen Meer.

Die ozeanische Zirkulation wird durch die planetarische Luftmassenbewegung verursacht. Wo kalte, nährstoffreiche Meeresströmungen bis zum Äquator gelangen, entwickelt sich das Plankton – Grundlage für die Nahrungsketten im Meer – besonders gut. An den Westseiten der Südkontinente befinden sich daher reiche Fischgründe, die für die Nahrungsmittelversorgung der Menschheit von großer Bedeutung sind.

Die ständige Bewegung des Meeres durch Wellen, Gezeiten und starke Strömungen gestaltet die Küsten und lässt schroffe Steilküsten oder sandige Flachküsten entstehen, wodurch sich unterschiedliche Lebensbedingungen für verschiedene marine Lebensgemeinschaften ergeben. Der Küstentyp bestimmt wesentlich die Möglichkeit zur Anlage von Häfen, von Warenaustausch und der Erschließung von Regionen.

Als Küste bezeichnet man die Grenzlinie zwischen Meer und Land. An den Flachküsten Mitteleuropas finden langsame, ostgerichtete Sandtransporte statt. Die Bewegung des Wassers wird u.a. durch Veränderungen im Salzgehalt, Hauptwindrichtung und Gezeiten bestimmt. So treten an den Boddenküsten äußerst geringe Strömungen und damit verlangsamte Austauschprozesse auf, während die Trichtermündungen in ständigem Wechsel der Gezeiten durchspült werden. In diesem Übergangsbereich können nur wenige Arten leben, die an den wechselnden Salzgehalt angepasst sind.

Das Meer hat eine große wirtschaftliche Bedeutung. Ehemals beschränkte sich seine Nutzung auf Fischerei und Seehandel. In diesem Jahrhundert haben sich die Nutzungsansprüche an diesen Raum beträchtlich erweitert; es dient heute auch der Nutzung mineralischer und energetischer Ressourcen. Seine Küsten werden zunehmend durch Industrie und Tourismus bestimmt. Durch den Eintrag und Transport von Gefahrstoffen (Giftmüll, Rohöl) kann dieser wichtige Lebens- und Wirtschaftsraum entscheidend gefährdet werden. Deshalb wird der Schutz der Meere zu einem weltweiten Postulat.

Als Rohstofflieferant von Mineralien erlangt das Meer ebenfalls Bedeutung. Infolge der Sedimentation am Meeresboden konnten sich in Jahrhunderten aus mineralreichen oder kohlenstoffreichen Ablagerungen untermeerische Rohstofflagerstätten bilden, die von großer wirtschaftlicher Bedeutung sind wie z.B. Manganknollen vom Meeresgrund oder Erdöl und Erdgas aus der Nordsee.

In tropischen Randmeeren, die eine hohe Verdunstung aufweisen und bei denen durch submarine Gebirgsschwellen (Barre) nur ein eingeschränkter Wasserzufluss möglich ist, erhöht sich der Salzgehalt ständig. Ist ein bestimmter Schwellenwert der Salinität überschritten, werden zunächst Gips später Steinsalze ausgefällt, was zur Bildung von Salzlagerstätten führt. Zeugen ehemaliger tropischer Randmeere sind die zahlreichen Salzstöcke Norddeutschlands, die während des Zechsteins entstanden sind.

Ein wesentliches Merkmal des Meerwassers ist sein relativ einheitlicher Salzgehalt. Er beträgt im Mittel 35‰. Durch Verdunstung von Meerwasser wird in Salinen (Salzgärten) Kochsalz gewonnen.

111.1 Salzgewinnung

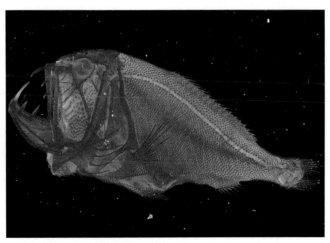

111.2 Leben in großen Tiefen (Fangtooth)

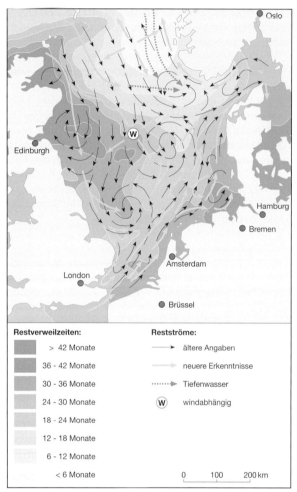

Restverweilzeiten:

> 42 Monate

36 - 42 Monate

30 - 36 Monate

24 - 30 Monate

18 - 24 Monate

12 - 18 Monate

6 - 12 Monate

< 6 Monate

Reststräme:

→ ältere Angaben

→ neuere Erkenntnisse

┈┈► Tiefenwasser

Ⓦ windabhängig

0   100   200 km

112.1 Strömungen und Verweilzeiten von Wassermassen

Die Nordsee

Die Nordsee ist ein flaches Randmeer des Atlantik. Sie umfasst eine Fläche von 575000 km². Ihre mittlere Tiefe beträgt 90 m. Die tiefste Stelle liegt mit 809 m in der Norwegischen Rinne, die flachste Stelle befindet sich mit nur 13 m in der Doggerbank. Die Nordsee unterliegt den Gezeiten. Zwei Gezeitenströme dringen in das Randmeer ein, der eine tritt durch den Ärmelkanal, der andere nördlich der Britischen Inseln in die Nordsee ein. Sie bestimmen sowohl die Größe des Tidenhubs, d.h. den Unterschied zwischen Hoch- und Niedrigwasser als auch die Wasseraustauschprozesse in diesem Randmeer.

In geologischen Dimensionen gemessen ist die Nordsee sehr jung. Während der Hauptzeiten der Vereisungen (> S. 70/71) lag der Meeresspiegel 90 bis 100 m tiefer als heute. Deshalb befand sich die damalige Küstenlinie in der zentralen Nordsee westlich der Doggerbank (ein untermeerischer Sandrücken von ca. 300 km Länge und ca. 120 km Breite) und es bestand eine Landbrücke nach England. Erst in den letzten 10000 Jahren erhielt die Nordsee ihr jetziges Aussehen. Als Folge des Meeresspiegelanstiegs wurde die Landbrücke überflutet und England zur Insel. Spätere Überflutungen formten im Wesentlichen den gegenwärtigen Küstenverlauf. Einmalig in seiner ökologischen Bedeutung ist das Wattenmeer zwischen den Inseln und der Küste (> S. 128/129).

Aufgabe

Beschreiben Sie die Strömungsverhältnisse und Wasseraustauschprozesse in der Nordsee.

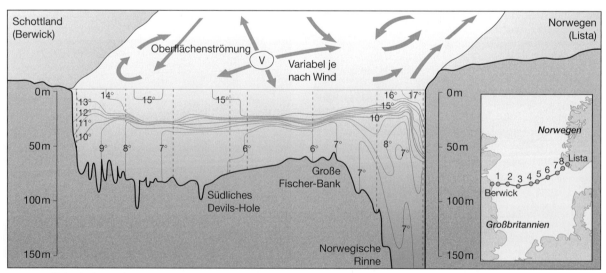

112.2 Profil durch die Nordsee

Die Ostsee

Die Ostsee ist ein 413 000 km² großes, flaches Binnenmeer, das nur über die schmalen Meerengen am Kattegatt (Sund, Kleiner und Großer Belt) mit dem Atlantik in Verbindung steht. Ihre mittlere Tiefe beträgt 55 m. Die größte Tiefe befindet sich mit 473 m im Landsorter Tief südlich Stockholm. Schwellen am Meeresgrund gliedern zudem die Ostsee in einzelne Becken und erschweren die Zirkulationsvorgänge.

Bedingt durch die schmalen Öffnungen zum Meer ist der Wasseraustausch mit der Nordsee sehr gering. Deshalb beträgt der Tidenhub nur ca. 10 cm. Durch das Fehlen der Gezeiten sedimentieren weniger Sinkstoffe und die Sedimente sind deutlich grobkörniger im Uferbereich als an der Nordsee. Wegen des geringen Wasseraustauschs und der ständigen Süßwasserzufuhr über die Flüsse schwankt der Salzgehalt zwischen 2–3 ‰ in der Beltsee und zwischen 1,3–0,3 ‰ im Bottnisch-Finnischen Meerbusen. Deshalb wird die Ostsee auch als Brackwassermeer bezeichnet.

Aufgrund der geringen Durchmischung bildet sich im Sommer in 8–10 m Tiefe eine stabile thermohaline Sprungschicht aus, die den vertikalen Wasseraustausch erschwert (> S. 118/119). Die lange Eisbedeckung der nordöstlichen Ostsee unterbindet zusätzlich den Wasseraustausch. Nur sehr heftige Stürme können die stabile Schichtung aufbrechen.

Aufgabe

Erläutern Sie die Aussage, dass die Ostsee ein labileres marines Ökosystem sei als die Nordsee.

113.2 Mittlerer Oberflächensalzgehalt und Eisbedeckung

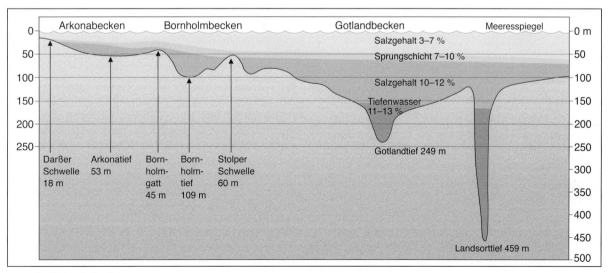

113.1 Profil durch die Ostsee

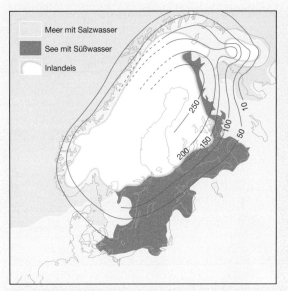

114.1 Baltischer Eisstausee

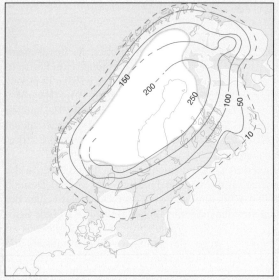

114.3 Yoldia-Meer

Legend (in figure 114.1):
- Meer mit Salzwasser
- See mit Süßwasser
- Inlandeis

Anzeigeorganismen (Indikatoren) sind angepasst an spezielle Ökofaktoren. Sie weisen meist einen engen Toleranzbereich gegenüber diesem Ökofaktor auf. Der Nachweis dieser charakteristischen Lebewesen lässt Rückschlüsse auf spezielle Lebensbedingungen zu. Für die Ostsee sind das Auftreten und die Verbreitung bestimmter Meeresschnecken und -muscheln kennzeichnend. Sie geben Aufschluss über die Wassereigenschaften und damit über die Entstehung der Ostsee.

Stadium	Zeitraum	Wasser	Anzeige-organismen
1. Bedeckung mit Inlandeis	vor 12000 v. Chr.	–	–
2. Baltischer Eisstausee	vor 8000 v. Chr.	süß	–
3. Yoldia-Meer	8000–7250 v. Chr.	salzig-brackig	Yoldia arctica
4. Ancylus-See	7250–5100 v. Chr.	süß	Ancylus fluviatilis
5. Litorina-Meer	5100–2000 v. Chr.	salzig-brackig	Littorina littorea
6. Limnea-Meer	2000 v.–500 n. Chr.	brackig	Limnea ovata
7. Myameer	seit 500 n. Chr.	brackig	Mya arenaria

114.2 Anzeigeorganismen

Die Entstehung der Ostsee

Die Ostsee ist erst nach der letzten Eiszeit durch den Rückgang der Eismassen entstanden. Das abschmelzende Inlandeis überflutete das flache Becken der heutigen Ostsee, das sich bis zur Mittelschwedischen Endmoräne im Westen erstreckte, und bildete den Baltischen Eisstausee (Abb. 114.1), der ein reiner Süßwassersee war.

Mit dem Abtauen des Eises wurde die Mittelschwedische Senke frei und das Wasser des Süßwassersees floss in das Weltmeer ab. Danach strömte – bedingt durch einen stärkeren Anstieg des Weltmeeresspiegels – über einen Zeitraum von ca. 1000 Jahren Salzwasser und mit ihm die Muschel Yoldia arctica in das flache Becken ein, das als Yoldia-Meer bezeichnet wird (Abb 114.3).

Ein weiteres Abschmelzen des Eises bewirkte eine Entlastung und Hebung Skandinaviens, die zum Verschluss der Öffnung nach Westen führte. Es bildete sich erneut ein Süßwasserbecken, der Ancylus-See, der durch die Süßwasserschnecke Ancylus fluviatilis charakterisiert wird (Abb. 115.1).

Im weiteren zeitlichen Verlauf setzte sich einerseits der Prozess der Entlastung Skandinaviens im Osten fort, wodurch sich erneut eine Pforte zum Weltmeer auftat. Andererseits stieg der Meeresspiegel weltweit an. So konnte erneut Salzwasser in das Becken eindringen und mit ihm die Strandschnecke Littorina littorea, nach der die ca. 3000 Jahre andauernde Litorina Phase benannt wurde (Abb. 115.3).

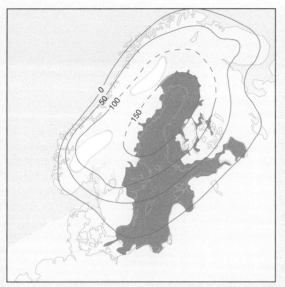

115.1 Ancylus-See

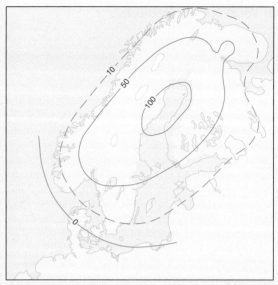

115.3 Litorina-Meer

Die fortgesetzte Landhebung erschwerte den Wasseraustausch mit der Nordsee. Als Folge des ständigen Zustroms von Flusswasser in die Ostsee trat eine Aussüßung ein. Diese Phase wird durch die Brackwasserschnecke Limnea ovata gekennzeichnet. Die bislang letzte ca. 2000 Jahre dauernde Phase ist nach der Sandmuschel Mya arenaria bezeichnet (Myameer, ohne Abb.). Das Myameer füllt das Ostseebecken der Gegenwart aus, dessen Hebung noch heute anhält.

Isostatische Ausgleichsbewegung
Geomorphologische Hypothese. Beim Massenverlust hoher Gebirge durch Abtragung hebt sich die Erdkruste, bei Belastung mit Sediment oder Eis erfolgt eine Einsenkung der Erdkruste. Gegenwärtig senken sich die Küsten Jütlands um ca. einen Millimeter im Jahr, während an der nordöstlichen Ostsee Hebungen von einigen Milimetern pro Jahr gemessen werden.

115.2 Muschelbank aus der Phase des Baltischen Eisstausees (Uddevalla, Mittelschweden) ca. 60 m ü. NN

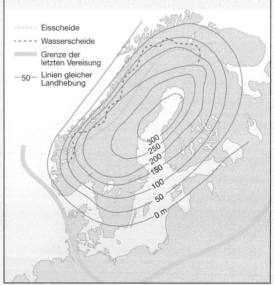

115.4 Isostatische Hebung Skandinaviens seit der letzten Vereisung

Der Vergleich als Methode

Bei einem Vergleich werden mindestens zwei Sachverhalte in ihren Eigenheiten erfasst. Dabei werden Unterschiede und Gemeinsamkeiten aufeinander folgend oder gegenüberstehend so herausgestellt, dass Regelhaftigkeiten und komplexe Zusammenhänge erkennbar werden (> S. 5). Vergleichen lassen sich z.B. in der Meeresökologie die Wachstumsvoraussetzungen für die Scholle in der Ostsee. Dabei müssen das Nahrungsangebot, die Nahrungskonkurrenz aufgrund der Populationsdichte und der Grad der Befischung an verschiedenen Standorten untersucht und in Beziehung gesetzt werden. Die Voraussetzung für einen derartigen Vergleich ist das Vorhandensein bzw. die Zugänglichkeit von geeignetem Datenmaterial.

Vergleich der beiden Randmeere Nordsee und Ostsee

Eine erste Betrachtung der beiden Raumeinheiten Nordsee und Ostsee zeigt zahlreiche Unterschiede: Die Lage im Gradnetz, die Entstehungsgeschichte, die Verbindung zum Atlantik, die Oberflächengröße, das Volumen und der Salzgehalt lassen zwei völlig unterschiedliche Wasserkörper entstehen. Diese Unterschiede sind wichtige Elemente für eine Beurteilung der Wassereigenschaften und der Wasseraustauschvorgänge. Bei der Daten- und Materialsammlung, die aus Atlaskarten, Grafiken, Tabellen und Texten bestehen kann, muss die unterschiedliche Aussagequalität erkannt und beachtet werden (> S. 18).

Gefährdung durch Umweltverschmutzung

Abb. 116.1 lässt erkennen, welches der beiden Meere durch die Umweltverschmutzung stärker gefährdet ist. Dabei muss beachtet werden, dass sich die Stoffeinträge immer auf ein Jahr beziehen und die Verweildauer die Aufenthaltszeit des Wassers bis zum Austausch angibt.

	Nordsee	Ostsee
Größe	575 000 km^2	413 000 km^2
Salzgehalt	3,2 %	6–8 ‰
Durchschnittliche Verweildauer des Wassers	36 Monate	30 Jahre
Phosphor- einträge	1,3 Mio. t	0,070 Mio. t
Stickstoff- einträge	1,5 Mio. t	1 Mio. t
Erdöl- bestandteile	0,15 Mio. t	0,05 Mio. t

116.1 Kenndaten von Nordsee und Ostsee

Eine potenzielle Fehlerquelle liegt in der Angabe des Salzgehaltes in Prozent für die Nordsee und in Promille für die Ostsee. Ein Liter Nordseewasser enthält im Durchschnitt 3,2 Gramm Salz, ein Liter Ostseewasser dagegen nur 0,6–0,8 Gramm. Die unterschiedlichen Größenangaben in km^2 bieten sich zwar für einen Vergleich an, sind aber wenig aussagekräftig, da das Volumen des Wasserkörpers in der Abbildung nicht angegeben ist. Für einen Vergleich der Gefährdung der Ökosysteme Nordsee und Ostsee ist aber das Volumen des Wasserkörpers wichtiger als die Oberfläche. Zunächst erscheint das Ökosystem Ostsee durch die geringeren jährlichen Stoffeinträge weniger gefährdet als das der Nordsee. Da das Wasser in der Ostsee aber zehnmal so lange verweilt wie das in der Nordsee, können sich die Schadstoffe in der Ostsee wesentlich stärker anreichern. Bei einer Verweildauer von 36 Monaten belaufen sich die Phosphoreinträge in der Nordsee auf 3,9 Mio. t, die Stickstoffeinträge auf 4,5 Mio. t und die Erdölbestandteile auf 0,45 Mio. t. Zum Vergleich müssen die Werte der Ostsee wegen der dreißigjährigen Verweildauer mit 30 multipliziert werden. So ergeben sich Phosphoreinträge von 2,1 Mio. t, Stickstoffeinträge von 30 Mio. t und Erdölbestandteile von 1,5 Mio. t. Diese Umrechnungen sind erforderlich, um die Gesamtbelastung des Wasserkörpers pro Austauschzeiteinheit zu erkennen und somit eine Vergleichbarkeit der Daten sicherzustellen. Anders als zunächst angenommen ist also die Ostsee wesentlich stärker durch Umweltverschmutzung gefährdet als die Nordsee.

Das Oberflächenwasser der Ostsee ist salzarm und sauerstoffreich (Süßwasserzufluss über die Flüsse), das Tiefenwasser ist salzreich und sauerstoffarm (Salzwasserzufluss aus der Nordsee). Auf diese Weise bilden sich stabile Wasserschichten, die eine besondere Gefahr für das Ökosystem Ostsee darstellen. Diese stabile Wasserschichtung verhindert, dass Sauerstoff in die unteren Wasserschichten gelangt. Bei Stürmen im Herbst und Frühjahr können die Wasserschichten durchmischt werden, was dazu führt, dass auch der Sauerstoffgehalt der oberen Wasserschichten sinkt. Fischsterben sind die zwangsläufige Folge. Da die Nordsee diese stabile Wasserschichtung nicht aufweist, ist sie in dieser Hinsicht weniger stark gefährdet.

Probleme bei einem Kartenvergleich

Bei einem Vergleich von Atlaskarten, die die Gefährdung der Ökosysteme Nordsee und Ostsee zeigen, tauchen weitere Probleme auf. Einmal zeigt eine Atlaskarte die Schwermetalleinleitung (Blei, Kupfer, Kadmium, Chrom) in Einheiten von 20 t pro Jahr, auf einer anderen Karte ist mit der gleichen Signatur, die allerdings 2000 t pro Jahr angibt, die Stickstoff- und Phosphateinleitung dargestellt. Weiterhin erschweren relativierende Darstellungen in Form von Kreissektorendiagrammen die Vergleichbarkeit, da zunächst eine Umrechnung in absolute Zahlen erfolgen muss, sofern die Basiszahl überhaupt zur Verfügung steht.

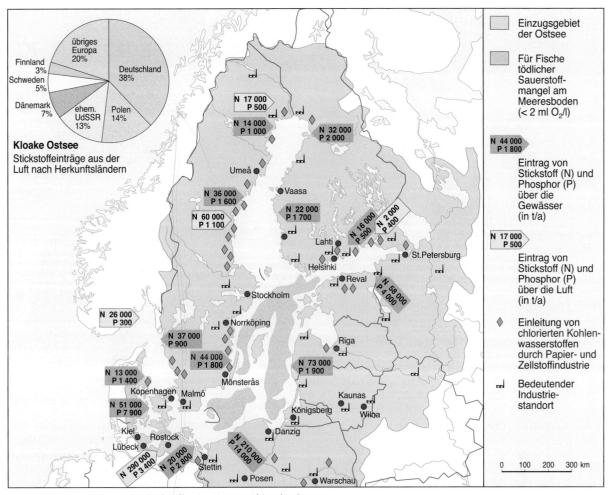

117.1 Eintrag von Nähr- und Schadstoffen im Einzugsgebiet der Ostsee

Belastung eines Randmeeres

Neben dem in Abb. 117.1 dargestellten Eintrag von Nähr- und Schadstoffen wird das Randmeer zusätzlich durch chemische Kampfmittel aus dem II. Weltkrieg belastet, die in der Ostsee versenkt wurden. Die Behältnisse korrodieren am Meeresgrund und setzen ihre Inhalte frei.

Aufgaben

1. Ermitteln Sie den jährlichen Gesamteintrag an Stickstoff- und Phosphatverbindungen für die Ostsee.
2. Erklären Sie das Badeverbot an einem der schönsten Strände der Ostsee.
3. Beschreiben und erklären Sie die Standorte der Papier- und Zellstoffindustrie. Informieren Sie sich über die Auswirkungen der chlorierten Kohlenwasserstoffe.

117.2 Badeverbot am Strand des Seebads Sopot (Zoppot), Danziger Bucht

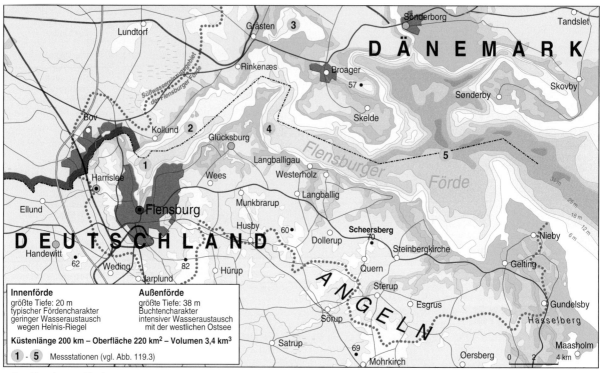

118.1 Flensburger Förde

Die Flensburger Förde

Zu Beginn der 70er Jahre erschienen alarmierende Zeitungsberichte über die zunehmende Verschmutzung der Flensburger Förde. Die Meldungen bezogen sich sowohl auf offensichtliche Verunreinigungen durch Industriebetriebe und ungeklärte Abwässer als auch auf das schleichende Absterben der Meeresfauna und -flora. Von Herings-, Makrelen- und Forellenschwärmen, die zu bestimmten Jahreszeiten die seichten Innenfördenbereiche und die einmündenen Bäche aufsuchten, wussten nur noch die Alten zu berichten. Für spontanen Unmut sorgten darüber hinaus wochenlange Sperrungen von Badestrandabschnitten aufgrund zu hohen Bakterienaufbaus in den warmen Sommerwochen.

Handlungsbedarf war also gegeben. Von vornherein wurde die Arbeit zur Fördesanierung in der paritätisch besetzten deutsch-dänischen Fördekommission überstaatlich organisiert. Denn mitten durch die Förde verläuft seit 1920 ein 35 km langes Teilstück der deutsch-dänischen Grenze. Auf beiden Seiten der Grenze wurden erhebliche Mängel in der Abwasserklärung festgestellt. Einen erhöhten Gehalt an organischen Stoffen, Nährsalzen (Stickstoff und Phosphor) und Schwermetallen im Sediment wiesen die

Gewässer vor Flensburg, Sonderburg, Glücksburg und Graasten auf. Daraufhin wurden die vorhandenen Kläranlagen ausgebaut und die ländlichen Siedlungen beiderseits der Förde über Rohrleitungen an die Klärnetze angeschlossen. Mittlerweile werden alle Anlagen mit einem solchen Erfolg betrieben, dass Phosphor- und Schwermetalleinträge auf das ökologisch und ökonomisch vertretbare Minimum reduziert worden sind. Wenn Baggerschlamm aus dem Flensburger Hafen dennoch weiterhin auf Sonderdeponieflächen gefahren oder in ausgewiesenen Seegebieten verklappt werden muss, dann handelt es sich bei diesen kontaminierten Schlämmen um Altlasten.

Problematisch bleiben jedoch die Stickstoffeinträge. Sie stammen zum größten Teil von den Landflächen aus dem Süßwassereinzugsgebiet der Förde. Zur Menge des jährlichen Niederschlags besteht eine direkte Proportionalität. Mit Kläranlagen ist hier nur wenig auszurichten (Abb. 119.1). Daraus erklären sich auch die großen jährlichen Schwankungen der Primärproduktion an Algen in der Innenförde. Aufgrund der nur geringen Wasseraustauschmenge wirkt sich hier die Nährsalzkonzentration bei warmen Wetter und hoher Lichtintensität als besonders fördernd auf das Algenwachstum aus. Die Konkurrenz um Licht und CO_2 bewirkt ein massenhaftes Absterben der Algen. Dieses hat wiederum eine extreme

Sauerstoffzehrung auf dem Boden zur Folge. Die sehr niedrige Sauerstoffkonzentration im Tiefenwasser schränkt die Destruententätigkeit so sehr ein, dass ein Abbau des abgestorbenen organischen Materials nicht mehr erfolgen kann, sodass sich giftige Faulschlämme bilden. Verstärkt wird dieser Prozess durch die thermohaline Schichtung der Wassermassen. Das salzhaltige, kältere Tiefenwasser wird durch eine Sprungschicht vom oberflächennahen, warmen Brackwasser abgeschottet. Wegen der fehlenden Gezeitenbewegungen sind derartig stabile Schichtungen im Sommer in allen Einzelbecken der Ostsee zu beobachten.

Im Winterhalbjahr fehlt aufgrund der ausgeglichenen Temperaturen des Wasserkörpers die Sprungschicht. In diesen Zeiten können Stürme das Wasser durchmischen und Sauerstoff in die Tiefe einbringen. Versuche, die Innenförde künstlich durch ein Turbinenlaufwerk zu beatmen, sind gescheitert, weil die erforderlichen technischen Dimensionen den möglichen wirtschaftlichen Rahmen bei weitem gesprengt hätten. Selbst die Außenförde, die einen intensiven Wasseraustausch mit der westlichen Ostsee aufweist, leidet in den Sommermonaten unter deutlichem Sauerstoffschwund.

Wenn auch die Wasserqualität noch deutlich vom angestrebten Optimum entfernt ist, gibt es doch eine hoffnungsvolle Zwischenbilanz: In 20 der in die Flensburger Förde mündenden Wasserläufe wurden schon 1991 Forellen festgestellt, davon größere Bestände in 10 Bachläufen und laichende Meeresforellen in drei Gewässern. Regelmäßig sitzen zur Heringszeit wieder Angler an den Kaimauern des Flensburger Hafens und ziehen Fisch um Fisch aus dem Wasser.

Durch ständige Kontrollen des Badewassers vor allem in der Nähe von Klärwassereinleitungen konnte eine hygienisch einwandfreie Wasserqualität während der Sommersaison nachgewiesen werden. Die touristische Bewirtschaftung der Strände tat das ihre, um auch die ästhetische Wasserqualität zu sichern. Regelmäßig werden die Strände und Uferzonen nach Abfällen und Gegenständen abgesucht, die angeschwemmt oder von Badegästen hinterlassen wurde.

Aufgaben

1. Beschreiben Sie die Flensburger Förde mit ihren typischen Merkmalen.
2. Vergleichen Sie die Stickstoff- und Phosphoreinträge in ihren Mengenentwicklungen und erklären Sie die unterschiedlichen Kurvenverläufe.
3. Nennen Sie die Faktoren, die für die starken jährlichen Schwankungen der Primärproduktion an Algen verantwortlich sind.
4. Umweltschutz kennt keine Grenzen. Erläutern Sie.

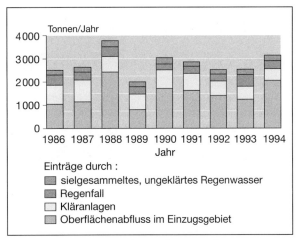

119.1 Stickstoffeinträge in die Flensburger Förde

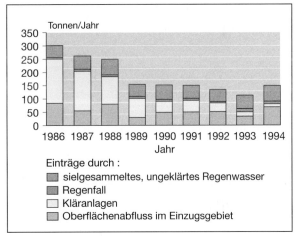

119.2 Phosphoreinträge in die Flensburger Förde

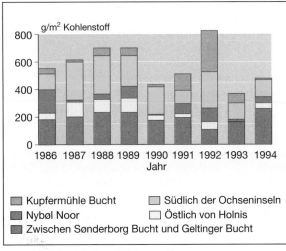

119.3 Jährliche Primärproduktion an Algen

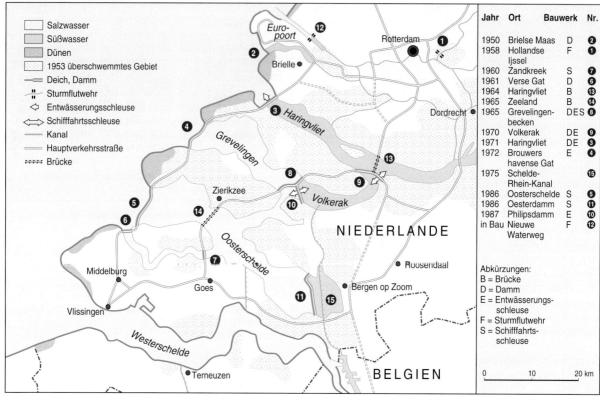

The following table appears within the figure:

Jahr	Ort	Bauwerk	Nr.
1950	Brielse Maas	D	②
1958	Hollandse Ijssel	F	①
1960	Zandkreek	S	⑦
1961	Verse Gat	D	⑥
1964	Haringvliet	B	⑬
1965	Zeeland	B	⑭
1965	Grevelingenbecken	DES	⑧
1970	Volkerak	DE	⑨
1971	Haringvliet	DE	③
1972	Brouwershavense Gat	E	④
1975	Schelde-Rhein-Kanal		⑮
1986	Oosterschelde	S	⑤
1986	Oesterdamm	S	⑪
1987	Philipsdamm	E	⑩
in Bau	Nieuwe Waterweg	F	⑫

Abkürzungen:
B = Brücke
D = Damm
E = Entwässerungsschleuse
F = Sturmflutwehr
S = Schifffahrtsschleuse

Legend:
- Salzwasser
- Süßwasser
- Dünen
- 1953 überschwemmtes Gebiet
- Deich, Damm
- Sturmflutwehr
- Entwässerungsschleuse
- Schifffahrtsschleuse
- Kanal
- Hauptverkehrsstraße
- Brücke

120.1 Der Delta-Plan

Küstenschutz in den Niederlanden – das Deltaprojekt

Seit Jahrhunderten kämpfen die Bewohner an der Küste gegen die Gewalt des Meeres. In den Niederlanden liegen ausgerechnet die Gebiete mit der höchsten Bevölkerungsdichte bis zu 7 m unter dem Meeresspiegel. 50% der Landesfläche, auf der mehr als die Hälfte aller Einwohner lebt, würde überflutet, wenn der Schutz der Deiche entfiele.

Diese Katastrophe trat am 1. Februar 1953 ein, als die Deiche im Flussmündungsgebiet von Rhein, Mass und Schelde der Kraft einer Springflut in Verbindung mit einem sehr schweren Nordweststurm nicht mehr standhielten und an vielen Stellen brachen. Das eindringende Meerwasser überschwemmte eine Fläche von 175 000 ha (10% der Bodenfläche) fruchtbarsten Marschenbodens (Abb. 120.1), forderte 1853 Menschenleben, weitere 72 000 wurden obdachlos. Allein der materielle Schaden betrug damals 2,2 Milliarden DM.

Diese verheerenden Auswirkungen waren der letzte Auslöser für ein einmaliges Raumordnungsprojekt zur Küstensicherung, das unter dem Namen Deltaplan bekannt wurde. Es sah die vollständige Abriegelung aller Meeresarme zwischen dem Nieuwe Waterweg und der Westerschelde vor. Diese beiden Wasserstraßen mussten als Zugänge zu den Welthäfen Rotterdam und Antwerpen offen bleiben. Die drastische Verkürzung der Küstenlinie war nur durch Abschnürung von fünf breiten Flussmündungen (Abb. 120.1) zu erreichen. Das bekannteste Sturmflutwehr erstreckt sich mit 9 km Länge über die Oosterschelde (Abb. 121.2).

Bei der Realisierung des Deltaplanes stand die Sicherheit der Küste und ihrer Bewohner an erster Stelle. Landgewinnungsmaßnahmen sind nie Gegenstand des Deltaplanes gewesen.

Nicht alle Auswirkungen eines Eingriffs von so außerordentlicher Dimension in ein dermaßen empfindliches Ökosystem waren vorhersehbar. Erwartet wurden Auswirkungen bei der Entwässerung, bei den Tidehäfen und in der Erwerbsstruktur der Küstenfischer.

Mit der Realisierung des Deltaplanes wurde ein wirksamer Küstenschutz erreicht; die Küstenlinie konnte von 800 auf 80 km verringert werden, bei gleichzeitiger Erhöhung und

Verstärkung der Deiche. Die Kontrolle über den auf 9 km verkürzten Abschlussdamm über die Oosterschelde fällt jetzt wesentlich leichter, als über die vormals 250 km Deiche um die Flussmündung. Mit der Abriegelung der Meeresarme wurde nicht nur die Überflutungsgefahr gebannt; auch die Regulierung des Wasserhaushalts in weiten Teilen der Niederlande konnte durch den Bau spezieller Entwässerungsschleusen verbessert werden.

Seit die Flussmündungen dem Einfluss des Salzwassers entzogen wurden, entwickeln sie sich zu Süßwasserbiotopen. Im Harlingvliet wurden ca. 120 km² Salz- und Brackwasser dem selektierenden Einfluss der Überflutung entzogen. Seit 1970 ließ sich eine Artenverschiebung feststellen, wobei die das Gezeitenmilieu kennzeichnenden Arten verdrängt wurden.

Die künstlich geschaffenen Süßwasserbecken erhielten regulierbare Abflüsse. Die Süßwasserseen tragen zur Versorgungssicherheit der Bevölkerung mit Trinkwasser bei, da die Grundwasservorräte in den Niederlanden begrenzt sind. Gefahren für das Süßwasser werden in dem Durchfluss von Rheinwasser gesehen, denn Schadstoffe wie Schwermetalle und giftige chemische Verbindungen können sich in den strömungsberuhigten Becken absetzen, sich anreichern und über die Nahrungskette und das Trinkwasser aufgenommen werden.

Häfen, die durch die Dammbauwerke von der See abgeschnitten wurden, mussten verlegt werden. Wo der Bau von Schifffahrtsschleusen (Harlingvliet) möglich war, entwickelten sich bevorzugt Yachthäfen. In der Folge trat mit dem einsetzenden Tourismus ein Wandel in der Wirtschafts- und Bevölkerungsstruktur ein, der sich u.a. in der Verstärkung des Dienstleistungssektors und der Zunahme der Bevölkerungsdichte im Delta ausdrückte.

Die über Dämme und Brückenbauwerke geführten Straßen und Autobahnen führten zu einer erheblichen Verkürzung von Straßenverbindungen und Fahrzeiten sowie zur Aufhebung der Isolation dieser Inseln (Abb. 120.1). So konnte z.B. die Straßenverbindung Rotterdam-Vlissingen von 150 km auf 110 km reduziert werden.

Aufgaben

1. Ordnen Sie Abb. 121.1 und Abb. 121.2 topographisch in die Übersichtskarte (Abb. 120.1) ein und ermitteln Sie die Ausmaße der Dammbauten.
2. Erläutern Sie die Notwendigkeit des Deltaplanes.
3. Erläutern Sie die Auswirkungen, die sich besonders in den Niederlanden durch den Einstrom von Salzwasser ergeben.
4. Vergleichen und bewerten Sie die ökologischen und ökonomischen Vor- und Nachteile dieses Planes.

121.1 Harlingvlietdamm

62 Schleusentore, aufgehängt an 65 Betonpfeilern, von denen jeder 38 m hoch ist.

Maße eines Wehrtores:	45 m breit, 12 m hoch
Gewicht eines Pfeilers:	18 000 t
Fundament des Pfeilers:	15 m ü. NN
Gewicht eines Tores:	333 t

Aufschüttung von 2 Sandbänken zu Arbeitsinseln

121.2 Die Oosterscheldewerke

Die Küste
als Wirtschaftsstandort

Seit Mitte der 50er Jahre begannen die Stahl erzeugenden Unternehmen, Produktionszweige an die Küste zu verlegen. Neue technische Verfahrensfortschritte in der Stahlerzeugung und die bevorzugte Verwendung von sowohl Importkohle als auch Importerzen führten zur Neubewertung der Standortfaktoren für Hüttenwerke. Die Entscheidung fiel zugunsten moderner integrierter Hüttenwerke direkt bei den Importhäfen und anderen küstennahen Standorten, über die auch der Export der Fertigprodukte erfolgen konnte. Damit erübrigten sich lange Transportwege ins Binnenland.

Dieser als „Zug zur Küste" bezeichnete Prozess erwies sich in vieler Hinsicht als vorteilhaft und trug zur Industrialisierung der Küsten und Mündungstrichter großer Flüsse bei. Neben der Verkehrsgunst (Rohstoffanlieferung, Export der Fertigprodukte) erhielten strukturschwache Standorte an der Küste zusätzliche Finanzzuweisungen aus der politischen Strukturförderung, sodass sich ein doppelter Anreiz zur Industrieansiedlung bot.

Unternehmensfusionen und technologische Produktionsfortschritte beschleunigten diesen Prozess, sodass Küstenstahlwerke, so genannte „nasse Hütten", sich heute in Europa an der Unterweser, Gent, Dünkirchen, Ijmuiden (Amsterdam), Rotterdam, Fos (Marseille), in den USA (große Seen) und in Japan befinden. Auch für Industriebetriebe mit hohem Wasserverbrauch eignen sich Standorte in Küstennähe, da hier Wasser unbegrenzt zur Verfügung steht und die Kühl- oder Abwassermengen (Kernkraftwerke) ungeklärt der Nordsee zugeleitet werden können, wobei den Fluss- und Meeresströmungen die Aufgabe von Abkühlung, Verteilung und Verdünnung zukommt.

Besondere Raumwirksamkeit erlangt dieser Prozess der Standortverlagerungen, der zur Industrialisierung an den Küsten beiträgt, an Hafen- und Industriestandorten. Wo aufgrund natürlicher Standortbedingungen wie hohem Grundwasserstand oder geringer Bodenfestigkeit Mangel an Flächen zur industriellen Produktion oder Stapelung und Transport der Handelsgüter besteht, wie in Emden, Rotterdam und Antwerpen, wurde dieser durch großflächige Aufspülungen tiefer gelegener Küstengebiete beseitigt. Gewaltige Anstrengungen zur Gewinnung zusätzlicher Industrie- und Hafenflächen hat Japan gemacht. Allein im Gebiet von Kobe wurden dem Meer durch Aufschüttungen 1000 ha abgerungen. Hier findet der „Zug zur Küste" seine Fortsetzung als „Zug aufs Meer".

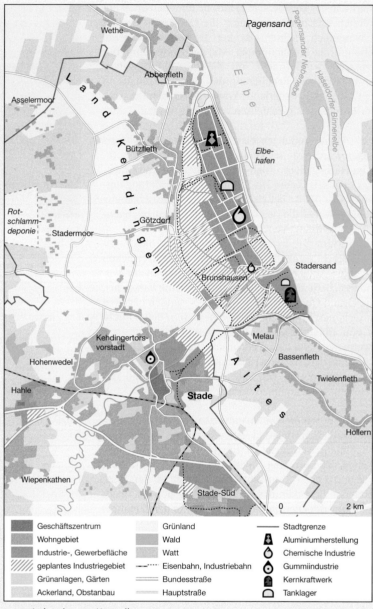

Geschäftszentrum	Grünland	Stadtgrenze
Wohngebiet	Wald	Aluminiumherstellung
Industrie-, Gewerbefläche	Watt	Chemische Industrie
geplantes Industriegebiet	Eisenbahn, Industriebahn	Gummiindustrie
Grünanlagen, Gärten	Bundesstraße	Kernkraftwerk
Ackerland, Obstanbau	Hauptstraße	Tanklager

122.1 Industrieraum Unterelbe 1995

Das Meer als Wirtschaftsraum

Das Meer – als Nahrungsquelle

Seit Jahrtausenden dient das Meer dem Menschen als Nahrungsquelle. Bis zum Ende des vorigen Jahrhunderts blieb die Fischerei allerdings auf die Küstengewässer beschränkt. Der Bau immer größerer Fangschiffe und die Entwicklung moderner Ortungs- und Fangtechniken führten zu einer Ausweitung der Fanggebiete auf die Hochsee und zu beachtlichen Fangsteigerungen. Die Nutzung der Meere hat sich zum industriell betriebenen Massenfischfang entwickelt. Im Zeitraum von 1948 bis 1968 konnten die Fangquoten aus Nord- und Ostsee sowie dem Mittelmeer um 60 % gesteigert werden. Diese traditionellen Hauptfanggebiete sind an ihre Leistungsgrenze gekommen. Der Nordatlantik erlaubte im Vergleichszeitraum noch eine Ertragssteigerung von 200 %. Er ist gegenwärtig das bevorzugte Ziel der Fangflotten vieler Länder und gilt heute schon als überfischt. Um den Hering, der bereits kurz vor seiner vollständigen Ausrottung stand, zu retten, beschlossen die EG-Länder 1977 eine mehrjährige Fangbeschränkung, die 1985 aufgehoben werden konnte.

Wurden 1950 die Fänge fast vollständig als Speisefische verzehrt, so werden gegenwärtig mehr als 60 % industriell, z.B. in der Margarine- und der Futtermittelindustrie (Fischmehl) verwertet.

International abgestimmte Maßnahmen wie Fangmengenreduzierungen und Maschenerweiterung oder die zeitweise Schließung von Fanggebieten tragen dazu bei, den Fischbestand in der Nordsee zu schützen. Nationale Befürchtungen, die Überfischung der Meere könnte durch Fischer aus Nichtanliegerstaaten verursacht werden, führten zur Ausweitung der Fischereizonen auf 200-Meilen, die für Norwegen, Island, Grönland, Kanada und die USA

123.2 Aquakultur

gelten. Die Staaten der EU vereinbarten die Zusammenlegung der einzelnen Fischereizonen zu einem EU-Meer, in dem jedes Mitgliedsland nationale Fischereirechte innerhalb der 12-Meilen-Zone behält. Bis zur 200-Meilen-Grenze können die Fischer aller EU-Staaten entsprechend den festgelegten Fangquoten Fischfang betreiben. Wegen der geringen Größe der Ostsee einigten sich die Anliegerstaaten bei deren Aufteilung auf Fischereizonen und legten die Fischereigrenzen in der Mitte zwischen den Küsten fest.

Um sinkende Erträge und Einkommensverluste auszugleichen, werden Muschelzucht (Miesmuschel- und Austernbänke) und Fischaufzucht in Aquakulturen unter kontrollierten „Anbaubedingungen" betrieben (Abb. 123.2). Durch ihren hohen Gehalt an Eiweiß (50 %) und Fetten (20 %) eignen sich Algen zur Erweiterung des Nahrungsangebotes. Asiatische Küstenländer, die eine Proteinmangelversorgung aufweisen, nutzen die großen Algenvorkommen. In Japan und China werden die Algenteppiche mit Unterwasser-Mähmaschinen abgeerntet. Die Ertragsmengen liegen bei ca. 100 t/ha. Außer der Verwendung in der Lebensmittelindustrie gewinnen die Algen vermehrt Bedeutung in der pharmazeutischen, chemischen und kosmetischen Industrie.

Art	Gesamt	EU-Menge	Dt. Anteil
Nordsee			
Hering	313 000	222 230	30 700
Sprotte	200 000	10 330	1 500
Kabeljau	130 000	116 900	15 160
Schellfisch	120 000	87 400	4 050
Seelachs	111 000	53 280	11 630
Scholle	81 000	78 330	4 520
Seezunge	23 000	23 000	1 535
Ostsee			
Hering	560 000	293 700	97 450
Sprotte	500 000	170 900	27 170
Dorsch	165 000	102 265	20 070
Lachs	2 250	1 689	51
Quelle: Harenberg Kompaktlexikon 1997 (S. 878)			

123.1 Fischfangquoten 1996 (in t)

Aufgaben

1. Erläutern Sie die Auswirkungen, die die Einführung der 200-Meilen-Fischereizone für die Bundesrepublik Deutschland (1975) hatte.
2. Beschreiben Sie die Situation nach der Vereinigung der beiden deutschen Staaten.
3. Erläutern Sie die Vorteile von Aquakulturen.

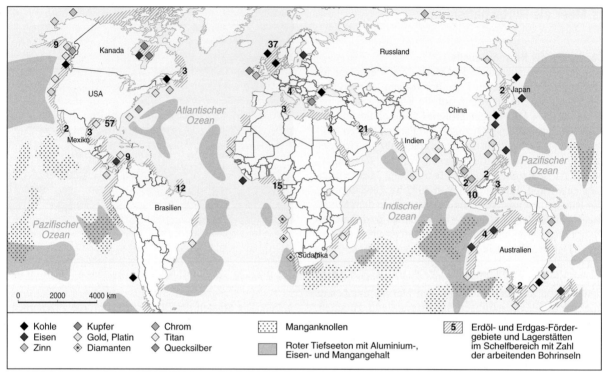

124.1 Bodenschätze im Meer

Das Meer als Rohstoffquelle

Meerwasser enthält eine Anzahl von Substanzen, die als Rohstoffe direkt aus dem Wasser oder vom Meeresboden gewonnen werden. Durch Verdampfen des Wassers wird in Salzgärten Kochsalz hergestellt. Über kosten- und energieaufwendige Verfahren kann der unbegrenzt zur Verfügung stehende Rohstoff Meerwasser in Entsalzungsanlagen zu Süßwasser destilliert werden, das als Trinkwasser oder zur Bewässerung Verwendung findet. Wegen der immensen Kosten befinden sich Entsalzungsanlagen vorzugsweise in Gebieten, die über keine natürlichen Süßwasservorräte, aber große Energiereserven verfügen (Staaten am Persischen Golf). Die wirtschaftlich bedeutendsten Rohstoffe befinden sich auf dem Meeresgrund (Manganknollen mit hohem Gehalt an Mangan, Eisen, Nickel, Kupfer) oder darunter. Die Förderung fossiler Brennstoffe wie Erdgas und Erdöl machen etwa 90% des Wertes aller aus dem Meer gewonnenen Bodenschätze aus. Gegenwärtig werden diese noch ausschließlich aus den Sedimenten des Kontinentalschelfs gefördert.

Allein in der Nordsee sind seit Mitte der 60er Jahre mehr als 1000 Explorations- und Förderbohrungen im „offshore-Verfahren" von Bohrplattformen und Bohrschiffen abgeteuft worden. Dabei wurden mehr als 50 Mrd. DM investiert. Ergiebige wirtschaftliche Erdölfunde wurden im Zentralbecken gemacht, das zwischen Großbritannien und Norwegen aufgeteilt ist.

Zwischen 58 und 62° n. Br., dem nördlichsten Aufschlussgebiet der Nordsee mit zugleich größten Wassertiefen unter 100 m, wurden Ölfelder mit angeschlossenen Erdgasen erschlossen. Über Pipelines gelangen die fossilen Energieträger von den Fördergebieten zu den Küsten. Förderung und Transport der fossilen Brennstoffe bergen große Risiken für das gesamte Ökosystem Nordsee, wobei die ökologisch labilsten Bereiche des Wattenmeeres bei Ölverschmutzungen durch Tanker- und Pipelineunfällen besonders stark betroffen wären.

Das Robbensterben im Sommer 1988, die Entsorgung der veralteten Bohrinsel „Brent Spar" (1995) und die Sauerstoffunterversorgung weiter Gebiete im Wattenmeer (Sommer 1996) haben das hohe Gefahrenpotenzial für das risikoanfällige Ökosystem Nordsee offenkundig gemacht.

Aufgaben

1. Beschreiben Sie anhand der Abb. 124.1 die Lage und Verteilung der Lagerstätten dreier ausgewählter Rohstoffe im Meer.
2. Zeigen Sie mögliche Risiken durch die Rohstoffgewinnung für das marine Ökosystem auf (Abb. 127.1).
3. Beurteilen Sie die Notwendigkeit der Gewinnung untermeerischer Rohstoffe. Informieren Sie sich zuvor über deren Verwendung.

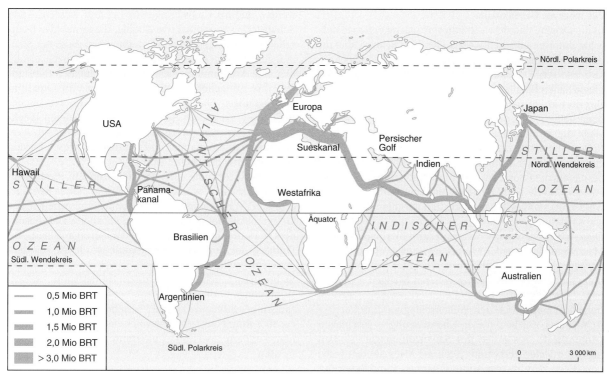

125.1 Die Weltmeere und ihre wichtigsten Schifffahrtsrouten

Das Meer als Verkehrsraum

Als Verkehrsträger ist das Meer für den Welthandel unverzichtbar. Das beruht darauf, dass der Transport großer Transportvolumen mit dem Schiff im Vergleich zu den anderen Verkehrsträgern kostengünstiger ist. Heute werden mehr als 80% des gesamten Welthandels über den Seeverkehr abgewickelt.

Die Verteilung des Seehandels auf den Weltmeeren ist ungleichmäßig (Abb. 125.1). Zu den meist befahrenen Haupthandelsstraßen der Welt gehören die drei großen Kanäle (Suez-, Panama- und Nord-Ostsee-Kanal) sowie die küstennahen Bereiche der Nordsee. Jährlich passieren ca. 320 000 Schiffe die Straße von Dover. Das Schiffsaufkommen der Nordsee erreicht 27% der Schiffe und 30% der Welttonnage. Seeschiffdichte und Unfallrisiko sind einander direkt proportional, wobei besondere Gefährdung für Wasserqualität, Lebewesen und Küste vom Transport gefährlicher Güter – insbesondere dem Rohöl – ausgeht.

Wirtschaftliche Gründe wie Lohngefälle und Steuersätze führten dazu, dass immer weniger Schiffe unter der Flagge ihres Heimatlandes, sondern ihre Transporte als so genannte „Fluchttonnage" unter der eines Billigflaggenlandes (Liberia, Panama, Libanon, Honduras) anbieten. Aus Kostengründen sind Sicherheitsvorkehrungen auf Handelsschiffen dieser Länder selten. Deshalb stellen diese Schiffe bei jedem Transport eine ständige Gefahr für die Meere dar.

Aufgaben

1. Beschreiben Sie die Weltschifffahrtsrouten und ordnen Sie diese nach der Tonnage, die auf ihnen befördert werden.
2. Erklären Sie die wirtschaftspolitische Bedeutung des Suez-Kanals.
3. Zeigen Sie das Gefahrenpotenzial auf, das sich für die südliche Nordsee durch die Weltschifffahrtsroute ergibt.

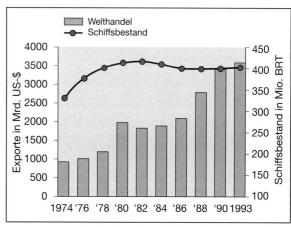

125.2 Entwicklung des Welthandels und der Seeflotte

Das Meer als Deponieraum

In die Ozeane und deren Randmeere gelangen Schadstoffe auf unterschiedlichen Wegen. Der Eintrag kann über direkte Einleitung an der Küste, über die Flüsse und über die Luft erfolgen. Die damit verbundenen Prozesse und Probleme haben für alle Meere Gültigkeit. Wegen des lokalen Bezugs werden sie für die Nord- und Ostsee beispielhaft dargestellt.

Über die großen Flusssysteme wie Elbe, Weser, Ems, Rhein, Themse und Humber wird z.B. der Nordsee eine gewaltige Menge an Schadstoffen zugeführt, von denen besonders die Phosphor- und Stickstoffverbindungen, die aus den Wasch- und Düngemitteln (Haushalte und Landwirtschaft) stammen, das Wachstum der pflanzlichen Organismen anregen.

Diese Überdüngung des Meeres (Eutrophierung) löst eine Massenentwicklung der Meeresalgen aus. Wenn diese absterben, werden sie von Zersetzern unter Sauerstoffverbrauch abgebaut. Die in ungeheueren Mengen gebundenen organischen Bestandteile (Eiweiße) werden freigesetzt und durch den Wellenschlag zu „Eischnee" – sichtbarstes Zeichen dieser Überdüngung – geschlagen (Abb. 126.1). Als Folge des Sauerstoffmangels sterben nicht nur viele Lebewesen. Auch die Meeresböden veröden. Besonders in den austauscharmen Randzonen der Nordsee und den sauerstoffärmsten tiefen Bereichen der Ostsee lassen sich deutliche Anzeichen des Sauerstoffdefizits nachweisen. Die im Sommer 1996 im Wattenmeer gehäuft aufgetretenen „schwarzen Flecken" sind Indikatoren des Sauerstoffmangels im Boden.

Unsichtbar dagegen ist die Vielzahl chemischer Verbindungen, die die Nordsee erreichen. Unter ihnen sind die Schwermetalle besonders gefährlich, die sich durch hohe Langlebigkeit auszeichnen, vom Körper nicht abgebaut werden und als Krebs erregend eingestuft werden. Auch Schadstoffe wie radioaktive Abfälle, die fernab der Deutschen Bucht eingeleitet werden, erreichen diese mit Strömungen. Wegen der langen Wasseraustauschzeit erfolgt hier eine Ansammlung dieser kaum abbaubaren Substanzen, ihre Anreicherung im Sediment sowie ihr Einbau in die vielfältigen Nahrungsnetze. Dies ist von erheblicher Bedeutung, da die als Synergismen bezeichneten Wechselwirkungen der vielen einzelnen chemischen Verbindungen untereinander und auf die Lebewesen bislang weitestgehend unbekannt sind.

Flüssige Rückstände aus der industriellen Produktion (z.B. Dünnsäure) wurden seit 1969 auf hoher See ausgebracht (Verklappung). Zwar machte deren Anteil an der Gesamtbelastung nur ca. 1% aus, schädigte aber besonders stark die Biomembranen der Wasserorganismen. Auf Drängen der Umweltschutzverbände wurde die Verklappung eingestellt.

Sichtbares Ergebnis des unkontrollierbaren Schadstoffeintrags in die Nordsee sind auffällige Hautveränderungen bei Fischen. Die Küstenfischer beklagen, dass sie ca. 30% ihrer Fänge nicht als Speisefisch vermarkten können, sondern zu (Tier-) Futtermittel verarbeiten lassen müssen.

Aufgaben

1. Beschreiben Sie, auf welchen Wegen der Eintrag von Schadstoffen in die Nordsee erfolgt (Abb. 126.2).
2. Erläutern Sie die Auswirkungen, die die organischen Phosphat- und Nitratverbindungen auf die marine Pflanzen- und Tierwelt haben.
3. Zeigen Sie Art und Herkunft der in die Nordsee eingebrachten Schwermetalle (Atlas) und ihre mögliche Wirkung in der Nahrungskette auf.

126.1 Algenschaum: Indikator für Überdüngung

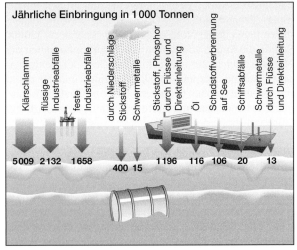

126.2 Müllkippe Nordsee

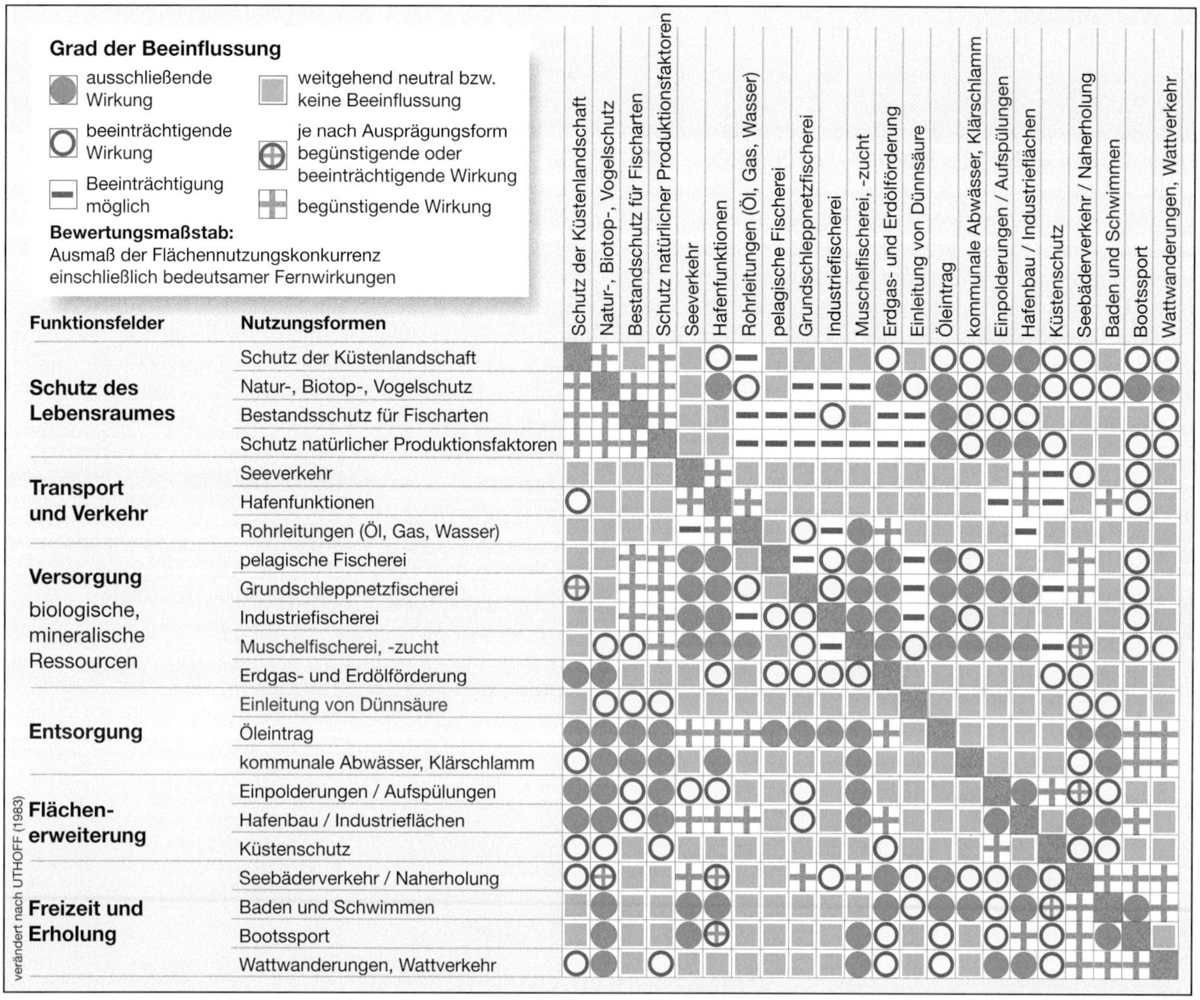

Grad der Beeinflussung

- ⬤ ausschließende Wirkung
- ◯ beeinträchtigende Wirkung
- ⊖ Beeinträchtigung möglich
- ▩ weitgehend neutral bzw. keine Beeinflussung
- ⊕ je nach Ausprägungsform begünstigende oder beeinträchtigende Wirkung
- ⊞ begünstigende Wirkung

Bewertungsmaßstab:
Ausmaß der Flächennutzungskonkurrenz einschließlich bedeutsamer Fernwirkungen

Funktionsfelder	Nutzungsformen
Schutz des Lebensraumes	Schutz der Küstenlandschaft
	Natur-, Biotop-, Vogelschutz
	Bestandsschutz für Fischarten
	Schutz natürlicher Produktionsfaktoren
Transport und Verkehr	Seeverkehr
	Hafenfunktionen
	Rohrleitungen (Öl, Gas, Wasser)
Versorgung biologische, mineralische Ressourcen	pelagische Fischerei
	Grundschleppnetzfischerei
	Industriefischerei
	Muschelfischerei, -zucht
	Erdgas- und Erdölförderung
Entsorgung	Einleitung von Dünnsäure
	Öleintrag
	kommunale Abwässer, Klärschlamm
Flächen-erweiterung	Einpolderungen / Aufspülungen
	Hafenbau / Industrieflächen
	Küstenschutz
Freizeit und Erholung	Seebäderverkehr / Naherholung
	Baden und Schwimmen
	Bootssport
	Wattwanderungen, Wattverkehr

verändert nach UTHOFF (1983)

127.1 Meeres- und Küstennutzungsformen und ihre gegenseitige Beeinflussung

Raumnutzungskonflikte an der deutschen Nordseeküste

Der Nordsee kommt – obwohl ein kleines Randmeer – aufgrund ihrer günstigen natürlichen Voraussetzungen und der Tatsache, dass es sechs hoch industrialisierte Anrainerstaaten gibt, eine beachtliche wirtschaftliche Bedeutung zu. An dem „Wirtschaftsfaktor Nordsee" haben unterschiedliche Nutzergruppen, die jeweils eigene Interessen verfolgen, Anteil (Abb. 127.1).

Das flache Schelfmeer verfügt mit überreichem Nährstoffangebot und günstigen Meeresströmungen über eine hohe Primärproduktion und hohen Fischbesatz. Dieser Fischreichtum wird von den Küstenfischern ausgebeutet.

Die küstennahen Bereiche der Nordsee gehören seit Jahrzehnten zu den meistbefahrenen Haupthandelsseewegen der Welt. Mit der Erdöl- und Erdgasförderung gelangt die Nordsee in den Blickpunkt energiewirtschaftlicher Interessen. Überdies sind die Küsten Erholungs- und Fremdenverkehrsraum zugleich. Hier finden sich Erholungsgebiete mit z.T. einmaligem Natur- und Landschaftscharakter, den es zu erhalten gilt.

Stör- und Unglücksfälle (Schiffskollisionen, Ölaustritte) führen zu erheblichen Beeinträchtigungen der übrigen Nutzergruppen.

Aufgaben

1. Beschreiben und erläutern Sie anhand Abb. 127.1 auftretende Raumnutzungskonflikte bei der Landgewinnung durch Einpolderung.
2. Beschreiben Sie die Auswirkungen von Ölaustritten auf die touristische Nutzung der Nordseeinseln.

Das Wattenmeer

Das Wattenmeer ist ein ca. 5–20 km breiter, küstenparalleler Flachwasserbereich der Nordsee, der während Ebbe trockenfällt und bei Flut mit Meerwasser bedeckt wird. Dieses Flachmeer erstreckt sich über eine Entfernung von ca. 450 km von Den Helder (Niederlande) im Westen über das niedersächsische Wattenmeer, den Elbe-Weser-Mündungstrichter, das holsteinische Wattenmeer bis nach Esbjerg (Dänemark) im Norden und bedeckt eine Fläche von ca. 6600 km². Seewärts wird das Wattenmeer durch vorgelagerte Inseln und Sandbarrieren begrenzt.

Die Einzigartigkeit dieser Naturlandschaft liegt in ihrer ökologischen Bedeutung. Der amphibische Lebensraum, zählt wegen seiner hohen Biomasseproduktion zu den produktivsten marinen Naturlandschaften der Erde. Über 100 000 Tiere (Würmer, Krebse, Muscheln, Schnecken) können auf 1 m² leben, allein vom Schlickkrebs bis zu 40 000. Das Produktionsgewicht von lebender Substanz kann mit 3–4 kg das 10fache des Meeresbodens betragen. Das Watt dient als „Kinderstube" für zahlreiche Fischarten in der Nordsee und ist als bedeutendes Brut-, Nahrungs-, Rast- und Mausergebiet, darüber hinaus auch als Über-

winterungs- oder Übersommerungsgebiet für viele Zugvogelarten (7–9 Millionen Vögel) unverzichtbar. Der außerordtliche Vogelreichtum ist Folge des überreichen Nahrungsangebotes (Plankton, Schnecken, Muscheln, Krebse, Würmer).

Die Ökofaktoren Temperatur, Sauerstoffgehalt und -verbrauch, Salzgehalt, Sediment, Bodenhärte, Nahrung und Nahrungserwerb wirken sich unterschiedlich auf die Verteilung der Organismen im Watt aus. Krabben bevorzugen z.B. die tieferen Prielsysteme im Watt.

Spezialisten stellen unterschiedliche Standortansprüche und besiedeln folglich unterschiedliche Biotope. Abb. 128.2 vermittelt Einblicke in ökologische Zusammenhänge wie z.B. Anpassungen einiger Tiere an den amphibischen Lebensraum.

Aufgaben

1. Charakterisieren Sie den Lebensraum Wattenmeer.
2. Beschreiben Sie ausgewählte Anpassungen von Lebewesen (Abb. 128.2) an den Lebensraum Watt.
3. Erläutern Sie, warum das Wattenmeer ein Biotop darstellt, dessen ökologische und wirtschaftliche Bedeutung weit über seine Grenzen hinausreicht.

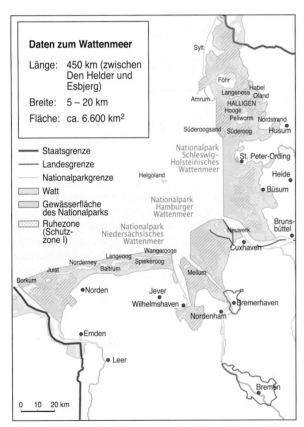

128.1 Verbreitung des Wattenmeeres in der Deutschen Bucht

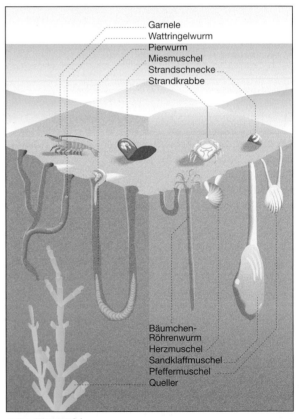

128.2 Wattwürfel

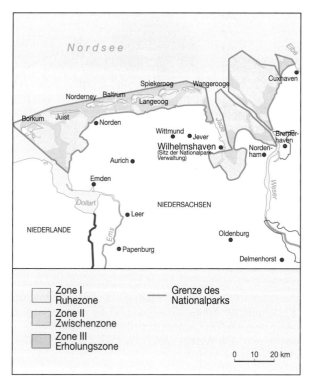

129.1 Nationalpark Wattenmeer in Niedersachsen

129.2 Nationalpark Wattenmeer in Schleswig-Holstein

Nationalpark Wattenmeer

Das Wattenmeer ist für viele einer der letzten großflächigen natürlichen Lebensräume Europas, der von menschlichen Eingriffen weitgehend verschont geblieben ist. In Wirklichkeit sind weite Teile dieses einzigartigen Ökosystems gestört oder stark gefährdet. Zu seinem Schutz haben die Länder Niedersachsen, Hamburg und Schleswig-Holstein 1985 im Wattenmeer drei Nationalparks mit einer Gesamtfläche von ca. 5400 km² eingerichtet. Ziel ist, in dieser einmaligen Landschaft einen möglichst ungestörten Ablauf der natürlichen Vorgänge zu sichern und den Lebensraum der an die Bedingungen des Gezeitenwechsels speziell angepassten Tier- und Pflanzenwelt zu erhalten. Zum Schutz der empfindlichen Biotope wurde ein Konzept mit strengen, gestaffelten Nutzungsreglementierungen entwickelt. In der Ruhezone I mit den Seehundbänken, Brut-, Rast- und Mausergebieten der Vögel, Salzwiesen und empfindlichen Dünenbereichen ist jede Nutzung verboten. In Zone II (Zwischenzone) ist das Betreten auf markierten Wegen erlaubt. Zone III (Erholungszone) ist als Bade- und Kurzone ausgewiesen – Erdölförderung ist ausschließlich in Zone III erlaubt.

Aufgabe der Nationalparkverwaltung ist es, die Besucherströme zu lenken und sie ausschließlich auf speziell markierten Wanderwegen und Lehrpfaden im Wattenmeer sachkundig zu führen, die vielfältigen Gefährdungsursachen so gering wie möglich zu halten und darüber hinaus die Interessen der heimischen Bevölkerung mit den Zielen des Naturschutzes in Einklang zu bringen. Seit 1989 koordiniert die Nationalparkverwaltung das interdisziplinäre Projekt Ökosystemforschung Wattenmeer. Das latente Konfliktpotenzial entlud sich, als diese Projektgruppe 1996 ihren Syntheseberkt veröffentlichte, wonach die Ausweitung des schleswig-holsteinischen Wattengebietes von 76 000 ha auf 349 000 ha vorgesehen war. Dies löste unter Inselbewohnern, Gastronomen und Fischern Empörung aus. Aus einstiger Zustimmung zur Ökologie wurde offene Ablehnung von „Ökoismus". Insbesondere die Krabbenfischer befürchteten Einkommenseinbußen bis zu 25%, da das Nutzungverbot die garnelenreichen Priele (Lister Tief und Wesselburer Loch) beträfe.

Aufgaben

1. Beschreiben Sie die Bedeutung und die Zielsetzung dieses Nationalparks und die Aufgaben seiner Verwaltung.
2. Erörtern Sie am Beispiel der Naturparkerweiterung auftretende Interessen- und Nutzungskonflikte (evtl. in einem Rollenspiel).

Schutz der Meere

Nutzung und Verschmutzung der Meere haben negative Auswirkungen, indem sie Lebensräume zerstören, in Prozesse eingreifen und einzelne Arten bzw. Artengemeinschaften in ihrer Existenz bedrohen. Um diese drastischen Auswirkungen zu mildern, müssen Schutzmaßnahmen auf allen Ebenen getroffen werden, damit das komplexe Ökosystem Meer mit seiner Artenvielfalt und seinen Ressourcen erhalten bleibt.

„Halb voll ..., nein halb leer!"

Welche weit reichenden negativen Folgen unser Handeln im Ökosystem Meer auslösen kann, zeigt das Beispiel des Fischsterbens im Kleinen Jasmunder Bodden (Rügen). Es verdeutlicht aber auch, dass Prozesse umkehrbar sind: 1990 wurde das Fischsterben durch Nitrateinträge aus der Landwirtschaft und durch Zufuhr ungeklärter Industrie- und Haushaltsabwässer ausgelöst. Dadurch verloren die Fischer ihre Einkommensbasis. Als Folge von Flächenstilllegungen in der Landwirtschaft und des Baus moderner kommunaler Klärwerke verringerte sich die Menge umweltgefährdender Einleitungen dermaßen, dass sich das flache Küstengewässer in relativ kurzer Zeit erholte. Einzelne Erwerbsfischer haben den Fischfang bereits wieder aufgenommen. Das Beispiel zeigt, dass bei kleinräumiger Betrachtung die Möglichkeiten zu wirkungsvollem Handeln durchaus gegeben sind. Mit zunehmender Dimension werden aber auch die Abstimmungsprobleme größer.

Da Flüsse die Verbindungen zum Hinterland herstellen, ist es erforderlich, bei allen Handlungsträgern aus Landwirtschaft, Industrie und Wohnbevölkerung im Einzugsgebiet dieser Flüsse ein Problembewusstsein dafür zu entwickeln, dass jeder Einzelne seinen Beitrag zum Schutz des Meeres leisten kann.

Ein Instrument der Abstimmung auf Länderebene ist die Ausweisung von Nationalparks. Mit der Festlegung dieser lokalen Schutzbereiche ist ein weiterer Schritt getan. Lokale und nationale Anstrengungen verfehlen jedoch das angestrebte Ziel, wenn sie nicht auf allen politischen Ebenen miteinander abgestimmt sind (> S. 129).

Der Schutz der Meere ist nicht nur eine Frage des politischen Konsenses, sondern auch der ökonomischen Möglichkeiten. Welche Kosten der Schutz der Meere für den Staatshaushalt mit sich bringt, wird von Staaten mit unterschiedlicher Wirtschaftskraft auch unterschiedlich bewertet. Umweltschutz hört nicht an der Grenze auf. Wie effektiv die grenzüberschreitende Planung sein kann, zeigt der Bau eines gemeinsamen Klärwerks an der deutschpolnischen Grenze. Obwohl die deutsche Bevölkerung der Seebäder Ahlbeck und Heringsdorf mit ca. 15 000 Einwohnergleichwerten nur ein Sechstel der Kapazitätsbelastung ausmacht und die Kläranlage auf polnischem Gebiet nahe der Stadt Swinoujscie (Swinemünde) liegt, leistete die Bundesregierung einen Baukostenzuschuss von 50%. Erst mit der Unterstützung durch einen wirtschaftlich potenten Partner wurde der Umweltschutzeffekt „Verbesserung der Wasserqualität" für die deutschen und die polnischen Seebäder möglich. Wirksamer Umweltschutz wurde hier nach dem Motto „Ein Partner verfügt über das Geld, der andere über den Standort" geleistet.

Internationale Konferenzen zum Schutz der Meere wie die Nordseeschutzkonferenz haben einiges bewirkt. So müssen seit 1993 Tankerneubauten mit doppelwandigen Rümpfen gegen Unfälle gesichert sein. Die Bundesrepublik hat z.B. die Verpflichtung zur Beendigung der Dünnsäureverklappung erfüllt. Nationale Alleingänge bewirken aber wenig, wenn einzelne Staaten Sonderregelungen für sich in Anspruch nehmen. Nationale Kontrollen der getroffenen Maßnahmen und die Anwendung des rechtlichen Instrumentariums tragen dazu bei, dass die angestrebten Schutzziele erreicht werden können. Internationale Abkommen stoßen oft auf politisch-ökonomische Hemmnisse, die die erstrebenswerte Zielsetzung noch nicht erreichen lassen. So lange es legal ist, pro gefahrene Seemeile 7 Liter Altöl in das Meer abzulassen, so lange ist die Altölentsorgung auf offener See kostengünstiger als die zum Selbstkostenpreis in den Häfen. Daher erreicht die Umweltbelastung ihr größtes Ausmaß an den Hauptschifffahrtsstrecken.

Der Schutz der Meere hat gerade erst begonnen. Es gibt noch viel zu tun!

Aufgaben

1. Erläutern Sie, weshalb der Schutz der Nordsee eine europäische Gemeinschaftsaufgabe ist.
2. Beurteilen Sie die Nähr- und Schadstoffeinleitungen in die Ostsee unter dem Gesichtspunkt der Wirtschaftskraft ihrer Anrainerstaaten.
3. Zeigen sie auf, welchen Beitrag Sie selbst zum Schutz der Meere leisten können.

DIE STADT –
ein eigenes Ökosystem

Stadtökologie: Das Ökosystem Stadt

Die Verknüpfung der Begriffe Ökosystem und Stadt erscheint zunächst merkwürdig. Natürliche Ökosysteme mit ihren sich selbst regulierenden Lebensgemeinschaften von Pflanzen und Tieren, die durch zahlreiche Wechselwirkungen (abiotische und biotische Faktoren) miteinander verbunden sind, stehen in einem deutlichen Gegensatz zu dem künstlichen System Stadt. Im Lebensraum Stadt kommen Einflüsse des Menschen hinzu: Technische Elemente (Gebäude, Straßen, Leitungen) dominieren zum Teil die anderen Faktoren und können somit den Lebensraum Stadt stark beeinträchtigen. Es entstehen urban-industrielle Ökosysteme, die nicht mehr ausschließlich den natürlichen Regulationskräften unterliegen und in Bezug auf Energie- und Stoffkreisläufe nicht selbstständig sind.

Der Anteil der Bevölkerung, der in Städten lebt, erhöht sich weltweit ständig. In der Bundesrepublik Deutschland lebten 1991 57,8 % der Bevölkerung in Städten über 20 000 Einwohner, in Nordrhein-Westfalen waren es sogar 86,4 %. Gleichzeitig sind diese Gebiete Schwerpunkte der Produktion und des Konsums sowie des Verbrauchs von Energie, Wasser und Rohstoffen. Die sich daraus ergebenden Umweltbelastungen in den Ballungszentren sind enorm und stellen in immer stärkerem Maße eine Beeinträchtigung der Lebensqualität der Bevölkerung dar (> S. 142–145).

Zunehmende Umweltprobleme haben seit den 70er Jahren politische und praktische Konsequenzen bewirkt, Reste der Natur zu erhalten und die Stadt wieder lebenswerter zu machen. Heute werden auch stark anthropogen überformte Räume (Bahnhöfe, Industrieflächen, Hafenanlagen) als Ökosysteme betrachtet. Der wissenschaftliche Zweig, der den Lebensraum Stadt mit der Methodik der Ökologie untersucht, ist die Stadtökologie.

Grundlegende Unterschiede im Vergleich zu natürlichen Ökosystemen betreffen zum Beispiel den Wasserkreislauf. Städtische Niederschläge werden nicht vom Boden gefiltert, sondern gelangen direkt durch die Kanalisation in die Flüsse und sind daher mitverantwortlich für die Verunreinigung der Oberflächengewässer. Zudem tragen sie kaum noch zur Auffüllung des Grund- und Trinkwasserreservoirs bei, unter der Stadt kann im Laufe der Zeit das Grundwasser deutlich absinken. Eine externe Wasserversorgung wird unumgänglich.

Ein weiteres wichtiges Unterscheidungsmerkmal zu natürlichen Ökosystemen liegt im Strahlungs- und Energiehaushalt. Eine Bedarfsdeckung erfordert die Nutzung zugeführter energiereicher fossiler Substanzen (Holz, Kohle, Öl und Gas). Rund zwei Drittel der aufgewendeten Energie entweichen als Abwärme und tragen zur weiteren Erwärmung der Stadt bei. Die thermischen Emissionen sind somit eine ökologische Belastung für Ballungsgebiete.

Die durch die Oberflächen gespeicherte Energie wird als langwellige Ausstrahlung wieder abgegeben. Die verschiedenen Oberflächenmaterialien bewirken einen Temperaturunterschied zwischen Stadt und Umland, der tagsüber bis zu 5 % betragen kann. Die deutlichste Ausprägung der Wärmeinsel ist nachts festzustellen, wenn im Vergleich zum Umland die Wärmeabgabe in der Stadt stark verlangsamt vor sich geht. Zwei bis drei Stunden nach Sonnenuntergang tritt die größte Temperaturdifferenz auf.

Die Atmosphäre über der Stadt weist höhere Luftverunreinigungen auf: Die Gehalte von Schwefeldioxid, Stickoxid, Kohlenstoffdioxid und -monoxid sowie Kohlenwasserstoffen liegen ca. 25-mal höher als im Umland, in fester Form treten 10-mal mehr Stäube und Aerosole auf, an deren Oberflächen meist Schwermetalle haften. In einem klimatologischen Wirkungskomplex bewirken sie die typisch städtische Dunstglocke mit herabgesetzter Sonnenscheindauer, im schlimmsten Fall sogar den Smog (Abb. 132.1).

132.1 Städtische Dunstglocke

Veränderte Rahmenbedingungen für Flora und Fauna

- Versiegelung großer Flächen (> Abb. 140.1)
- Eingriffe in den Wasserhaushalt (schneller Abfluss, höhere Temperaturen durch fehlende Verdunstungskälte, Grundwasserabsenkung)
- Eingriffe in den Strahlungs- und Energiehaushalt
- Verbesserung des Nahrungsangebotes, höhere Populationsdichten
- Veränderung der Mengenverhältnisse in den Nahrungsketten (viele Konsumenten, wenige Produzenten und Destruenten)
- Eutrophierung und Kulturfolger
- Neophyten (vom Menschen direkt und indirekt eingeschleppte Arten)
- hohe Schadstoffbelastung (Beeinträchtigung des Gasaustausches in der Fauna und Flora)

132.2 Veränderte Rahmenbedingungen in der Stadtökologie

„(Die) Zusammenballung so großer Menschenmassen auf engem Raum reißt den Menschen los von dem in seinem innersten Wesen begründeten notwendigen Zusammenhang mit der Natur, sie schädigt ihn dadurch geistig und körperlich aufs Schwerste." Die Aussage ADENAUERs zeigt, dass die Auseinandersetzung mit ökologischen Fragestellungen in dicht besiedelten Räumen nicht neu ist.

Ökologie ist nicht nur eine Angelegenheit grüner Wiesen und Wälder vor den Toren einer Stadt. Auch in der Stadt selbst gibt es naturnahe Lebensräume und zahlreiche ökologische Nischen für Tiere und Pflanzen. Es ist eine wichtige Aufgabe der Stadtökologie, diese zu schützen und ökologische Wechselwirkungen zu berücksichtigen, damit der Lebensraum Stadt auch für kommende Generationen ein lebenswerter Raum bleibt.

Das Ökosystem Stadt besteht aus vielen, miteinander vernetzten Teilsystemen, die ein labiles Gleichgewicht bilden. Abbildung 133.1 zeigt verschiedene Elemente, die in einer Stadt von besonderer Bedeutung sind (> S. 8/9). Jedes der dargestellten Elemente beeinflusst die anderen und wird wiederum von ihnen beeinflusst. Jede Veränderung wirkt direkt oder indirekt auf das ganze System ein, sei es durch eine Zunahme des Verkehrs oder das Anpflanzen von Bäumen. Es ist unumgänglich, die Stärke und Qualität der gegenseitigen Wechselwirkungen einzuschätzen und zu beurteilen, damit die Folgen eines Eingriffs in ein Ökosystem kalkulierbar bleiben. Es ist also bei der Betrachtung des Ökosystems Stadt unerlässlich, die Ebene des monokausalen Denkens zu verlassen und in ein vernetztes Denken einzutreten. Eine Insektenlarve auf der Brachfläche eines ehemaligen Industriebetriebs hat ebenso ihren Stellenwert wie eine im Bebauungsplan ausgewiesene Frischluftschneise.

Es ist selbst für einen geübten Gärtner nicht immer leicht, standortgerechte Stauden, Sträucher und Bäume anzupflanzen. Auf einem Brachgelände, dazu gehören auch die aufgelassenen Industrieflächen einer Stadt, zeigt sich, dass die Natur unter tausenden möglicher Arten die richtige Auswahl und Reihenfolge trifft. Dieser Vorgang wird als natürliche Sukzession bezeichnet. Lässt man eine solche Brachfläche unberührt, bilden sich in Abhängigkeit von der früheren Nutzungsart, Bodenverhältnissen und Mikroklima optimal angepasste Pflanzengemeinschaften. Innerhalb weniger Jahre stellt sich ein naturnaher Zustand ein, der eine speziell städtische Prägung aufweist. Das Spektrum reicht dabei von einer herbizid resistenten Pionierflora bis zu einer Strauch- und Baumflora (Abb. 133.2 und 133.3).

Aufgabe

Erläutern Sie die in Abbildung 133.1 dargestellten Zusammenhänge. Berücksichtigen Sie dabei, dass es sich um eine vereinfachte Darstellung handelt. Beziehen Sie die Inhalte der Seiten 8 und 9 mit ein.

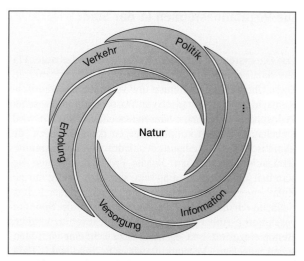

133.1 Elemente der Stadtökologie

133.2 Pappeln als Pionierpflanzen

133.3 Birken auf ehemaligem Zechengelände

Neue Vegetationsformen in der Stadt

Das Ökosystem Stadt besteht weitgehend aus bebauter Fläche, dazu gehören Straßen, Gebäude und Industrieanlagen. Diese Überbauung beeinflusst und verändert das städtische Klima, indem der Austausch von Wasser und Luft zwischen Pedosphäre und Atmosphäre maßgeblich behindert wird. Unbebaute Flächen können dagegen dazu beitragen, die klimatische Benachteiligung des städtischen Lebensraumes erträglicher zu gestalten. Solche Freiflächen sollten Bestandteil jeder Stadtplanung sein, sind aber häufig nur ein Zufallsergebnis, wenn es sich z.B. um brachgefallene Industrieflächen handelt. Die sich hier einstellende Spontanvegetation (>Abb. 140.3) wird oft als nicht schutzwürdiges Biotop eingestuft. Im Gegensatz dazu steht eine vom Menschen angelegte Vegetation, wie z.B. Stadtwald, Park, Friedhof oder Kleingartenanlage. Diese unversiegelten Flächen des innerstädtischen Bereichs bleiben allerdings in den meisten Fällen unter 10% der Stadtfläche, obwohl ihnen eine wichtige Bedeutung beim Wärmeinseleffekt, den Windverhältnissen und der Luftfeuchtigkeit zukommt.

Bei einzeln stehenden Bäumen (Straßenbäumen) unterscheiden sich die Umweltbedingungen in besonderem Maß von einem natürlichen Standort im Wald. Die Böden haben durch Beimengung von Bauschutt einen erhöhten Säuregehalt. Die Mineralstoffversorgung ist deutlich reduziert, da sich durch die Entfernung der Laubstreu keine Humusschicht bilden kann. Durch Versiegelung und Verdichtung des Wurzelraumes ist der Gasaustausch, der für die Atmung von Bodenlebewesen und die Wurzeln wichtig ist, stark verringert. Hinzu kommt, dass erhöhte Temperaturen und niedrigere Luftfeuchtigkeit die Transpiration der Bäume ansteigen lässt. Die zum Ausgleich notwendige Wasseraufnahme der Wurzeln wird erheblich durch das abfließende Oberflächenwasser und einen abgesenkten Grundwasserspiegel beeinträchtigt. Ein Schutz der Bodenfläche, die den Stamm umgibt (die Baumscheibe), ist also unbedingt nötig, auch wenn dadurch Parkplätze verloren gehen.

Zum Schutz der Baumscheiben sollte der unversiegelte Boden eine Mindestgröße von 3 x 3 Metern aufweisen. Optimal ist eine Bepflanzung mit bodendeckenden, standortgerechten Pflanzen, wie Efeu oder Immergrün, die die Bäume vor Austrocknung und Bodenverdichtung schützen. Wurzelschutzbrücken, Metallpoller oder besser Holzpfosten sollten eine Baumscheibe umgeben, ohne dass bei deren Errichtung der Wurzelbereich verletzt wird.

Die Kosten für die Neuanpflanzung eines Straßenbaumes können durchaus 10 000,– DM inklusive aller Arbeitsschritte und Pflegemaßnahmen betragen. Demgegenüber stehen die vielen Vorteile, die Straßenbäume bieten. Sie gleichen Temperaturschwankungen aus und erhöhen die Luftfeuchtigkeit, filtern Stäube und Schadstoffe aus der Luft, sind Schattenspender und Lärmbremse. Neben einer gesteigerten Wohnqualität für den Menschen bieten sie Nistgelegenheiten und Nahrungsquelle für Vögel und Insekten, sodass eine stadtökologische Rendite außer Frage steht.

Robinie und Platane – typische Stadtbäume

In den 20er Jahren wurden Robinien erstmals auf Plätzen und an Straßenrändern angepflanzt. Die Robinie ist ein lichtbedürftiger, trockenheitstoleranter Pionierbaum, der aus Nordamerika stammt. Sie ist weitgehend unempfindlich gegen Emissionen und Bodenversalzung und neben der Platane ein hervorragend geeigneter Stadtbaum. Die Robinie hat einerseits den Vorteil, dass sie den städtischen Umweltbelastungen standhalten und durch ihre tief reichenden Wurzeln das verdunstete Wasser schnell ersetzen kann. Andererseits ist dieser typische Stadtbaum kaum geeignet, Insekten Lebensraum zu bieten, weil er sich bis heute noch nicht an die einheimische Natur angepasst hat. Auf dem Stadtbaum Platane ist z.B. nur eine Insektenart gefunden worden, während auf Eichen und Linden mehrere Hundert Insektenarten anzutreffen sind.

134.1 Baumscheibe mit Wildkräutern und Absperrung

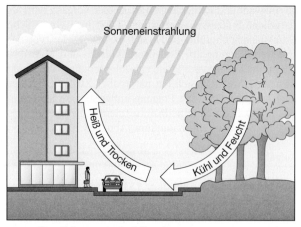

134.2 Klimatisierung durch Grünanlagen

135.1 Pflasterritzenvegetation

Neophyten und Pflasterritzenvegetation

Die Natur entfaltet sich auch an ungastlichen Orten. Überall dort, wo der Boden nicht vollständig oder schadhaft versiegelt ist, gedeihen Pflanzen. Das einjährige Rispenkraut, Niederliegendes Mastkraut, Vogelknöterich und Breitwegerich sind typische Vertreter einer ökologisch bedeutsamen Pflasterritzenvegetation.

Entlang der Hauptverkehrsachsen und an Warenumschlagspunkten wie Eisenbahnlinien, Güterbahnhöfen, Hafenanlagen, Rasthöfen und Einfallstraßen verbreiten sich viele Pflanzen, die ihre Heimat in zum Teil weit entfernten Räumen haben. Der Vorteil dieser Pflanzen, die Neophyten genannt werden, besteht darin, dass sie oft noch keine unmittelbaren Konkurrenten oder Fressfeinde besitzen und sich daher explosionsartig ausbreiten können. An einem Gleiskörper, der einen nährstoffarmen und herbizidbeeinflussten Extremstandort darstellt, kann der Neophytenanteil bis zu 40% aller Pflanzenarten betragen. Im Einflussbereich der Herbizide herrschen einjährige und überwinternde Pflanzen vor, die dadurch konkurrenzfähig sind, dass sie zwischen zwei Spritzaktionen zur Samenreife gelangen.

Aufgaben

1. Erläutern Sie den Nutzen städtischer Vegetation für das Ökosystem Stadt.
2. Entwickeln Sie realistische Strategien zur Verbesserung der ökologischen Situation in der Stadt.

Mittelmeergebiet	Sparrige Trespe
Australien	Australischer Gänsefuß
Mittelmeergebiet	Mauersenf
Mittelmeergebiet	Stinkraute
Mittelmeergebiet	Kleines Liebesgras
Nord-Amerika	Gefleckte Wolfsmilch
Eurasien	Ruten-Wolfsmilch
Mittel- und Nord-Amerika	Virginische Kresse
Nord-Amerika	Gewöhnliche Nachtkerze
Südafrika	Schmalblättriges Greiskraut

135.2 Herkunftsgebiete von Neophyten

135.3 Robinien

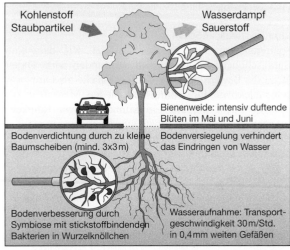

Kohlenstoff
Staubpartikel

Wasserdampf
Sauerstoff

Bienenweide: intensiv duftende Blüten im Mai und Juni

Bodenverdichtung durch zu kleine Baumscheiben (mind. 3x3m)

Bodenversiegelung verhindert das Eindringen von Wasser

Bodenverbesserung durch Symbiose mit stickstoffbindenden Bakterien in Wurzelknöllchen

Wasseraufnahme: Transportgeschwindigkeit 30 m/Std. in 0,4 mm weiten Gefäßen

135.4 Ökologische Bedeutung eines Stadtbaumes

135.5 Platanen

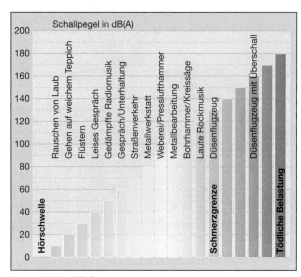

136.1 Geräuschbelastung

Lärm ist störender Schall

Spätestens seit Wilhelm Busch wissen wir, dass eine Geräuschquelle oft als störend empfunden wird. Dabei hängt die Bewertung einer Geräuschquelle als Lärm von der subjektiven Einstellung eines jeden Menschen zur Geräuschquelle ab, die von Stimmungslage, Tätigkeit, Umgebung oder innerer Einstellung beeinflusst wird.

Die akustische Wahrnehmung ist vor allen Dingen als ein Schutz vor Gefahren wichtig. Lärm ist dabei in besonderem Maße geeignet, Stress zu erzeugen und den Körper bei Menschen und Tieren in Angst zu

versetzen. Dieser Fluchtreflex kann zu Gesundheitsschäden in Form von psychosomatischen Beschwerden führen.

Fassadenbegrünung

Grün wächst überall, wenn der Mensch es zulässt. Die Abbildung 136.2 zeigt ein eindrucksvolles Beispiel, dass auch dicht bebaute Häuserzeilen Raum für Grünflächen bieten. Der hier angepflanzte wilde Wein kommt ohne Kletterhilfen aus, er hält sich mit polsterförmigen Haftscheiben an der Wand fest. Fassadengrün hat viele Vorteile. Es

- wirkt temperaturregulierend, da es die Hauswände im Sommer weniger stark erhitzen lässt und so weniger Wärme auf Straßen oder Innenhöfe abgestrahlt wird,
- bietet wirksamen Schutz der Bausubstanz gegen Regen, Wind und Sonne,
- trägt durch Bildung von Luftpolstern zwischen Wand und Pflanze zur Wärmedämmung bei,
- filtert Staubpartikel aus der Luft,
- produziert Sauerstoff und führt so zu einer besseren Luftqualität in Hausnähe,
- schafft Lebensraum für Insekten und Spinnen und damit eine natürliche Nahrungsquelle für Vögel,
- wird während der Blütezeit zur Bienenweide,
- hebt sich ästhetisch von kahlen, unstrukturierten Fassaden ab,
- benötigt nur geringen Pflegeaufwand, zum Beispiel Laubbeseitigung im Herbst und Freischneiden von Fenstern.

Aufgaben

1. Eine Fassadenbegrünung hat nicht nur Vorteile. Nennen Sie offensichtliche und versteckte Nachteile der Fassadenbegrünung.
2. Bewerten Sie Vor- und Nachteile der Fassadenbegrünung.

136.2 Beispiel für Fassadenbegrünung

Landschaftsplanung in der Stadt?

Was zunächst paradox klingt, ist bei näherer Betrachtung von höchster Wichtigkeit. Die Stadt ist eine spezifische Form der vom Menschen gestalteten Kulturlandschaft, allerdings die, bei der er sich am weitesten von der Natur entfernt hat. Um dies aus ökologischer Sicht zu charakterisieren, wird auch der Begriff „Stadtlandschaft" verwendet. Stadtlandschaften zeichnen sich u.a. durch folgende Eigenschaften aus (> S. 132-136):

- hoher Bodenversiegelungsgrad durch Bebauung und Verkehrsflächen,
- geringer Anteil Grün-/Freiflächen an Gesamtfläche,
- wenig natürliche/naturnahe Biotope/Freiflächen,
- unzureichende Biotopvernetzung,
- Artenarmut bzw. Artenkonzentration (stadtangepasste Tiere und Pflanzen),
- besonderes Stadt-/Mikroklima (geringere Luftfeuchtigkeit, höhere Temperaturen, Windkanaleffekte, Schadstoffbelastung der Luft).

Unter diesen Bedingungen kommen dem zentralen Anliegen und den abgeleiteten Aufgaben der Landschaftsplanung (Abb. 137.2) gerade in der Stadt besondere Bedeutung zu. Andererseits wird sie nicht selten eben wegen der Betonung der ökologischen Aspekte als Hindernis für ein wirtschaftliches Wachstum angesehen. Langfristig gewährleistet jedoch nur die Sicherung der Leistungsfähigkeit des Naturhaushaltes – auch in der Stadt – überhaupt menschliches Leben. Daher sollte die Landschaftsplanung Grundlage bzw. Maßstab aller anderen räumlichen und fachlichen Planungen sein (Abb. 137.1).

Landschaftsplanung

Ziel
Sicherung der nachhaltigen Leistungsfähigkeit des Naturhaushaltes

Aufgaben
- Analyse der Leistungsfähigkeit des Naturhaushaltes sowie der Wechselwirkungen zwischen seinen Komponenten
- Analyse der Auswirkungen von vorhandenen und geplanten Nutzungen sowie der zu erwartenden Rückwirkungen
- Bündelung der Belange von Naturschutz und Landschaftspflege für Abwägungsprozesse
- Festlegung von Maßstäben für die Beurteilung der Umweltfolgen von Planungen/Maßnahmen
- Darstellung von Maßnahmen, die zum Erreichen der Zielstellung notwendig sind

Nutzen
- Bestandsaufnahme von Natur und Landschaft
- Grundlage für Raum- und Fachplanungen
- Planungshilfe für Stadt- und Dorferneuerung
- Entscheidungshilfe für Einzelvorhaben
- Grundlage für Stellungnahmen zu „konkurrierenden" Planungen
- Bündelung von Kompetenz und Aktivitäten, vor allem im Naturschutzsektor

137.2 Leitgedanken zur Landschaftsplanung (nach: Bundesumweltministerium/BMU; Bund Deutscher Landschaftsarchitekten/BDLP)

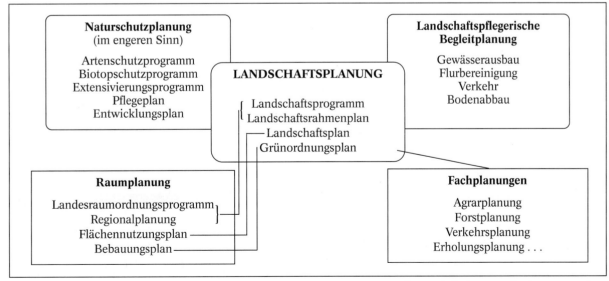

137.1 Beteiligungsmöglichkeiten der Landschaftsplanung bei räumlichen und fachlichen (sektoralen) Planungen (nach: BMU, 1993)

Chancen abgestimmter städtischer Planung

In Westdeutschland sind die Stadtentwicklung und die begleitenden Planungsprozesse weitgehend kontinuierlich gewachsen und haben sich allmählich an Veränderungen anpassen können. In Ostdeutschland dagegen wandelten sich die wirtschaftlichen und auch die gesetzlichen Rahmenbedingungen mit der deutschen Einheit schlagartig. In kürzester Zeit müssen analoge Entwicklungsgrundlagen geschaffen werden. Dazu gehören auch die räumlichen und fachlichen Planungen. Während jedoch ökologische Aspekte in den alten Bundesländern recht langsam Eingang in die kommunale Planung fanden, bietet sich in den neuen Bundesländern die Chance, von vornherein räumliche, sektorale und ökologische Planung miteinander zu verbinden. Mehrere, z.T. spezifisch ostdeutsche Probleme erschweren jedoch dieses integrative Vorgehen:

- **hoher Erwartungsdruck** bezüglich der ökonomischen Entwicklung (Überbewertung kurzfristig wirtschaftlicher Effekte, Arbeitsplatzargumentation),
- höherer **zeitlicher** und eventuell auch **finanzieller Aufwand** (Abstimmungsrunden, Überarbeitungen),
- **wenig Erfahrungen** in paralleler und integrativer Planung bei Auftraggebern (Kommunen) und Ausführenden (Planungsbüros),
- zahlreiche **bürokratische und administrative Hürden** (sektoral strukturierte Entscheidungs- und Budgetverantwortlichkeiten, Fach- und Entscheidungskompetenz, Gesetzgebung),
- **Eigentums- und Kapitalverhältnisse** (unklare Flächenzuordnung, fehlende private und öffentliche Mittel für die Umsetzung von komplexen Maßnahmen).

Doch gerade unter solchen erschwerten Bedingungen ist es wichtig, die Chance abgestimmter Planung zu nutzen. Aktuelle wie potenzielle Konflikte zwischen ökologisch, ökonomisch und sozial gewichteten Nutzungen bzw. Planungen können rechtzeitig erkannt, abgewogen und in gemeinsamer Diskussion minimiert oder beseitigt werden. Dies sichert eine größere Akzeptanz von Entscheidungen für die Entwicklung der Stadt und erspart spätere kostenaufwendige Schadensregulierungen.

Ein Beispiel für die frühe Einbeziehung ökologischer Fragen in Stadtgestaltung und -planung liefert die vorpommersche Universitätsstadt Greifswald. So gab es von 1991 bis 1994 ein Modellprojekt „Stadtlandschaftsentwicklung", das vor allem stadtökologische Erfassung, Renaturierungsmaßnahmen sowie die wissenschaftliche Begleitung umfasste. Von 1993 bis 1996 liefen Flächennutzungs- und Landschaftsplanung nicht nur zeitlich parallel, sondern in gemeinsamer, oft sehr heißer Diskussion. Dennoch kommt es bei der Umsetzung immer wieder zu Interessenkonflikten.

Landschaftsplan Hansestadt Greifswald

Anliegen des Landschaftsplanes ist es, „Vorschläge zur Ordnung des Raumes unter Berücksichtigung des Naturhaushaltes und der Gestaltung auszuarbeiten". Dazu weist er „den unterschiedlichen Nutzungsansprüchen an den Raum bestimmte Standorte zu, stellt jedoch auch fest, wo diese Nutzungsansprüche entweder unangebracht oder sogar gefährlich sind".

Der Aufbau und die betrachteten Aspekte des Landschaftsplanes zeigen einerseits das stufenweise Vorgehen, andererseits den fachübergreifenden Querschnittscharakter:

1. **Einführung** (Ziele, Inhalte, Planungsgebiet, historische Entwicklung)
2. **Naturraum und Landschaftsfaktoren** (Gliederung/Charakteristik, Geologie, Oberflächenformen, Boden, Wasser, Klima, Vegetation, Fauna)
3. **Landschaftspotenziale, ihre Gefährdungen und Entwicklungen** (Boden-, Wasser-, Klima-, Biotop-, Erholungspotenzial)
4. **Beurteilung der Umweltverträglichkeit der Raumnutzung und ihrer Auswirkungen auf Natur und Landschaft** (Siedlungs-, Verkehrs-, Grünflächenentwicklung, Ver- und Entsorgung, Wasser-, Land-, Forstwirtschaft, Erholung/Tourismus)
5. **Landschaftspflegerische Zielvorstellungen** (Kulturlandschaft, Schutzgebiete, Biotopstrukturen, Boden-, Wasser-, Klimaschutz, grünordnerische Maßnahmen, naturbezogene Erholung)
6. **Hinweise zur Umsetzung der Landschaftsplanung** (Bauleitplanung, weiterführende Fachplanungen)

23 Karten ergänzen den Text: Von der Erfassung der Entwicklung und des Ist-Zustandes (Abb. 139.1) über die Bewertung der Raumwirksamkeit (Abb. 139.2) bis zu konzeptionellen Vorschlägen (Abb. 139.3).

Mit diesem Material haben die politisch Verantwortlichen sowohl eine Entscheidungsgrundlage für die fachlichen und räumlichen Planungen als auch einen ökologischen Maßnahmekatalog in der Hand.

Für die Umsetzung ist es außerdem wichtig, dass das Stadtparlament (Bürgerschaft) dem Landschaftsplan zustimmt und ihn per Beschluss zu einem verbindlichen Dokument erklärt.

Aufgaben

1. Nennen Sie Ziel und Aufgaben der Landschaftsplanung. Erläutern Sie am Beispiel Greifswalds den inhaltlichen Aufbau.
2. Begründen Sie, warum Landschaftsplanung gerade in Städten von Bedeutung ist.

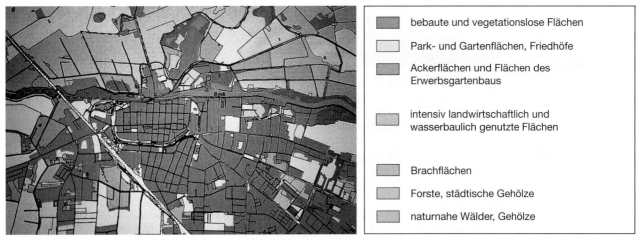

bebaute und vegetationslose Flächen

Park- und Gartenflächen, Friedhöfe

Ackerflächen und Flächen des Erwerbsgartenbaus

intensiv landwirtschaftlich und wasserbaulich genutzte Flächen

Brachflächen

Forste, städtische Gehölze

naturnahe Wälder, Gehölze

139.1 Ausschnitt aus der generalisierten Biotoptypenkarte für die Stadt Greifswald (Original: 1:25 000)

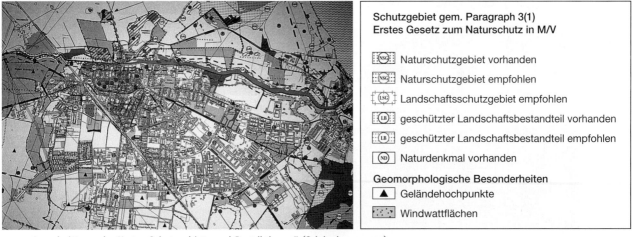

Schutzgebiet gem. Paragraph 3(1) Erstes Gesetz zum Naturschutz in M/V

NSG Naturschutzgebiet vorhanden

NSG Naturschutzgebiet empfohlen

LSG Landschaftsschutzgebiet empfohlen

LB geschützter Landschaftsbestandteil vorhanden

LB geschützter Landschaftsbestandteil empfohlen

ND Naturdenkmal vorhanden

Geomorphologische Besonderheiten

▲ Geländehochpunkte

Windwattflächen

139.2 Ausschnitt aus der Karte „Schutzgebiete und Restriktionen" (Original: 1: 10 000)

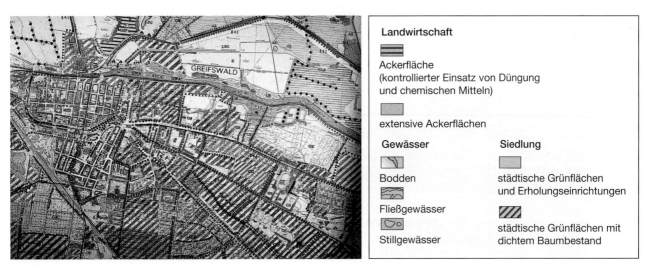

Landwirtschaft

Ackerfläche
(kontrollierter Einsatz von Düngung
und chemischen Mitteln)

extensive Ackerflächen

Gewässer

Bodden

Fließgewässer

Stillgewässer

Siedlung

städtische Grünflächen
und Erholungseinrichtungen

städtische Grünflächen mit
dichtem Baumbestand

139.3 Ausschnitt aus der Karte „Entwicklungskonzeption Kulturlandschaft Greifswald" (Original: 1: 10 000)

Stadtökologischer Lehrpfad

140.1 Versiegelter Parkplatz auf dem Messegelände

140.2 Wohnumfeldmaßnahmen

140.3 Verwilderte Brachfläche

Die Idee der Lehrpfade stammt aus den Vereinigten Staaten (1925 erster „nature trail"), in Deutschland entstand der erste Lehrpfad 1930. In den 60er Jahren folgten vielerorts Waldlehrpfade, geologische Lehrpfade und Weinberglehrpfade. In Städten waren lange Zeit nur historische Pfade angelegt.

Seit Anfang der achtziger Jahre wurden dann die ersten stadtökologischen Lehrpfade entwickelt. Primäre Zielsetzung solcher Lehrpfade ist, die städtische Umwelt nicht nur bezüglich ihrer negativen Auswirkungen zu betrachten. Der Bevölkerung sollen Informationen über Lebensräume und Lebensgemeinschaften, eine bessere Artenkenntnis sowie Wissen über naturnahe Strukturen und deren Bedeutung für den Naturschutz vermittelt werden. Desweiteren sollen die Besucherinnen und Besucher Verständnis für ökologische Zusammenhänge entwickeln, um das Verhältnis Mensch – Natur und die daraus entstehenden Konsequenzen und Probleme besser beurteilen zu können.

Konzeptionelle Überlegungen für die Anlage eines stadtökologischen Lehrpfades

Die Themen der Lehrpfadstandorte sollen die charakteristischen stadtökologischen Merkmale eines Stadtteils repräsentieren und einen Überblick über die abiotischen (Licht, Temperatur, Zusammensetzung der Luft, Wasser, Wind, Nährstoffangebot), die biotischen (Einflüsse der Flora und Fauna) und die technischen (Gebäude, Straßen, Leitungen) Bestandteile des städtischen Ökosystems geben. Diese sollen aber nicht nur als einzelne Komponenten behandelt, sondern innerhalb von Themenkomplexen aufgearbeitet werden.

Die Station „Messe" (Abb. 140.1) beinhaltet zum Beispiel Themen wie Versiegelung (Asphalt, Beton, Pflaster), Bodenleben und Stadtklima (Wärmeinsel, Auftreten wärmeliebender Arten, schneller Abfluss, fehlende Verdunstungskälte). Dabei ist zu beachten, dass eine Station durchaus einem zeitlichen Wandel unterworfen sein kann. Brachflächen werden in der Regel nach wenigen Jahren doch bebaut, die Artenvielfalt der untersuchten Flächen ändert sich mit fortschreitender Sukzession und auf sanierten Altindustrieflächen kann ein neues Gewerbegebiet entstehen. Ein Lehrpfad muss deshalb immer den aktuellen Gegebenheiten angepasst werden.

Der Auswahl der Standorte für den Lehrpfad kann daher kein einheitlicher Bewertungsmaßstab zugrunde liegen, vielmehr sollten jeweils verschiedene Aspekte berücksichtigt werden, die jedoch nicht auf alle Stationen anwendbar sind. Jeder Standort sollte seinen Themenschwerpunkt aufweisen (zum Beispiel die besondere Verkehrsbelastung). Demzufolge ist es erforderlich, einige stadtökologisch sinnvolle Standorte auszusuchen, deren Auswahl kritisch zu begründen und ihre Eignung ständig zu überprüfen.

Entsprechend dem Konzept für stadtökologische Lehrpfade nach SCHULTE (1987) erfolgt als erster Schritt eine flächendeckende Kartierung der Nutzungstypen. Die Flächennutzung wird allgemein als der Faktor betrachtet, der im besiedelten Bereich nahezu alle anderen Ökofaktoren beeinflusst. Bei der Auswahl von Lehrpfadstationen sollten alle Biotoptypen erfasst werden, denn auch die scheinbar nicht schutzwürdigen Biotope übernehmen wichtige Funktionen. Neben den schutzwürdigen Biotopen verschafft man sich gleichzeitig einen Überblick zum Beispiel über stark versiegelte Bereiche oder die Lage von Gewässern und erreicht eine exakte Differenzierung von Grünflächen. So kann man die am besten geeigneten Standorte für bestimmte Themen herausfinden.

Kommunale Informationsmaterialien (Verkehrsberuhigung, Wohnumfeldverbesserung, Begrünung) eignen sich ebenso für die Planung einzelner Lehrpfadstationen wie die Aktivitäten von Umweltverbänden und die Informationen von Privatpersonen (Kleingärtner, Radfahrer und besonders Kinder, die die Bedeutung einer Brachfläche für ihren Spielalltag schildern können). Alle Informationen dieser Art (Abb. 141.3) sind besonders wichtig, weil sie einen Eindruck davon vermitteln, was Natur in der Stadt für die Bevölkerung bedeutet und welche Maßnahmen zum Naturschutz positiven oder negativen Anklang finden.

Der stadtökologische Lehrpfad stellt die Stadt als ein Mosaik von Lebensräumen und lebensfeindlichen Orten dar. Der Anteil an naturnahen Biotopen für Flora und Fauna ist im Vergleich zum Umland deutlich verringert. An ihre Stelle treten Ersatzlebensräume, an deren Bedingungen sich Fauna und Flora anpassen müssen. Oft sind es Extremstandorte, die der nicht heimischen Flora Standortvorteile verschaffen (> S. 135) und über die Nahrungskette schließlich auch Einfluss auf die städtische Tierwelt nehmen.

Ein solcher Lehrpfad bietet eine gute Möglichkeit, die Ökologie des Lebensraums Stadt zu erschließen. Neben der Wissensvermittlung zu ökologischen Themen muss der Lehrpfad den Besucherinnen und Besuchern auch die Gelegenheit geben, durch eigenes Beobachten, Forschen und Experimentieren zu lernen. Sie müssen aus bestimmten Situationen heraus umweltbezogene Entscheidungen fällen, deren Folgen für sie erkennbar oder spürbar werden.

- gemischte Bauflächen/Kerngebiete
- gemischte Bauflächen/Wohnbauflächen
- gewerbliche Bauflächen/Flächen für Ver- und Entsorgungsanlagen
- Grünflächen
- Gewässer
- Verkehrsanlagen/Verkehrsflächen
- landwirtschaftlich genutzte Flächen
- Wälder, Forste, Gebüsche und Hecken
- Abgrabungs- und Aufschüttungsflächen
- Brachflächen, Ödland

141.1 Übergeordnete Nutzungstypen für eine flächendeckende Kartierung

---

- Kleinpflaster mit Pflasterritzen-Vegetation
- Mauern mit typischer Mauer-Vegetation
- Ufermauern mit entsprechender Spontanvegetation
- Kleine unversiegelte Brachflächen im Innenstadtbereich
- Flächiger Fassadenbewuchs
- Linearer Fassadenbewuchs
- Dachbegrünung
- Efeu bewachsene Bäume
- Befestigte Böschungen
- Artenreiche Dämme und Böschungen
- Reich bewachsene Zäune und Mauern
- Naturnahe (Garten-) Teiche
- Säume

141.2 Naturschutzrelevante Kleinstrukturen des Untersuchungsgebietes

---

- Deutsche Grundkarte 1 : 5000
- Luftbildkarten 1 : 5000
- Sonstige Karten (Geologie, Vegetation, Böden)
- Landschaftsplan (z.B. Köln)
- Altlastenkataster
- Materialien zur Rahmenplanung (Stadtteil)
- Materialien der Umweltverbände
- Baumschutzsatzung
- Programme zur Wohnumfeldverbesserung, Fassadenbegrünung und Entsiegelung
- Erfahrungen anderer Städte mit stadtökologischen Lehrpfaden (z.B. Bonn, Düren)

141.3 Grundlagenmaterialien, sonstige Quellen und Informationen

Die Stadt und ihr Umland

„Schließung der städtischen Mülldeponie im Jahr 2000", „Smog-Alarm in Großstädten", „Wochenende – Tausende Städter auf der Flucht ins Grüne" … Täglich lesen wir solche Schlagzeilen. Indirekt zeigen sie, dass eine Stadt nicht allein existieren kann. Kein Problem macht an der Stadtgrenze Halt.
Über vielfältige Beziehungen sind Umland und Stadt miteinander verknüpft:

- arbeitsräumliche Beziehungen,
- Versorgungsbeziehungen,
- Entsorgungsbeziehungen,
- Kommunikationsbeziehungen,
- politisch-administrative Beziehungen.

Von ökologischer Bedeutung sind dabei vor allem die arbeitsräumlichen Relationen sowie die Ver- und Entsorgungsbeziehungen. Alle sind in der Regel mit hohem Transportaufwand verbunden, der wiederum infrastrukturelle und andere materielle Voraussetzungen benötigt: Gebäude, Verkehrswege, Leitungssysteme, Anlagen, Fahrzeuge, Lagerflächen.
Keine Großstadt ist in der Lage, z.B. die Trinkwasserversorgung oder die Müllentsorgung ausschließlich auf eigenem Territorium zu gewährleisten, Ergänzungsflächen im Umland sind nötig. Damit werden allerdings auch die Nutzungsprobleme zu einem großen Teil aus der Stadt ins Umland verlagert, z.B. Grundwasserabsenkung, Wasserverunreinigung, Luftverschmutzung, Geruchsbelästigung, Bodenverdichtung, Flächen„verbrauch".
Andererseits ziehen Städter in das unmittelbare Randgebiet der Stadt, in Erwartung besserer Lebens-, vor allem auch Umweltbedingungen. Mit diesem Prozess der Suburbanisierung sind weitere ökologische Probleme verbunden: erhöhtes Verkehrsaufkommen durch Arbeits-

pendler, Ver- und Entsorgung, steigender Grad der Flächenversiegelung durch Bebauung, Infrastruktur, höherer Verbrauch an Ressourcen wie Wasser, Energie, Baustoffe (Kies/Sand).
Nicht zuletzt hat die Suburbanisierung auch ökonomische Folgen. Das Steuereinkommen der Stadt sinkt zugunsten der Umlandgemeinden, der Bedarf an städtischer Infrastruktur bleibt jedoch gleich oder steigt sogar. Kostendeckung ist kaum noch möglich, die Preise für Dienstleistungen steigen.

Die räumliche Verlagerung von Funktionen hat dazu geführt, dass die Grenze von größeren Städten heute nur noch auf der Landkarte zu erkennen ist. Ökonomisch, sozial und auch ökologisch verschmelzen die Städte mehr und mehr mit ihrem Umland, bilden nur noch den Kern einer Stadtregion (Abb. 142.1). Statt der früheren deutlichen Trennung zwischen städtischen und ländlichen Funktionen (Stadt: industrielle Produktion, Administration, höherrangige Infrastruktur; Land: landwirtschaftliche Produktion, Rohstoffgewinnung, Erholungsraum) erfolgt mit den Veränderungen in Wirtschafts- und Lebensweise ein allmählicher Übergang, der von einer Durchmischung der Funktionen gekennzeichnet ist. Dabei fand bisher vor allem eine Übertragung bestimmter städtischer Funktionen auf die ländlichen Bereiche statt, besonders durch die Verlagerung von Produzieren, Wohnen und Entsorgen, also vorwiegend der Nutzungen mit hohem Flächenbedarf (S. 143). Dem daraus entstandenen doppelten Spannungsverhältnis – allgemein: Interessenkonflikte zwischen Ökologie und Ökonomie, speziell: Interessenkonflikte zwischen Stadt und Umlandgemeinden – versucht man nun mit abgestimmten, komplexen Konzepten zu begegnen. Dabei wird zum einen die Integration verschiedener Planungen angestrebt (> S. 138), zum anderen die interkommunale Kooperation vertieft (z.B. Stadt-Umland-Verbände).

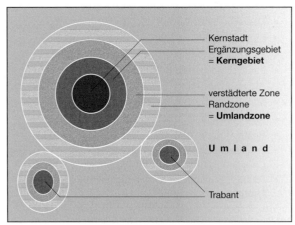

142.1 Modellhafte Gliederung einer Stadtregion

142.2 Stadtversorgung früher: altrömische Wasserleitung

Was eine Stadt braucht und verbraucht

… Die Sicherung der städtischen Lebensgrundlage, also ihre Versorgung mit Nahrungsmitteln, Energie und Wasser, beruhte lange Zeit hauptsächlich auf lokalen und regionalen Produkten und Rohstoffen, wodurch relativ überschaubare Beziehungen und Abhängigkeiten zwischen Stadt und jeweiligem Umland entstanden. Wurden diese durch Übernutzung von Ressourcen (zum Beispiel in der Landwirtschaft) oder durch eine zu hohe Verschmutzung (z.B. Abfallablagerungen) gestört oder gar zerstört, war dies unmittelbar für jeden sichtbar und spürbar. Aus diesem Grunde entwickelten Städte um ihrer Lebensfähigkeit willen schon recht frühzeitig geeignete Strategien für den Umgang mit Ressourcen und ökologischen Belastungen. Fehler, gravierende Missstände oder gar Katastrophen waren zum Teil unvermeidliche Begleiterscheinungen ihrer Bemühungen, die jedoch aufgrund der räumlichen Überschaubarkeit im Vergleich zu heute rasch bewältigt werden konnten – allerdings nicht immer ohne Probleme.

Die Folgen städtischen Lebens werden heutzutage weiträumig nach außen verlagert. Die direkten Bezüge zu natürlichen lokalen und regionalen Lebensgrundlagen sind verloren gegangen und die Dimensionen des Umweltverbrauchs und der Umweltbelastung städtischen Lebens weitestgehend aus dem Gesichtsfeld vieler Menschen verschwunden. Rohstoffe und Waren kommen aus aller Welt, Abfallprodukte, wie Abwässer und Müll, werden über weite Strecken, teilweise in andere Länder oder sogar Erdteile transportiert. Die ehemals überwiegend regionalen Beziehungen und Abhängigkeiten haben sich global ausgeweitet und das frühere Stadt-Land-Verhältnis zu einem Stadt-Welt-Verhältnis weiter entwickelt. Mit der Folge, daß sich Städte wie in einem Supermarkt aus „ihren" weltweit verstreuten Zuliefer-Regionen bedienen.

… Doch nicht nur bezüglich der Ver- und Entsorgung von Städten haben eine räumliche Ausdehnung und ein erhöhter Ressourcenverbrauch stattgefunden. Das Gleiche findet sich auch innerhalb der Städte wieder: Der Städtebau hat im Glauben an die technische Machbarkeit und die Planbarkeit des motorisierten Individualverkehrs die strikte Trennung städtischer Funktionen zum Programm erhoben. Im Vordergrund stand die Idee des gesunden Wohnens im Grünen. Dadurch entwickelte sich zunächst – um den Arbeitsort zu erreichen – der heute so raum-, zeit- und nervenraubende Pendelverkehr, parallel dazu der Einkaufsverkehr in die Städte und in die Supermärkte auf der grünen Wiese sowie schließlich der Freizeitverkehr.

(Quelle: Zukunftsfähiges Deutschland, 1996, S. 254 ff., leicht verändert)

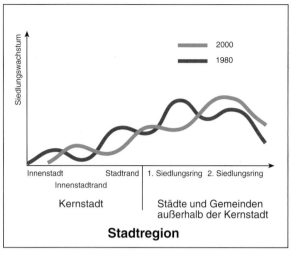

143.1 Entwicklung der Verstädterung in Stadtregionen

Luft:
- 1,1 Mrd. Menschen in Städten leiden unter den Wirkungen extremer Luftverschmutzung, hervorgerufen durch hohen Stromverbrauch, offene Müllverbrennung und extreme Verkehrskonzentration – manche Hauptstadtregionen verfügen über die Hälfte der Kfz des Landes (z.B. Mexiko, Kenia, Iran)

Müll:
- in vielen Entwicklungsländern werden nur 30–50% des städtischen Mülls gesammelt/geordnet entsorgt

Wasser:
- 20–30% der Stadtbewohner in Entwicklungsländern haben höchstens einen Eimer Wasser pro Tag zur Verfügung
- 250 Mio. Städter weltweit haben keinen Zugang zu sauberem Trinkwasser
  (aus: FOCUS 22/1996)

zum Vergleich:
- in einer deutschen Großstadt mit 100 000 Ew. wurden 1930 durchschnittlich 13 000 m³ Wasser pro Tag verbraucht – 1990 waren es ca. 20 000 m³
  (nach: Bundesministerium für Raumordnung, Bauwesen und Städtebau)

143.2 Beispiele für ökologische Probleme in Großstädten

Aufgaben

1. Beschreiben Sie die ökologischen Probleme, die sich aus der Entwicklung von Stadtregionen ergeben (Abb. 143.1, 143.2).
2. Erläutern Sie die Ursachen für mögliche Konflikte zwischen Stadt und Umland bzw. zwischen Ökonomie und Ökologie in einer Stadtregion (Quellentext, Abb. 142.1). Entwickeln Sie Lösungsansätze.

Stadt-Umland-Beziehungen in Industrieländern

In den wirtschaftlich entwickelteren Regionen der Erde leben mehr als zwei Drittel aller Menschen in städtischen Siedlungen, von der Kleinstadt bis zur Metropole. Bis zum Jahr 2000 rechnet man mit drei Vierteln.

In den Industrieländern liegt der Verstädterungsgrad schon heute bei 80%. Das übrige Fünftel lebt in Dörfern, die bereits mehr oder weniger verstädtert sind. Das Umland, vor allem der größeren Städte, ist indirekt schon ein Teil der Stadt geworden.

Die größeren ökologischen Sorgen hat meist die Stadt mit ihrem enormen Ver-/Entsorgungsbedarf und dem konzentrierten Verkehrsaufkommen. Doch auch das Umland ist betroffen: als Pufferzone, Flächenlieferant oder funktionaler Ergänzungsraum. Die Vorteile des einen sind oft die Nachteile des anderen. Regional abgestimmte Entwicklungs- und Handlungskonzepte bekommen einen neuen Stellenwert. Neue Kooperationsformen sollen helfen, die Probleme zu lösen, auch die ökologischen.

Einwohner in städtischen Großräumen (in Mio.)				
	1900[1]	1950	1995	2010
Tokio	2,1	6,9	26,8	28,9
New York	4,1	12,3	16,3	17,2
Los Angeles	0,1	4,0	14,5	13,9
London	6,3	8,4	11,1	k.A.
Paris	2,7	5,5	9,5	k.A.
Berlin	1,9	3,3[1]	3,5[1]	k.A.
Moskau	1,0	8,0	13,2	k.A.
Peking	1,6	5,5	12,4	18,0
Sao Paulo	0,1	2,4	16,4	25,0
Mexiko-Stadt	0,3	3,1	15,6	18,0
Bombay	0,8	2,9	15,1	24,4
Jakarta	0,1	1,2	11,5	17,2
Lagos	< 0,1	0,3	10,3	21,1
Kairo	0,6	3,3	9,7	13,4

[1]*nur eigentliche Stadt, verschiedene Quellen*

144.2 Bevölkerungsentwicklung ausgewählter Stadtregionen in Industrie- und Entwicklungsländern

144.1 Kombinierte Straßen- und U-Bahn

Bei fast stagnierender Bevölkerungsentwicklung steigt der Wohnungsbestand im Umland der Stadt an. Gleichzeitig besitzt dieser Raum auch eine höhere Wirtschaftsdynamik. Intensivere Stadt-Umland-Beziehungen sind die Folge, sichtbar in der hohen Dichte technischer Infrastruktur um die Stadt (Abb. 144.3) und in steigendem Verkehr. Ein spezielles Verkehrsmanagement soll z.B. über Leitsysteme, bessere Nahverkehrsangebote (Abb. 144.1) und Abstimmung der Verkehrsträger die Probleme lösen helfen.

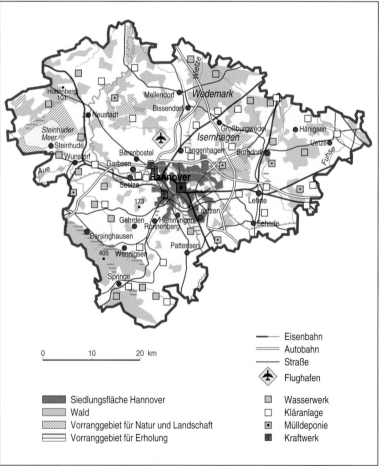

144.3 Technische und Verkehrsinfrastruktur im Großraum Hannover

Stadt-Umland-Beziehungen in Entwicklungsländern

Einer der markantesten gesellschaftlichen Prozesse in weniger entwickelten Regionen ist das rasante Wachstum von Städten. Lebten 1950 nicht einmal 20% der Bewohner von Entwicklungsländern in städtischen Gebieten, so sind es heute mehr als 30%. Besonders schnell und problematisch verläuft die Entwicklung von Hauptstädten oder anderen wirtschaftlichen Zentren (Abb. 144.2). Allein in Afrika hat sich die Zahl der Millionenstädte zwischen 1950 und 1990 von 2 auf 25 erhöht, bis 2000 werden 23 weitere prognostiziert; von vielen Städten kennt man die realen Bevölkerungszahlen nicht.

Hauptproblem ist das ungeplante Ausufern der Städte. Mit dem Zuzug von hunderten – oder wie in São Paulo und Mexiko ca. 2000 – Menschen pro Tag wird die Bereitstellung von Siedlungsfläche zur wichtigsten Funktion des Umlandes. Während jedoch in den Industrieländern die Stadtentwicklung von einem entsprechenden Ausbau der Infrastruktur begleitet wird, entsteht diese in den infor-mellen (nichtgenehmigten) Stadtrandsiedlungen – wenn überhaupt – erst Jahre später. Entsprechend katastrophal sind die Lebensverhältnisse. Gerade die ökologische Situation, v.a. Wasserver- und -entsorgung sowie Müllentsorgung (Abb. 145.1), ist völlig unzureichend und birgt damit große gesundheitliche Gefahren in sich.

So bleiben die Probleme des Städtewachstums, anders als in den Industrieländern, in der wuchernden Stadt und verlagern sich nur wenig ins Umland. Die überforderten Stadtverwaltungen hoffen auf die Selbsthilfe der Einwohner. In Kairo hat dies z.B. zu einer räumlichen Arbeitsteilung zwischen öffentlicher Müllabfuhr und 1500 kleinen Müllsammlerbetrieben geführt (s.u.).

Aufgabe

Vergleichen Sie das Wachstum und die daraus resultierenden ökologischen Probleme der Stadtregionen in Entwicklungs- bzw. Industrieländern. Zeigen Sie Ursachen für die Unterschiede auf.

145.1 Müll überall in der Stadt

Über 20 000 Menschen leben in „Müllsiedlungen" am Rande Kairos von der Verwertung organischer Abfälle durch Schweinezucht und vom Verkauf recycelter Materialien. Doch auch dieses Müllentsorgungsmodell – über dessen Einführung bereits weitere Megastädte nachdenken – führt zu ökologischen Problemen: die offene Verbrennung der nicht verwertbaren Abfälle setzt große Schadstoffmengen frei.

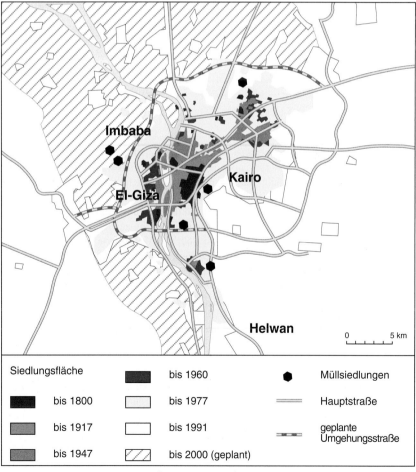

Siedlungsfläche		
bis 1800	bis 1960	Müllsiedlungen
bis 1917	bis 1977	Hauptstraße
bis 1947	bis 1991	geplante Umgehungsstraße
	bis 2000 (geplant)	

145.2 Stadtentwicklung von Kairo (besiedelte Fläche)

Nachhaltigkeit – Modewort oder Notwendigkeit?

1972/73 erschien ein kleines Buch mit großem Inhalt: „Die Grenzen des Wachstums – Bericht an den Club of Rome zur Lage der Menschheit". Nach zwei Jahrzehnten intensiven wirtschaftlichen Wachstums in den Industrie-ländern der westlichen Welt und vor dem Hintergrund der Bevölkerungsexplosion in der Dritten Welt enthielt es die erste laute Warnung vor einer ungebremsten Weiter-führung dieser Politik. Fünf wichtige Entwicklungen von weltweiter Bedeutung wurden untersucht:
- die beschleunigte Industrialisierung,
- das rapide Bevölkerungswachstum,
- die weltweite Unterernährung,
- die Ausbeutung der Rohstoffreserven,
- die Zerstörung des Lebensraumes.

In ihrem Weltmodell versuchten die Wissenschaftler, Zu-sammenhänge zwischen den an diesen Entwicklungen beteiligten Größen zu beschreiben und daraus resultie-rende Folgen aufzuzeigen. Fazit der Studie: Um die ver-schiedenen im Modell ermittelten „Katastrophen" abzu-wenden und einen Zustand des globalen Gleichgewichts zu erreichen, wären erhebliche Veränderungen in Wirt-schafts- und Lebensweise der Menschen nötig. Möglichst schnell müssten freiwillige Wachstumsbeschränkungen greifen, die die naturgegebenen Grenzen berücksichtig-ten (Abb. 146.1).

Die Studie erregte weltweit Aufsehen, aber auch Kritik: es handle sich nur um ein Modell, dazu noch ein glo-bales, und sei daher zu abstrakt; die Möglichkeiten zukünftiger technologischer Lösungen wären zu wenig berücksichtigt; soziale Werte und Faktoren seien kaum einbezogen worden usw. Dahinter stand nicht zuletzt, dass sich viele Menschen – auch politisch Verantwort-liche – nicht von der Idee einer weiteren materiellen Verbesserung des Lebensstandards trennen wollten. Doch diese Idee ist (noch) zu eng mit kontinuierlichem Wirtschaftswachstum verknüpft. So hatte die Warnung zunächst wenig konkrete Wirkung, doch zumindest war eine Diskussion über globale Verantwortung ent-facht.

10 Jahre später waren viele der 1972 aufgegriffenen oder vorhergesagten Probleme so brisant geworden, dass die UNO die Bildung einer „Internationalen Kommission für Umwelt und Entwicklung" beschloss. Diese legte – unter Leitung der norwegischen Ministerpräsidentin G. H. BRUNDTLAND – 1987 ein „Weltprogramm des Wandels" vor. Der Titel ist Programm: „Unsere gemeinsa-me Zukunft".

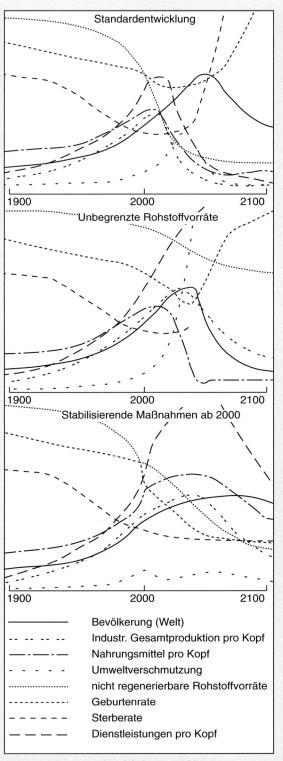

146.1 Drei Szenarien der globalen Entwicklung (aus: Meadows et al.: Die Grenzen des Wachstums, 1973, S.110 ff.)

Nachhaltige Entwicklung

Das Konzept der stabilen, nachhaltigen oder dauerhaften Entwicklung („sustainable development") wird mit dem Brundtland-Bericht zum Schlüsselbegriff für ein zukunftsorientiertes, gemeinsames Handeln in Politik und Wirtschaft.

> „Stabile Entwicklung ist eine Entwicklung, die die Bedürfnisse der Gegenwart befriedigt, ohne aufs Spiel zu setzen, dass die künftigen Generationen ihre Bedürfnisse nicht befriedigen können."
> (aus: Unsere gemeinsame Zukunft, 1987, S.57)

Die Kommission definiert sieben strategische Erfordernisse, deren Umsetzung in den einzelnen Ländern gesichert werden muss, um langfristig wirtschaftliche und soziale Stabilität zu erreichen:

* Belebung des Wachstums,
* Veränderung der Wachstumsqualität,
* Befriedigung der menschlichen Grundbedürfnisse,
* Sicherung stabiler Bevölkerungszahlen,
* Erhaltung und Verbesserung der Ressourcenbasis,
* Neuorientierung von Technologie und Risikoregelung,
* Verbindung von Umwelt und Ökonomie bei Entscheidungsprozessen.

In einem neueren Bericht des Club of Rome („Die Globale Revolution", 1991) wird neben die Lösung der Probleme Armutsschere (Nord-Süd-Konflikt) und Umweltzerstörung (einschließlich Rohstoff- und Energieverbrauch, Abb. 147.1) noch eine weitere dringliche Aufgabe gestellt: die Rüstungskontrolle bzw. die Abrüstung.

Mit dem Ende des Kalten Krieges zwischen den Gesellschaftssystemen hätte diese Forderung jetzt politisch reale Chancen, umgesetzt zu werden. Andererseits stützen viele regionale Spannungsherde die Argumentation für weiterhin vorhandene militärische Stärke. Außerdem hängen weltweit Millionen von Arbeitsplätzen an Rüstungsindustrie und Militär. So wird dieses Problem, wenn überhaupt, nur schrittweise gelöst werden können.

Auch in Deutschland diskutiert man seit längerem über Probleme, Chancen und Wege einer zukunftsfähigen Entwicklung. Der anfänglichen ökologischen Argumentation stehen mittlerweile wirtschaftliche und soziale Gesichtspunkte gleichrangig zur Seite. Dies zeigen Untersuchungen der unterschiedlichsten Einrichtungen, von Ministerien und Bundesämtern über Parteien und Verbände bis zu Hochschulen und wissenschaftlichen Instituten, wie z.B. Wuppertal-Institut für Klima, Umwelt, Energie, Deutsches Institut für Wirtschaftsforschung oder Öko-Institut Freiburg.

Dass ein Umdenken nötig ist, veranschaulicht der Trierer Wirtschaftsprofessor H. SPEHL mit einem Bild: „Es besteht die Möglichkeit, dass wir uns in einem Fahrzeug befinden, das sich . . . auf einen Abgrund zubewegt. Von den Insassen werden unterschiedliche Positionen vertreten:

1. Es gibt keinen Abgrund. Pessimisten haben immer wieder Weltuntergänge vorhergesagt. Das einzig Richtige ist, weiter zu beschleunigen.

2. Es mag sein, dass vor uns ein Abgrund liegt. Aber dies ist kein Grund, etwas zu ändern. Menschlicher Erfindungsgeist hat bisher noch alle Probleme gelöst. Wenn wir uns weiter anstrengen, forschen, entwickeln, produzieren, werden wir auch den Abgrund meistern.

3. Auch wenn es nur wahrscheinlich ist, dass wir auf einen Abgrund zufahren, ist es sinnvoll, zu bremsen und umzusteuern. Dazu müssen wir uns fragen, warum wir eigentlich beschleunigen und warum wir in diese Richtung fahren, und wir können Kräfte gewinnen, die Realität des Abgrundes zu erforschen und zu fragen, was wir eigentlich wollen."

Auch wenn es sicherlich für jede Position Argumente und Fürsprecher gibt, sollten wir fragen, welche Variante langfristig und verantwortungsbewusst gedacht die wirklich nachhaltige ist, und ob die Verantwortlichen in Politik und Wirtschaft bzw. wir selber bereits danach handeln.

Aktuelle Gedanken zu einer nachhaltigen Entwicklung und zur globalen Mitverantwortung wurden 1996 in der Studie „Zukunftsfähiges Deutschland" veröffentlicht. Hier wird z.B. der deutsche Umweltverbrauch bilanziert und gewertet (Abb. 147.1). Das „Weiter – Schneller – Mehr" wird hinterfragt. Es werden soziale, ökologische, ökonomische sowie politische Reformen eingefordert und Vorschläge dafür gemacht.

1000 Menschen belasten die Umwelt jährlich durch : Die linken und rechten Balkenlängen ergeben zusammen jeweils 100 Prozent.		
Energieverbrauch (TJ)	158	22
Treibhausgas (t)	13 700	1300
Ozonschichtkiller (kg)	450	16
Straßen (km)	8	0,7
Gütertransporte (tkm)	4 391 000	776 000
Personentransporte (pkm)	9 126 000	904 000
PKWs (Stück)	443	6
Aluminiumverbrauch (t)	28	2
Zementverbrauch (t)	413	56
Stahlverbrauch (t)	655	5
Hausmüll (t)	400	ca. 120
Sondermüll (t)	187	ca. 2
in Deutschland	in einem Entwicklungsland	

147.1 Vergleich der Umweltbelastung in Deutschland und in Entwicklungsländern

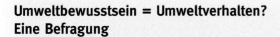
Umweltbewusstsein = Umweltverhalten?
Eine Befragung

Werktag: Schnell zur Schule – doch auch der Bus steht im Stau! Wochenende: Alle wollen zur Natur – aber keiner zu Fuß! Das Umweltbewusstsein in Deutschland steigt, doch das Verhalten entwickelt sich nicht im gleichen Maße. Befragungen können helfen, Ursachen und Lösungen für solche Konflikte zu finden.

Erster Schritt: Der Fragebogen

Zunächst muss geklärt werden, welches konkrete Ziel die Befragung haben soll und welche Informationen dafür erfasst werden müssen. Sinnvoll ist, sich auf die unbedingt nötigen Angaben zu beschränken, um die Befragung auch zeitlich so kurz wie möglich zu halten.

In unserem Falle könnte der Fragebogen folgende Bereiche erfassen:

- Wohnsituation (Lage, Kategorie, Begrünung …);
- Verkehrssituation von/zwischen Wohn- und Zielort (Anbindung, Fahrtdauer/-häufigkeit nach Verkehrsmitteln, Rhythmus/Frequenz der Bedienung …);
- eigenes Verkehrsverhalten (z. B. differenziert nach Anlässen: Arbeit, Einkauf, Freizeit, Urlaub)
- Akzeptanz für verändernde Maßnahmen.

In der Regel nimmt man auch die sozio-demographischen Grunddaten des Befragten auf (Alter/Altersgruppe, Geschlecht, Familienstand/-situation, evtl. Beruf/Tätigkeit), um bei der Auswertung besser differenzieren zu können.

Psychologisch günstig ist die Kombination von verschiedenen Fragetypen:

- normierte/skalierte Fragen, z. B. Auswahl aus angebotenen Antwortmöglichkeiten; Bewertung von vorgegebenen Kriterien anhand einer Werteskala;
- offene/qualitative Fragen, z. B. eigene Assoziationen zu bestimmten Begriffen/Problemen; Vorschläge für Maßnahmen usw.

Beispielfragen:

1. Wie groß ist die Entfernung zwischen Ihrem Wohn- und Ihrem Arbeitsort? .... km
2. Wie lange sind Sie durchschnittlich unterwegs, wenn Sie diesen Weg (eine Strecke!) zurücklegen würden

$_1$zu Fuß	… min
$_2$mit dem Fahrrad	… min
$_3$mit dem Moped/Motorrad	… min
$_4$mit dem Pkw	… min
$_5$mit öffentlichen Verkehrsmitteln	… min

(Die Fußnoten dienen der besseren Übersicht bei der späteren Auswertung.)

3. Welches Verkehrsmittel nutzen Sie für den Arbeitsweg am häufigsten? (Bitte nur ein Kreuz!)

ich gehe zu Fuß	Fahrrad	Moped/ Motorrad	PKW	öffentl. VM
$\circ_1$	$\circ_2$	$\circ_3$	$\circ_4$	$\circ_5$

4. Bitte bewerten Sie die Qualität der öffentlichen VM in Ihrer Region (1 – sehr gut … 5 – unzureichend)

	1	2	3	4	5
$_1$Nähe zum Wohnort	○	○	○	○	○
$_2$Nähe zum Arbeitsort	○	○	○	○	○
$_3$Fahrthäufigkeit	○	○	○	○	○
$_4$Anschlussmöglichkeiten	○	○	○	○	○
$_5$Bequemlichkeit/Komfort	○	○	○	○	○
$_6$Preis-Leistungs-Verhältnis	○	○	○	○	○

Zweiter Schritt: Die Befragung

Die Aussagefähigkeit einer Befragung ist stark von der Auswahl der Probanden (Befragten) abhängig. Sowohl Umfang als auch Struktur der Befragungsgruppe sind hier wichtig. Bei kleinen Untersuchungen kann man Vollständigkeit anstreben, ansonsten sollten alle demographischen Gruppen repräsentativ, also im insgesamt typischen Verhältnis, vertreten sein. Für manche Aussagen sind jedoch auch Stichproben oder Zufallsauswahl (z. B. jeder 5. Passant oder jeder 10. Haushalt einer Straße) hinreichend.

Ein freundliches und fachlich gut vorbereitetes Auftreten des Interviewers ist selbstverständliche Voraussetzung dafür, dass sich Ihre Probanden die notwendige Zeit nehmen und in guter Qualität antworten.

Dritter Schritt: Die Auswertung

Die einzelnen Antworten werden zunächst quantitativ erfasst (ausgezählt) und statistisch ausgewertet (Anteile der jeweiligen Antwortvarianten an der Summe der Antworten zu einer Frage). Zur Beispielfrage 3 könnte dies – bei angenommenen 183 Befragten – so aussehen:

	3_1	3_2	3_3	3_4	3_5	gesamt
absolut	25	37	12	66	43	183
relativ (%)	13,7	20,2	6,6	36,0	23,5	100

Die zweite Stufe ist die Differenzierung der Antworten nach Probandengruppen (z.B. sozial: Altersgruppen, Familiensituation; räumlich: Befragungsort, Wohnort). Das Auswerteprinzip bleibt dabei gleich, nur werden jeweils die Gruppengrößen gleich hundert gesetzt. So können wir z.B. Verhaltensunterschiede bei Frauen und Männern oder bei Jugendlichen mit und ohne Führerschein aufzeigen.

Die höchste Stufe sind qualitative Auswertungen, bei denen durch den Vergleich mehrerer Antworten oder die Interpretation von offenen Fragen auf Probleme, Entwicklungen und Ursachen dafür geschlossen wird. Lösungsansätze werden hier am besten sichtbar.

ÖKOSYSTEM ERDE –

Klima im Wandel

Klima im Wandel – Expertenstreit

In der Beschreibung zukünftiger Zustände ist nichts wirklich sicher außer der Tatsache, dass sich das Klima verändert. Dabei haben im bisherigen Verlauf der Erdgeschichte große Veränderungen stattgefunden. Die glutflüssige Erde hat sich abgekühlt, bis sich an der Oberfläche feste Landmassen und Ozeane herausbilden konnten und Leben möglich wurde. Die Astronomen lehren uns, dass jeder Himmelskörper vergänglich ist, auch die Erde. Bis dahin werden weitere Veränderungen stattfinden. Auf die Frage, wann genau was in welchem Umfang und Tempo geschehen wird und inwieweit der Mensch in diese Veränderungen bewusst oder unbewusst aktiv eingreift, findet man keine eindeutige Antwort. 1996 wurde in der Frankfurter Allgemeinen Zeitung eine heftige Diskussion um die „Klimakatastrophe" geführt, in deren Rahmen die beiden auszugsweise wiedergegebenen Leserbriefe erschienen.

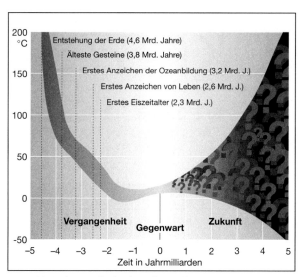

150.2 Veränderung der bodennahen Lufttemperaturen

Irrationale Zukunftsängste

„... sind die bis zum Überdruss strapazierten Klimakatastrophen nur ideologisch gesteuerte Angstsyndrome. Den publizistischen Abnutzungseffekt kompensieren Klimalügen jedoch durch immer neue Varianten besser als andere Modetrends ...

Konnte das Mittelalter seine irrationalen Zukunftsängste noch durch Hexenprozesse in der Form grausamster Denunziation oder durch Veitstänze abreagieren, so müssen wir heute dieselben Ängste humaner auf pseudowissenschaftliche Katastrophentheorien projizieren. Noch vor 20 Jahren wurde uns ständig eine kurz bevorstehende Eiszeit in Aussicht gestellt, die „unwiderlegbar" durch eine langzeitige Temperaturabnahme der Weltmeere „exakt" bewiesen war. Eine derzeitige Klimaerwärmung durch das Kohlendioxid ist ebenso unglaubwürdig, da frühere Epochen der Erdgeschichte mit extrem hohen Kohlendioxidgehalt, wie zum Beispiel das Präkambrium, sehr kalt waren. Wenn solche Klimakatastrophen auch dieselbe Realität wie fliegende Untertassen besitzen, so genießen sie doch ein weitaus höheres gesellschaftliches Ansehen. Ob ein Politiker seiner Sonntagsrede einen betroffenen und verantwortungsbewussten Klang geben möchte oder ob wir unsere letzten Erholungs- und Kulturlandschaften durch nutzlose Windkraftanlagen zerstören wollen, immer leistet ein Hinweis auf die Kohlendioxidkatastrophe dabei gute Dienste. Da nun erste Anzeichen auf ein Abklingen des mediengesteuerten Kohlendioxidhorrors deuten, so sollten wir es endlich in seiner wachstumsfördernden und damit vielleicht auch klimaausgleichenden Weise ruhig wirken lassen und neuen zukünftigen Katastrophen gespannt entgegensehen."

Prof. Dr. Lothar Hoischen, Marburg

150.1 Meinung steht ...

Mit zwingender Kausalkette zur Klimakatastrophe

„... die zeitlichen Änderungen all dieser Klimagrößen zeigen sich bei drei- beziehungsweise vierdimensionaler, hemisphärer oder globaler Betrachtung in gegenseitig sinnvollem Zusammenhang: Verstärkung der atmosphärischen Zirkulation (Winde bis zwölf Kilometer Höhe) und des hydrologischen Kreislaufs.

Das führt auf den (geo)physikalischen Kern des ganzen Problems: die von Kohlendioxid, Methan und anderen Treibhausgasen ausgelöste Zunahme des Wasserdampfgehalts der Luft über den weiten Flächen der tropisch-subtropischen Ozeane und die entsprechende Zunahme von Niederschlag (und Abfluss). Die Treibhausgase erwärmen auch die oberen Schichten der Ozeane bis zum Teil über 30 °C; damit nimmt aber auch die Verdunstung zu und injiziert eine zusätzliche Energie von 10 bis 20 Watt pro Quadratmeter in die Luft. ... Die beobachteten Änderungen führen zwingend auf folgende Kausalkette: Erwärmung der oberen Mischungsschicht der Ozeane in den Tropen um rund 0,01 Grad Celsius pro Jahr infolge des geänderten Strahlungshaushalts, Intensivierung des hydrologischen Kreislaufs und Energiezunahme der Luftzirkulation. Ein Beispiel nur: Im Winter nahmen die das Islandtief umstreichenden bodennahen Winde zwischen den zwanzigjährigen Zeitabschnitten 1951 bis 1970 und 1971 bis 1990 um rund 30% zu; die Sturmhäufigkeit in diesem Bereich hat sich seit 1989 mehr als verdoppelt. Gibt es Klimakatastrophen? Beim Rückzug der großen Eisschilde der letzten Eiszeit hat es viele gegeben – in den letzten 4500 Jahren ist es glücklicherweise ruhiger geworden. Aber dass die Häufigkeit extremer Wetterlagen zunimmt, dafür gibt es jetzt verschiedene Anzeichen. ...

Prof. Dr. Hermann Flohn, Bonn

150.3 ... gegen Meinung

Klimaveränderungen

Innerhalb der Klimaveränderungen sind kurzfristige Variabilitäten deutlich von langfristigen Veränderungen zu unterscheiden. Erst in jüngster Zeit werden natürliche Klimaänderungen durch anthropogene Beeinflussungen ergänzt und in einem Maße überlagert, dass es gegenwärtig schwer fällt, zwischen natürlichen und anthropogenen Klimaveränderungen zu unterscheiden. Das komplexe Begriffsfeld wird im Folgenden auf den Hauptfaktor bodennahe Lufttemperatur beschränkt.

Selbst bei der Betrachtung kürzerer Zeiträume als in Abb. 150.2, etwa der letzten Million Jahre (Abb. 151.1) oder auch der Epoche seit der letzten Eiszeit (Abb. 151.3), wird deutlich, dass das Klima sogar relativ kurzfristig nie so statisch war oder ist wie die gängigen Klimadefinitionen vorgeben. Eindeutige Prognosen sind nicht einmal für kleinste Zeitintervalle möglich. Wenn die Abweichungen vom bisherigen mittleren Zustand des Klimas sich über einen längeren Zeitraum nur in einer Richtung zeigen, spricht man von einer Klimaänderung; kurzzeitige Abweichungen von einem langfristigen Mittelwert, die auch in verschiedenen Richtungen auftreten können, bezeichnet man hingegen als Klimaschwankungen. Je kürzer der betrachtete Zeitraum ist, desto schwerer sind Änderungen und Schwankungen auseinanderzuhalten; man behilft sich

deswegen oft mit dem Sammelbegriff Klimaveränderung. Die Ursachen für globale oder großräumige Klimaveränderungen werden seit langem erforscht, eindeutige Kausalbeziehungen konnten bislang nicht hergestellt werden. Als mögliche Komplexe können benannt werden

- externe/kosmische Ursachen wie z.B.
  - Änderung der Solarkonstante durch eine Änderung der Sonneneinstrahlung,
  - Änderung von Erdbahnelementen durch Einwirkungen auf das Magnetfeld der Erde,
  - zyklische Vorgänge wie Verlagerung der Erdachse durch die Einflüsse von Sonne und Mond,
- interne Ursachen im System Erde–Atmosphäre wie z.B. natürliche Veränderungen im CO_2-Haushalt, Veränderung der planetarischen Reflexion aufgrund von Vulkanausbrüchen, wechselnder Eisbedeckung oder schwankender Land-Meer-Verteilung,
- anthropogene Ursachen wie z.B. vermehrte Abwärmeerzeugung an der Erdoberfläche und verstärkte Eingriffe u.a. in den CO_2-Haushalt.

Auch für die Gegenwart lässt sich mit Sicherheit nur feststellen, dass die Welttemperaturkurve schwankt. Ob es sich um eine echte Änderung des Weltklimas handelt, kann erst die Zukunft zeigen. Dennoch ist es nicht nur erlaubt, sondern sogar geboten, das rezente Geschehen hochzurechnen und über mögliche Auswirkungen Rechenschaft abzulegen (> S. 162–167).

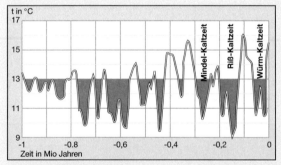

151.1 Bodennahe Lufttemperatur der letzten Mio. Jahre

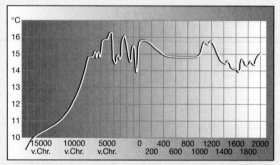

151.3 Nacheiszeitliche Temperaturen auf der Nordhalbkugel

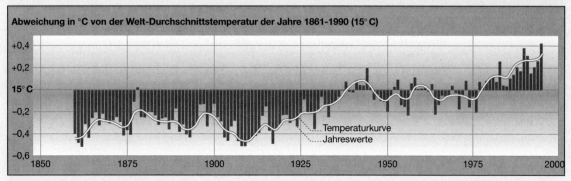

151.2 Weltmitteltemperatur von 1861–1990

Die Solarkonstante und der natürliche Treibhauseffekt

Fast die gesamte auf und über der Erdoberfläche wirksame Energie stammt aus der solaren Einstrahlung. Die Energieeingangsgröße im System Erde-Atmosphäre-Weltraum bezeichnet man als Solarkonstante (in Abb. 152.1 mit 100% gleichgesetzt). Wegen der Kugelgestalt der Erde kommen von dieser Energie nur rund 25% auf der Erdoberfläche an; das entspricht grob gerechnet immer noch etwa 8,5 kWh/m²/Tag oder einer täglichen Energieeinstrahlung pro m² Erdoberfläche, mit der man 6 Glühlampen à 60 W rund 24 Stunden lang brennen lassen könnte, vorausgesetzt es wäre technisch möglich, die Einstrahlung ohne Verluste zu übertragen. Setzt man den Wert einer kWh mit bescheidenen 0,10 DM an, so ergäbe sich für ein 500 m² großes Grundstück eine tägliche Durchschnittseinstrahlung im Wert von 425,00 DM.

Die Sonnenstrahlung gehört zu den elektromagnetischen Strahlungen. Sie reichen von den extrem kurzwelligen kosmischen über die Gamma-, Röntgen- und UV-Strahlung bis zum sichtbaren Licht und weiter zu den immer langwelliger werdenden Infrarotstrahlen und Radiowellen.

Als Faustregel gilt: Je höher die Temperatur des emittierenden Untergrundes, desto kürzer ist die Wellenlänge und je kürzer die Wellenlänge, desto durchdringungsfähiger ist die Strahlung. Die Sonnenstrahlung ist weitgehend kurzwellig und damit in der Lage, die Atmosphäre leicht zu durchdringen. Die solare Einstrahlung wird je nach Untergrund (Farbe, Zusammensetzung der Wolke usw.) entweder reflektiert (spiegelnd oder diffus) oder absorbiert. Bei der Absorption wird die eingestrahlte Energie teilweise zu fühlbarer Wärme (Erwärmung der Erd- bzw. Wasseroberfläche sowie der Luft), teilweise zu latenter Wärme (Prozesswärme bei Verdunstungs- oder

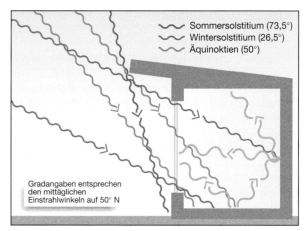

Gradangaben entsprechen den mittäglichen Einstrahlwinkeln auf 50° N

~~ Sommersolstitium (73,5°)
~~ Wintersolstitium (26,5°)
~~ Äquinoktien (50°)

152.2 Prinzip eines Treibhauses

Kondensationsprozessen) umgewandelt. Die Wärme wird wieder ausgestrahlt, jetzt aber im langwelligen Bereich. Diese langwellige Ausstrahlung kann die Atmosphäre aber nicht so gut durchdringen wie die kurzwellige Einstrahlung. Die Ausstrahlung wird deswegen u.a. von Wasserdampf, Kohlendioxid und Ozon absorbiert oder zurückgestrahlt. Wegen dieser Gegenstrahlung liegt die bodennahe Erdmitteltemperatur bei 15 °C. Ohne die Treibhausgase, die die Gegenstrahlung auslösen, wären es nur –18 °C.

Aufgaben

1. Erklären Sie den natürlichen Treibhauseffekt.
2. Begründen Sie den Dachüberstand in Abb. 152.2.
3. Erläutern Sie die drei in Abb. 152.1 enthaltenen Strahlungsbilanzen.
4. Erläutern Sie die Lebensmöglichkeiten auf der Erde ohne die Gegenstrahlung.

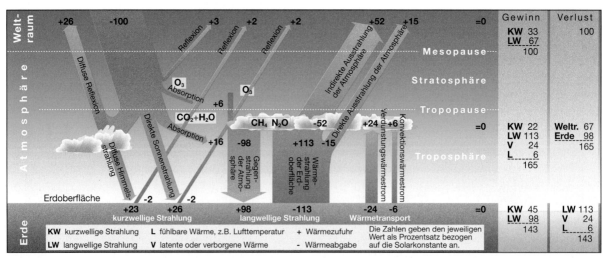

152.1 Globale Strahlungsbilanz für das System Erde-Atmosphäre-Weltraum

Globaler Wärme- und Wasserhaushalt

Die globale Wärmestrahlung setzt sich hauptsächlich zusammen aus

- der fühlbaren (sensiblen) Wärme, die mit dem Thermometer messbar und eine Folge der molekularen Bewegungsenergie ist sowie
- der verborgenen (latenten) Wärme, die im Wasserdampf der Luft enthalten ist und bei Verdunstungsvorgängen gebunden, bei Kondensationsvorgängen freigesetzt wird.

Die jeweilige Verteilung der Wärme hängt u.a. von der Breitenlage, der Tageszeit, der Jahreszeit, vom unterschiedlichen Verhalten der Medien wie Erdboden, Gestein, Vegetation und Wasser, von der Himmelsbedeckung und dem Feuchtegehalt der Luft ab. Da die Wärme permanent umverteilt wird, gibt es niemals einen statischen Zustand. Mit wesentlich geringeren Anteilen sind am globalen Wärmehaushalt beteiligt:

1. der Wärmetransport in den Boden und ins Meer
2. der Wärmeverbrauch beim Schmelzen von Eis und Schnee sowie zur Erwärmung von Niederschlägen,
3. die Wärmezufuhr durch Reibung des Windes am Erdboden und
4. der Energieumsatz durch biologische Vorgänge.

Da die Erde als Ganzes ein geschlossenes System ist, ist der globale Wasserhaushalt sehr einfach zu formulieren, nämlich N = V, Niederschlag gleich Verdunstung. Bei genauerer globaler wie bei jeder regionalen Betrachtung

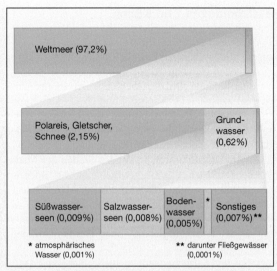

153.2 Verteilung der globalen Wassermenge

muss V jedoch deutlich differenziert werden: Neben der Verdunstung im engeren Sinne spielen der Abfluss (A), die sehr unterschiedlichen Rücklagen (R) (Abb. 153.1) sowie der so genannte Aufbrauch (B) von Rücklagen eine wichtige Rolle, sodass die genauere Formel N = A + V + (R – B) heißen muss. Will man noch genauer sein, dann kann man den Abfluss nach oberirdischem (Ao) und unterirdischem Abfluss (Au) differenzieren sowie die Gleichung um das Bodenwasser (G) und das Wasser in abflusslosen (F) Speichern ergänzen; daraus ergibt sich die Formel:

$$N = Ao + Au + V + G + F + (R – B)$$

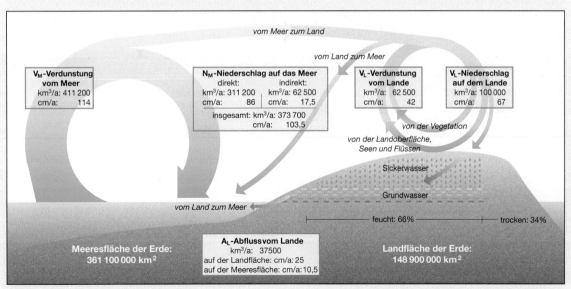

153.1 Schema des Wasserkreislaufs der Erde

Meeresströmungen und Klima

Neben der atmospärischen Zirkulation sorgen Meeresströmungen für den globalen Temperaturausgleich (> S. 153). Schon lange bekannt sind die Oberflächenströmungen, bei denen man zwischen Drift- (Trift-) und Gradientströmungen unterscheidet. Driftströmungen werden vom Wind erzeugt. Sie reichen nicht sehr tief und sind wegen der Windabhängigkeit unbeständig. Regelmäßige Winde wie vor allem die Passate führen an einigen Stellen der Meere zu Wasserstauungen (Konvergenzgebiete), an anderen zum Gegenteil (Divergenzgebiete), d.h. der Meeresspiegel ist auch ohne Tideeinflüsse unterschiedlich hoch. Zwischen den Konvergenz- und den Divergenzgebieten kommt es zu Druckausgleichs- oder Gradientströmen. Gradientströme werden auch ausgelöst durch Luftdruck-, Temperatur- und Salzgehaltsunterschiede. Neben die Drift- und Gradientströme treten die Gezeitenströme.

Bahn und Geschwindigkeit der Meeresströmungen werden beeinflusst durch Reibung, Coriolisablenkung und Form des Meeresbodens. Als Folge der Reibung des Windes an der Meeresoberfläche wird das Oberflächenwasser nachgeschleppt. Wegen der Coriolisablenkung wird die Oberflächenströmung auf der Nordhalbkugel nach rechts, auf der Südhalbkugel nach links abgelenkt. Mit zunehmender Tiefe verringert sich die von der Oberfläche beeinflusste Strömungsgeschwindigkeit und die Coriolisablenkung wird stärker. Auf 50° nördlicher Breite und bei einer Windgeschwindigkeit von 7 m/sec ist die Strömungsrichtung bereits in 60 m Tiefe um 180° abgelenkt, die Strömungsgeschwindigkeit aber auch auf 1/23 der Ausgangsgeschwindigkeit reduziert. In rund 200 m Tiefe hört jeder direkte Einfluss der Meeresoberfläche auf.

Die mit den horizontalen Strömungen eng verknüpften vertikalen Strömungen sind noch nicht vollständig erforscht. Auch fehlt noch immer eine komplette Verknüpfung der ozeanischen mit der atmosphärischen Zirkulation. Insgesamt ist aber schon gesicherte Erkenntnis, dass die Oberflächen- und Tiefenströmungen ein System bilden, das als eine Wärmepumpe wirkt, die für den Erhalt des globalen Klimas unerlässlich ist (Abb. 154.2).

So strömen z.B. warme Wassermassen aus tropischen Regionen oberflächennah in den Nordatlantik. Wegen der starken Verdunstung in den Tropen ist dieses Wasser recht salzhaltig. In der Nähe von Grönland wird die im Wasser gespeicherte Wärme an die arktischen Luftmassen abgegeben, die auf diese Weise für vergleichsweise milde Winter in West- und Nordeuropa sorgen können. Das Wasser wird durch die Abkühlung schwerer, sinkt ab und fließt als Tiefenströmung in den Südatlantik, wo es wärmer und damit weniger dicht ist als das sehr kalte Oberflächenwasser und deshalb teilweise aufsteigt. Diese Teile fließen oberflächennah durch die Tropen nach Norden zurück und bilden so die atlantische Zirkulationszelle. Andere Teile strömen weiter bis zur Antarktis, werden dort bis auf 4°C abgekühlt und sinken nach unten, wo sie das größte Kaltwasserreservoir der Erde bilden. Zungen aus diesem Reservoir dringen in den Indischen Ozean und den Pazifik vor, wobei die kalten bodennahen Nordströmungen durch Verdünnung eine Abnahme des Salzgehaltes erfahren. Dadurch wird das Wasser leichter, steigt auf und strebt oberflächennah nach Süden zurück.

Aufgaben

1. Vergleichen Sie Abb. 154.1 und 155.1. Erörtern Sie dabei Vor- und Nachteile von Schematisierungen.
2. Beschreiben Sie das Prinzip der Wärmepumpe und deren Auswirkungen auf Nordwesteuropa.
3. Erläutern Sie die Bedeutung der jeweiligen Wassertemperatur für die globale Zirkulation.

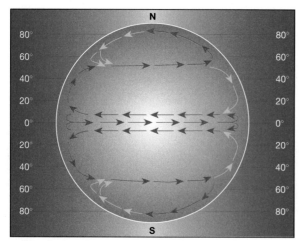

154.1 Schema der Oberflächenströmungen

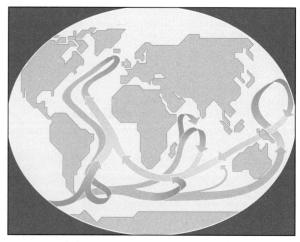

154.2 Vereinfachtes globales Zirkulationssystem

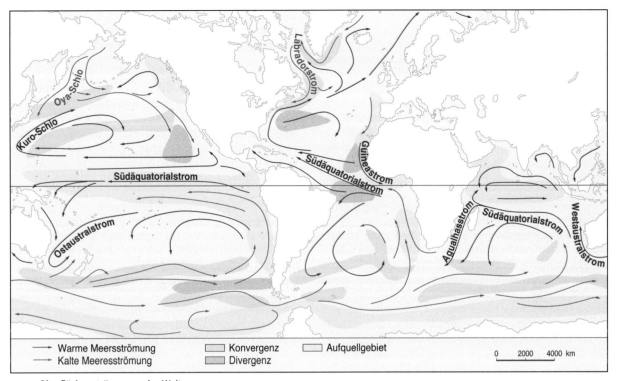

Legende:
— Warme Meeresströmung
— Kalte Meeresströmung
▨ Konvergenz
▨ Divergenz
☐ Aufquellgebiet

0   2000   4000 km

155.1 Oberflächenströmungen im Weltmeer

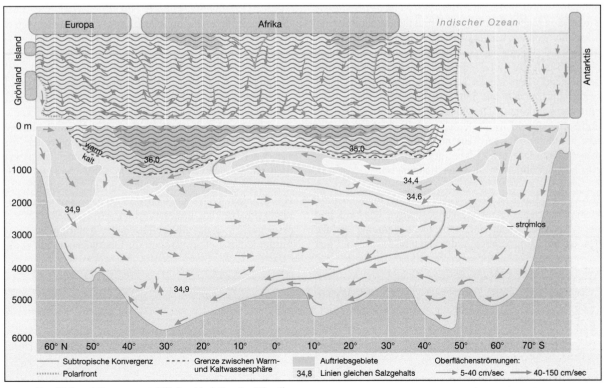

Legende:
— Subtropische Konvergenz
····· Polarfront
--- Grenze zwischen Warm-
und Kaltwassersphäre
34,8 Linien gleichen Salzgehalts
▨ Auftriebsgebiete
Oberflächenströmungen:
→ 5-40 cm/sec
→ 40-150 cm/sec

155.2 Oberflächenströmungen und Tiefenzirkulation im Atlantik

Variabilität des Klimas

Zum System Klima gehört die Variabilität, die von unterschiedlichen Wechselwirkungen atmosphärischer Parameter mit den Klimafaktoren der Erdoberfläche hervorgerufen wird. Temperatur- und Niederschlagsvariabilitäten können hohe Risikofaktoren darstellen. Wirken sich Niederschlagsvariabilitäten eher regional aus, so können Variabilitäten in den atmosphärischen und ozeanischen Zirkulationen globale Auswirkungen haben. In der nordatlantischen Strömung ist das nach Norden fließende salzärmere Oberflächenwasser rund 8 °C wärmer als die nach Süden gerichtete salzreichere Tiefenströmung. Eine geringfügige Änderung in dieser Zirkulation hätte weitreichende Auswirkungen.

In höheren geographischen Breiten ist die Zufuhr an Süßwasser durch Niederschläge und Fließgewässereinmündungen größer als die Verdunstung. Die globale ozeanische Zirkulation muss dieses Süßwasser rasch abführen, damit der jeweilige Salzgehalt relativ stabil bleibt und damit auch die Zirkulation. Sollte dieser rasche Abtransport – aus welchen Gründen auch immer – nur für eine kurze Zeit nicht gewährleistet sein, wäre dies für Europa sehr folgenreich. Die Wärmeabgabe an die arktischen Luftmassen wäre unterbrochen und bliebe es für lange Zeit. Die Wintertemperaturen über dem Nordatlantik gingen um mindestens 5 °C zurück und Irland bekäme das Klima Spitzbergens. Computersimulationen zeigen, dass die globale ozeanische Zirkulation langfristig auch den Nordatlantik bzw. die antarktischen Gebiete wieder einbezöge. Von der Wasseroberfläche würde Wärme nach unten gelangen, Salz würde nach oben diffundieren und dadurch die Dichte des stagnierenden Tiefenwassers soweit verringern, dass in einem der beiden Polargebiete mit Salz angereichertes Wasser nach unten sinken könnte. Die globale Zirkulation von Wärme und Salzgehalte käme wieder in Gang. Es wären aber mehrere Hunderte oder gar Tausende von Jahren vergangen, d. h. es hätte eine neue Eiszeit gegeben, mindestens aber eine lange Periode sehr niedriger Temperaturen.

Dass sich das globale Klimasystem der Erde immer wieder recht plötzlich geändert hat, ist unbestreitbar. Die Ursachen für diese Änderungen sind noch nicht eindeutig geklärt. Klar ist, dass großräumige Änderungen in der ozeanischen Zirkulation der wichtigste Mechanismus waren; inwieweit die atmosphärische Zirkulation dazu beigetragen hat oder gar auslösend war, muss noch weiter erforscht werden.

El Niño

Zu den auffälligsten Variabilitäten gehört das El-Niño-Phänomen im tropischen (bis subtropischen) Weltmeer. Am besten erforscht ist es im Südpazifik, weil es dort als Singularität sehr früh bekannt wurde und die bislang schwersten Folgen bewirkte. Seinen Namen (el niño – der Knabe, das Christkind) erhielt es, weil es meist zur Weihnachtszeit, d. h. zu Beginn des Südsommers auftritt.

Um das El-Niño-Phänomen zu verstehen, muss man sich zunächst noch einmal der planetarischen Zirkulation zuwenden (> S. 13). Die tropischen Zirkulationszellen, die von dem Briten HADLEY schon zu Beginn des 18. Jahrhunderts vorhergesagt wurden, erzeugen bodennah die Nordost- und Südostpassate, die im Bereich der äquatorialen Tiefdruckrinne konvergieren (> S. 48). Zur tropischen atmosphärischen Zirkulation gehört außerdem die von dem Amerikaner WALKER erst in diesem Jahrhundert erkannte Walker-Zirkulation. Sie besteht aus mehreren Zirkulationsrädern, die von annähernd parallel bis ungefähr senkrecht zu den Hadley-Zellen angeordnet sind. Vereinfachend kann man sagen, dass eine Walker-Zirkulationszelle gekennzeichnet ist durch aufsteigende Luft über den relativ warmen Kontinentalgebieten und absteigende Luft über den kalten Meeresströmungen an den Westseiten vor allem Lateinamerikas und Afrikas (Abb. 156.1).

Die über dem kalten Humboldt- bzw. Perustrom absteigende Luft der pazifischen Walker-Zirkulationszelle verstärkt den Südostpassat der Hadley-Zelle so sehr, dass es zu einer kräftigen ostwestgerichteten Luftströmung kommt. Diese Ostwestströmung treibt den südäquatorialen Meeresstrom an und verfrachtet riesige Wassermassen nach Westen, wo vor den Küsten Nordaustraliens und Indomalaysiens ein Stau mit warmem Wasser entsteht. Dieser bewirkt einen Meeresspiegelanstieg von 40 bis 50 cm im Westpazifik und ein Absinken um bis zu 20 cm im Ostpazifik vor der peruanischen Küste, d. h. insgesamt einen schräggestellten Meeresspiegel. Im Ostpazifik quillt aus der Antarktis herangeführtes kaltes Tiefenwasser an die Oberfläche und hebt die

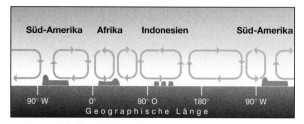

156.1 Vereinfachtes Schema der Walker-Zirkulation

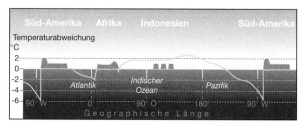

156.2 Abweichungen von der mittleren Oberflächentemperatur

Sprungschicht, die Dichtesprungfläche zwischen wärmerem Oberflächen- und kaltem Tiefenwasser, auf 50 m unter dem Meeresspiegel an (Abb. 157.1). Im Westpazifik wird die Sprungschicht durch den Warmwasserstau auf rund 200 m unter dem Meeresspiegel hinabgedrückt. Die mittlere Oberflächentemperatur beträgt im tropischen Ostpazifik 20 °C, im Warmwasserstaugebiet Indomalaysiens 28–30 °C. Das kalte Auftriebswasser vor der peruanischen Küste ist sauerstoff- und damit auch nährstoffreich und führt zu reichhaltigen Fischschwärmen und diese zu riesigen Seevogelkolonien. Die Fischfänge und die Ausscheidungen der Vogelschwärme (Guano) sind wichtige Marktprodukte.

Wenn sich die ITC zwischen November und Januar nach Süden verlagert, führt dies zu einer Abschwächung des Südostpassats. Um Weihnachten herum kommt es deswegen zu einem schwächeren Wegdrücken des Oberflächenwassers vor der peruanischen Küste.

In unregelmäßigen Abständen von drei bis zehn Jahren wird diese weihnachtliche Abschwächung zu einem so genannten El-Niño-Ereignis, bei dem es bis zu einer Umkehrung der Schrägstellung der Meeresoberfläche kommen kann. Eine gigantische Ozeanwelle schwappt dann von West nach Ost über den Pazifik und bringt einen Warmwasserzufluss vor die peruanische Küste. Die Sprungschicht steigt im Westen an und sinkt vor Peru ab. Dadurch wird das aufquellende Kaltwasser abgeschnürt, der Sauerstoffgehalt des Oberflächenwassers nimmt ab, die Mikroorganismen sterben, den Fischschwärmen wird die Nahrungsgrundlage entzogen. Damit verringern sich auch die Vogelkolonien entweder durch Absterben oder durch Abwandern. Bei einem Super-El-Niño können die von West

nach Ost über den kalten Humboldstrom hinweggeführten Warmwassermassen das übliche küstennahe atmosphärische Absinken in ein atmosphärisches Aufsteigen mit entsprechender Wolken- und Niederschlagsbildung umkehren. 1983 kam es zu einer zeitweiligen völligen Umkehr der Walker-Zirkulation. So erhielt Santa Cruz auf den Galapagosinseln von Dezember 1982 bis Juni 1983 3325 mm Niederschlag statt der durchschnittlichen 374 mm. Die Atacama, eine der trockensten Wüsten, erblühte dank starker Regenfälle, erfuhr aber auch starke Erosionen und eine gewaltige Zerstörung der Oasenkulturen. In niederschlagsreichen Gebieten Indomalaysiens, Lateinamerikas und selbst Afrikas kam es hingegen zu ausgeprägten Dürren und Waldbränden. Einige Klimatologen bringen El-Niño-Ereignisse sogar in Verbindung mit Dürren in Nordamerika und selbst in Mitteleuropa. Neben El-Niño-Ereignisse treten, ebenfalls unregelmäßig, La-Niña-Ereignisse auf, deren Auswirkungen eine deutliche Verstärkung des häufigeren und deswegen normalen Zustandes darstellen.

Aufgaben

1. Erläutern Sie, wie durch eine unzureichende Abfuhr von Süßwasserzuflüssen im Nordatlantik eine neue Eiszeit entstehen kann.
2. Beschreiben Sie den Einfluss des Südostpassats auf den Luftdruck, die Niederschläge und das Verhalten des Wasserkörpers im tropischen Südpazifik.
3. Erläutern Sie die Folgen einer zeitweisen Abschwächung des Südostpassats bzw. der Walker-Zirkulation vor der peruanischen Küste.

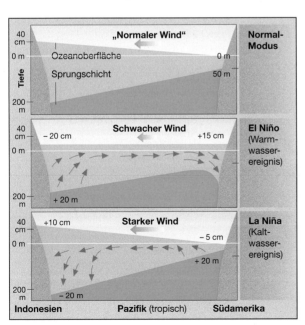

157.1 Normal-, El-Niño und La-Niña-Zustand

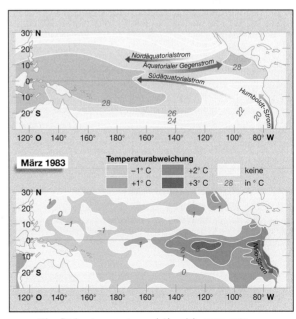

157.2 Oberflächentemperatur und Abweichungen 1983

Anthropogene Einwirkungen auf das Klimasystem

Das Klimasystem der Erde hat sich im Laufe der Erdgeschichte zu dem Zustand entwickelt, den der historische Mensch vorfand. Dieses System entwickelt sich auch ohne Zutun des Menschen weiter. Zunehmend greift jedoch der Mensch in diese Entwicklung ein, ohne die Folgen seines Tuns hinreichend abzuschätzen, oft sogar ohne überhaupt zu wissen, dass sein Tun Auswirkungen auf das Klima haben kann, die ihm selbst außerordentlich gefährlich werden können.

Er tat dies schon lange vor der Industrialisierung und der Urbanisierung, u.a. indem er Teile der natürlichen Vegetation rodete und Kulturpflanzungen anlegte, von der extensiven zur intensiven Weidewirtschaft überging, Gebäude und Straßen baute, Wasser entnahm und verschmutzt zurückgab, Holz, Torf und Kohle verbrannte.

Seine Eingriffe verstärken sich heute in zunehmendem Maße bereits durch seine bloße Vermehrung und die damit verbundenen immer stärkeren Eingriffe in den Raum, die sich vor allem in der Ausweitung der totalen Kulturlandschaft mit ihren wachsenden Agglomerationen und Industrierevieren zeigen.

Die Einwirkungen haben im Laufe der bisherigen Menschheitsgeschichte nur solche Auswirkungen erreicht, dass sie im Vergleich zu den natürlichen Klimaveränderungen allenfalls von lokaler Bedeutung waren. Heute erreichen sie Größenordnungen, die global wirksam werden und das Klimasystem nachhaltig verändern können.

Angesichts der Häufung extremer Wetterlagen in den letzten Jahren wird in der Öffentlichkeit zunehmend öfter vermutet, dass dies bereits die ersten Folgen einer Verstärkung des Treibhauseffekts sind. Die Wissenschaft vermag diese Vermutungen bis heute nicht eindeutig zu bestätigen. Sicher ist nur, dass der Mensch immer größere Mengen an Spurengasen in die Atmosphäre einträgt und damit den Strahlungshaushalt (> S. 153) der Erde verändert. Die zusätzlichen Spurengase verstärken den Treibhauseffekt und führen so zu einer Erwärmung der unteren Troposphäre. Gleichzeitig kommt es zu erheblichen Störungen der Ozonschicht, womit der Mensch auch in die Stratosphäre verändernd eingreift.

Aufgaben

1. Beschreiben Sie, wie das Bevölkerungswachstum zur Klimaänderung beiträgt (Abb. 158.1).
2. Erläutern Sie am Beispiel der Viehhaltung die anthropogenen Einflüsse auf das Klimasystem der Erde (Abb. 159.1).
3. Beurteilen Sie den von der Organisation Pro Regenwald verbreiteten Aufkleber „CO_2 – Autofahren gefährdet das Klima".

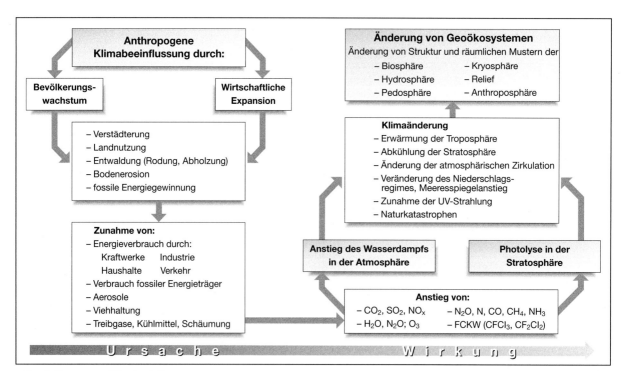

158.1 Anthropogene Klimabeeinflussung

„Ein Hauch von Pestilenz", so formuliert es der amerikanische Öko-Experte Jeremy Rifkin, hafte vor allem den weltweit 1,28 Milliarden Rindern an: „Wie hufscharrende Heuschrecken schwärmen sie über die Weideflächen Europas, Amerikas, Afrikas und Australiens aus und verschlingen, was in einer Jahrmillionen währenden Entwicklung entstanden ist." Die Viecher vernichten nicht nur den Boden. Mit ihren Exkrementen und Darmgasen verseuchen sie auch das Wasser und die Luft:

- Jedes Rind scheidet pro Jahr knapp eine Tonne organischer Abfälle aus. Mehr als die Hälfte der organischen Schadstoffe in nordamerikanischen Gewässern stammt aus der Rindermast.
- Unter der gigantischen Stickstoffdusche, die sich aus Rinderfürzen und Hühnergülle bildet, ersticken in Deutschland immer mehr Bäume. „Eine Kuh entläßt doppelt so viel Stickstoff in die Luft wie ein Auto ohne Katalysator", errechnete der Waldschützer-Bund Robin Wood.
- Die rund 75 Millionen Tonnen des Treibhausgases Methan schließlich, die jährlich durch Rülpser und Blähungen von Rindern, Schafen und Schweinen entweichen, sorgen mit für die Aufheizung der Erdatmosphäre.

„Jedes Pfund Fleisch", resümiert Rifkin, „bezahlen wir mit abgebrannten Wäldern, verdorrten Böden, ausgelaugten Feldern, ausgetrockneten Flüssen und Bächen und einer durch Abermillionen Tonnen Kohlendioxid, Stickstoffoxid und Methan vergifteten Atmosphäre".

Der Spiegel 13/1996

159.1 Tierhaltung und Umwelt

Spurengas	wichtigste anthropogene Quellen	Verweilzeit in der Atmosphäre	Entwicklungstrend	mögliche Klima- und Temperaturänderungen in der bodennahen Luftschicht
Kohlendioxid (CO_2)	fossile Brennstoffe, Abholzung	Trop: 6–10 a Strat: 2 a	um 1850: 250–290 ppm 1984: 345 ppm Anstieg: 0,4%/a	Trop: Erwärmung Strat: Abkühlung
Methan (CH_4)	Reisfelder, Viehhaltung, Verbrennen von Biomasse Erdgaslecks, fossile Brennstoffe	9–10 a	1960 ff: 1,3–1,4 ppm 1980 ff: 1,6–1,7 ppm Anstieg: 1–2%/a	Trop: Treib Strat: Beeinflussung der Chemie
Ozon (O_3)	fotochemische Reaktionen	Trop: 30–90 d Strat: 2 a	Trop/untere Strat: Anstieg obere Strat: Abnahme	Trop: Erwärmung
Wasserdampf (H_2O)	Verbrennungsprozesse, Fernflüge	Trop: 10 d Strat: 2	Anstieg durch Zunahme von Industrie und Flugverkehr	Trop: Treib Strat: Einfluss auf Spurenstoffe
Stickoxide (N_2O, NO_x)	fossile Brennstoffe, Verbrennen von Biomasse, Düngemittel	165–185 a	Anstieg: 0,2–0,3%/a	Trop: Treib Strat: Beeinflussung des O_3-Haushalts
Fluorchlorkohlenwasserstoffe	Treibgase, Kühlmittel, Kunststoffschäumung	65–110 a	Anstieg: 3–5%/a	Treib
ppm: d: a:	parts per million (10^{-6}) Tage Jahre	Trop: Strat: Treib:	Troposphäre Stratosphäre Verstärkung des Treibhauseffekts	

159.2 Überblick über eine Auswahl der klimawirksamen Spurengase

Klimawirksame Gase und Energieerzeugung

„Ein Charakteristikum der modernen Menschheit ist ihr Energiebedarf. Mit Energie können wir alles bewerkstelligen, ohne sind wir eine Art große Schimpansen", schreibt E. G. NISBET in seinem Buch „Globale Umweltveränderungen" (1991/94). Zwar hat der Mensch schon immer Energie benötigt und produziert – ohne das Feuer wäre die Menschheitsentwicklung undenkbar –, mit Beginn der Industrialisierung trat die Energieverwendung jedoch in eine neue Phase.

Mit dem über 200 Jahre exponentiell gestiegenen Energieverbrauch in den Industrieländern (Abb. 160.1) ging auch ein ebensolcher Anstieg des Schadstoffausstoßes einher, allen voran der klimawirksamen Gase CO_2, CH_4, NO_X, N_2O (Abb. 160.2). Sie entstehen vor allem bei der Gewinnung und bei der Verbrennung von fossilen Energieträgern (Kohle, Erdöl, Erdgas). Während die Entstehung von Stickoxiden oder auch Schwefelverbindungen technologisch reduziert bzw. verhindert werden kann, wird Kohlendioxid bei den Verbrennungsprozessen immer freigesetzt.

Neben dem industriellen Verbrauch, dessen Emissionen sich großtechnisch relativ gut verringern lassen, liegt der Schwerpunkt des energiebedingten Schadstoffausstoßes vor allem im Verkehr und im Bereich der Haushalte, hier insbesondere bei der Heizung (Abb. 160.3).

Das größte Problem ist das kontinuierliche Wachstum der Schadstoffemission. Das Selbstreinigungs- bzw. Puffervermögen von natürlichen Systemen kann so nicht nur zeitweilig, sondern anhaltend überfordert werden. Besonders deutlich wird dies am Beispiel des Kohlendioxids, das allein für über die Hälfte des anthropogenen Treibhauseffektes verantwortlich ist: seit 1850 ist die CO_2-Konzentration in der Luft von 0,29‰ auf 0,35‰ gestiegen, was einer Aufnahme von etwa 40% der in diesem Zeitraum freigesetzten CO_2-Menge entspricht, nur 60% konnten über Ozeane und Vegetation absorbiert werden.

In den Industrieländern wird versucht, die Effizienz der Energienutzung (Wirkungsgrad) zu steigern und den Schadstoffausstoß durch neue Technologien zu reduzieren. So sinken – bei wachsendem Energiebedarf – realer Verbrauch und Emissionen. Auch der Einsatz regenerativer bzw. alternativer Energien wird vorangetrieben, doch sind etliche technologische und ökologische Probleme noch klärungsbedürftig. Derzeit stammen in Deutschland nur etwa 2% des Primärenergieverbrauchs aus erneuerbaren Energien, der weitaus größte Teil davon aus Wasserkraft. Gleichzeitig hat unser Land – bei nicht einmal 0,7% der Weltbevölkerung – einen Anteil von ca. 4% an der vom Menschen erzeugten CO_2-Menge, vorrangig aus der Energienutzung.

In einer Reihe von Entwicklungsländern führen die wirtschaftlichen Bedingungen des globalen Marktes zu einer „Aufholjagd" in Industrie und Verkehr und damit auch im energetischen Bereich. Aus Kostengründen

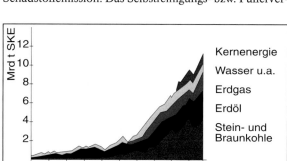

160.1 Entwicklung des Energieverbrauchs

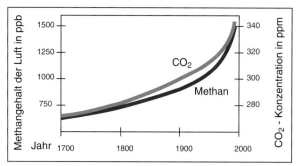

160.2 Schadstoffkonzentration in der Atmosphäre

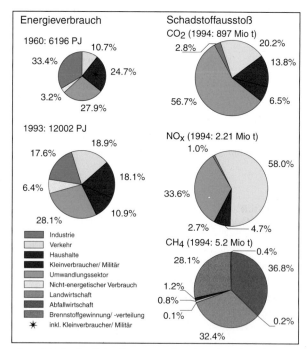

160.3 Anteile der Nutzsektoren am Energieverbrauch und Schadstoffausstoß in Deutschland

erfolgt dies sehr oft mit veralteter Technik und in großen Dimensionen. So liegen die Wirkungsgrade von Kraftwerken oft unter der Hälfte der Werte der Industrieländer. Übertragungsverluste bei Strom belaufen sich schnell auf fast ein Drittel der Gesamtproduktion (Industrieländer ca. 5%)

Entsprechend hoch sind die Schadstoffemissionen: Bis zum Jahr 2010 rechnet man mit einem Anteil der Entwicklungsländer von etwa 80% am Kohlendioxidausstoß auf der Erde – bei einem Anteil am Energieverbrauch von dann ca. 50%.

Zur Lösung der Probleme wird in den Industrieländern neben technologischen Möglichkeiten der Effizienzsteigerung und der Energieeinsparung auch die Einführung einer Energie(verbrauchs)steuer diskutiert – jedoch noch ohne konkrete Ergebnisse. In den Entwicklungsländern wären dagegen eher technologischer Fortschritt und die Einführung alternativer Energiegewinnungsmöglichkeiten gefordert.

Langfristig ist besonders die Ausnutzung der Sonnenenergie interessant. Pro Jahr liefert sie heute das 20 000fache des derzeitigen Weltprimärenergieverbrauchs.

	1980	1990	1994
Welt	**19544**	**22680**	**22588**
Europa			
OECD-Länder	3783	3739	3668
– darunter BRD	1126	1029	941
übriges Europa	4552	5002	3559
GUS (UdSSR)	3339	3912	2701
Nordamerika	5916	6214	6501
– darunter USA	5183	5461	5696
Südamerika	634	713	802
Afrika	491	679	712
Asien/Ozeanien	3772	5612	6504
– darunter Japan	1023	1179	1288
– darunter China	1526	2384	2711

161.1 Energiebedingte CO_2-Emissionen, in Mio. t

Aufgaben

1. Erläutern Sie die möglichen Zusammenhänge zwischen industrieller Entwicklung und Veränderungen in der Atmosphäre.
2. Bewerten Sie das wirtschaftliche Wachstum in Entwicklungsländern unter sozialem wie ökologischem Blickwinkel. Erörtern Sie Lösungsansätze.

EXKURS

GEO-

Energieverbrauch in Entwicklungsländern

Nur ein Viertel des weltweiten kommerziellen Energieverbrauchs entfällt auf die Entwicklungsländer. Afrika verbraucht z.B. nur 2,7%, Asien 16%. Der Pro-Kopf-Verbrauch zeigt die Kluft noch deutlicher: Ein US-Amerikaner verbraucht im Durchschnitt 370-mal so viel Energie wie ein Äthiopier und immerhin noch 15-mal so viel wie ein Ägypter. Zwar haben auch die natürlichen Bedingungen Einfluss auf den Verbrauch, insbesondere auf den privaten (z.B. geringer Heizbedarf in tropischen und subtropischen Ländern), doch die Größenordnung der Unterschiede erklärt sich vor allem aus dem industriellen und dem verkehrlichen Energiebedarf.

Rund zwei Milliarden Menschen in Entwicklungsländern haben keinen Zugriff auf eine zentrale Energieversorgung. Hier spielen traditionelle Brennstoffe eine wichtige Rolle, vor allem Holz (> S. 57) und Holzkohle, aber auch andere getrocknete Biomasse wie Stroh oder Kuhfladen. In Äthiopien oder Nepal beispielsweise deckt Holz etwa 90% der Energieversorgung. Zwar wird bei der Nutzung solcher regenerativer Energien nur so viel CO_2 frei, wie vorher durch sie gebunden wurde, dafür treten andere ökologische Probleme in den Vordergrund, wie Abholzung, Bodenerosion oder Schädigung des Wasserhaushaltes.

Pro-Kopf-Energieverbrauch[1] in ausgewählten Staaten der Erde (in kg Steinkohleeinheiten)

Land	1980	1992
Burundi	14	18
Äthiopien	21	29
Nepal	17	31
Honduras	247	272
Philippinen	330	404
Ägypten	512	704
Brasilien	762	810
Algerien	1322	1594
Portugal	1281	2111
Spanien	2321	3109
Italien	3346	4019
Japan	3710	4735
BRD	6036	5890
USA	10381	10737

[1] – nur kommerzielle Energie (= Produktion + Import – Export +/- Lagerbestandsveränderung) (Quelle: Fischer Weltalmanach '96)

Schneefreie Alpenpässe

Die Sahara begann 5000 v. Chr. auszutrocknen. Noch in der Antike war Nordafrika die „Kornkammer Roms". Ihr Reichtum erklärt die Punischen Kriege zwischen Karthago und Rom um die Vorherrschaft im Mittelmeer. Dass Hannibal mit 50 000 Soldaten, 9 000 Reitern und 37 Elefanten über die Alpen vorstoßen konnte, erlaubte das warme Klima, das um 200 v. Chr. die Alpenpässe schneefrei hielt.

Die kleine Eiszeit

Bekannt ist die „kleine Eiszeit", die um 1300 n. Chr. begann und bis etwa 1850 anhielt. Die wärmere Zeit davor hatte die Entdeckungsfahrten der Wikinger, die Besiedlung Grönlands und die Entdeckung Amerikas ermöglicht. Dass die später einsetzende Kälte die Wikingersiedlungen auf Grönland vernichtete, hat sich sogar am Zahnschmelz der Toten nachweisen lassen. Kolumbus hätte bei der Entdeckung Amerikas die Nordroute der Wikinger nicht benutzen können.

(Quelle: Baier, W.: Geschichte die das Klima schreibt. In: Siemens-Standpunkt 1/1995, S. 19/20)

162.1 Längerfristige Veränderungen der Temperatur als Erklärung für gesellschaftliche Prozesse?

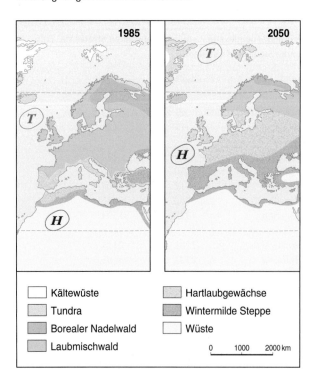

162.2 Mögliche Veränderung der natürlichen Vegetation in Europa

Was wäre, wenn ...

… die gegenwärtigen Veränderungen des Klimas wirklich eine kontinuierliche Entwicklung wären und sich im nächsten Jahrhundert die vielfach angekündigten globalen Temperaturerhöhungen um 2, 3 oder gar 5 °C einstellen?

Hilfreich ist zunächst ein Blick in die Vergangenheit (> S. 151): Seit etwa 12 000 Jahren, d.h. seit dem Temperatursprung am Ende der letzten Eiszeit, liegt die globale Mitteltemperatur realtiv stabil bei 15 °C. Die teilweise drastischen Temperaturschwankungen in den vorangegangenen Kalt- und Warmzeiten sind in dieser erdgeschichtlich kurzen Zeit nicht mehr aufgetreten, kleinere dagegen wohl. Für die menschliche Entwicklung jedoch bedeuteten diese natürlichen Temperatur- und Klimaveränderungen erhebliche Eingriffe (Abb. 151.3, 151.6, 162.1). Die Entwicklung der Hochkulturen in Westasien und im Mittelmeerraum findet in diesen natürlichen Verschiebungen ebenso einen Erklärungsansatz wie die Völkerwanderung nach der Zeitenwende oder die Bezeichnung „Grøn-Land" (Grünland) für die größte Insel der Erde.

So ist es also durchaus denkbar, dass der aktuelle Temperaturanstieg, vielleicht noch anthropogen beschleunigt, erneut zur Veränderung der räumlichen Nutzungsbedingungen führt. Wie diese dann konkret aussehen würden, kann derzeit nur unscharf vorhergesagt werden. Dennoch müssen wir uns schon heute mit den möglichen Folgen dieser und anderer Umweltveränderungen auseinander setzen (> S. 164 – 171).

Bisher wird meist davon ausgegangen, dass eine Erwärmung die Ausdehnung der Desertifikation zur Folge hat. Dadurch würden landwirtschaftliche Nutzflächen verloren gehen bzw. die Vegetations- und Anbauzonen verschoben werden (Abb. 162.1). Hauptursache wäre die Verringerung der Bodenfeuchtigkeit durch gestiegene Verdunstung (Abb. 163.3). Daraus würde sich auch erklären, dass die Südhalbkugel von solchen Veränderungen weniger betroffen wäre, da dort der größere Wasserkörper als Puffer fungiert und sich die Landmassen der Nordhalbkugel stärker „aufheizen" (Abb. 163.1, 163.2). Letzteres gilt vor allem für das Innere der Kontinente. Diese neuen Temperaturunterschiede können zu einer Veränderung der Meereszirkulation und zu extremen Wettererscheinungen führen.

Erdgeschichtliche Vergleiche zeigen aber auch, dass unter den Bedingungen wärmeren Klimas die großen Wüsten kleiner und die Bodenfruchtbarkeit höher waren. In jedem Fall aber würden Klimaänderungen einen Wandel der landwirtschaftlichen Produktionsregionen und -methoden verursachen (> S. 165).

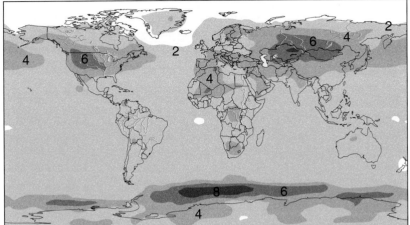

Die Karte veranschaulicht eine Prognose für den durchschnittlichen Temperaturanstieg im Nordwinter.

Dem Zustand der Erde mit ihrer heutigen Atmosphäre wird direkt der Zustand bei doppelt so hohem CO_2-Gehalt gegenübergestellt – erwartet für das Jahr 2030. Entwicklungen während der Übergangszeit zwischen den beiden „Gleichgewichten" werden nicht eingerechnet. Damit liegen die prognostizierten Werte wahrscheinlich zu hoch.

(Quelle: NISBET 1994, S. 160/161)

163.1 Möglicher Temperaturanstieg auf der Erde bis zum Jahr 2030 (Gleichgewichtsmodell)

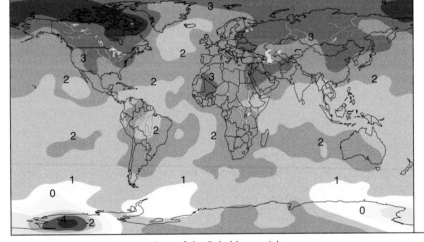

Die Karte zeigt die Ergebnisse eines dynamischen Prognosemodells, das – ebenfalls bei Annahme der verdoppelten CO_2-Konzentration bis 2030 – die Wechselwirkungen zwischen Ozean und Atmosphäre berücksichtigt.

Die Ergebnisse weichen zwar in einzelnen Werten vom Gleichgewichtsmodell aus Abb. 163.1 ab, zeigen aber prinzipiell die gleichen Schwerpunkte der Veränderung.

(Quelle: NISBET 1994, S. 164)

163.2 Möglicher Temperaturanstieg auf der Erde bis zum Jahr 2030

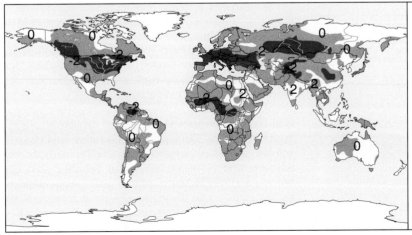

Die Karte verdeutlicht die Veränderung der Bodenfeuchte, wie sie sich unter den Bedingungen aus Abb. 163.1 ergeben würde.
Eingezeichnet sind Linien gleicher Veränderung der Bodenfeuchtigkeit (Feuchtigkeitstiefe; in Zentimeter).
Dieses Modell berücksichtigt auch die mit der Zusammensetzung des Bodens variierende Wasserspeicherkapazität.

(Quelle: NISBET 1994, S. 169 – 171)

163.3 Mögliche Veränderung der Bodenfeuchte bis zum Jahr 2030

Präzise Messung, falsche Formel

Der Meeresspiegel steigt langsamer als bisher angenommen. Die amerikanische Raumfahrtbehörde NASA mußte frühere Messungen korrigieren: Statt um fünf Millimeter klettert das Wasser der Ozeane jährlich nur um einen bis höchstens drei Millimeter. Die Werte basieren auf Messungen des Satelliten Topex/Poseidon. Zwar funkt der Himmelskörper seit 1992 täglich 50 000 präzise Einzeldaten zur Erde – doch die Forscher hatten einen Fehler in ihrer Formel übersehen.

Für eine Entwarnung reicht die Nachricht aber nicht: Noch immer steigt der Meeresspiegel durch die Klimaerwärmung schneller als je zuvor beobachtet. Bewohner flacher Inseln und Küsten haben deshalb nur etwas Zeit gewonnen.

(aus: Focus 32/1996, S. 12)

164.1 Zeitungsmeldung zum Meeresspiegelanstieg

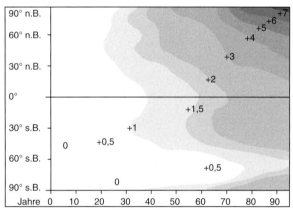

164.2 Verlauf der Erwärmung der Erdoberfläche innerhalb von 95 Jahren (unter den Annahmen des Klimamodells Abb. 163.2)

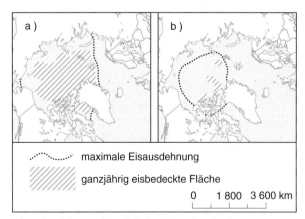

··········· maximale Eisausdehnung

▨ ganzjährig eisbedeckte Fläche

0   1 800   3 600 km

164.3 Ausdehnung des arktischen Meereises im Sommer:
a) unter gegenwärtigem Klima; b) bei Erwärmung um 5°C

Was wäre, wenn ...

... im Verlauf der nächsten einhundert Jahre ein Temperaturanstieg nicht nur das Innere der Kontinente austrocknen würde, sondern auch die Polargebiete erwärmen würde?

In den ersten 20–30 Jahren würde sich diese Erwärmung kaum bemerkbar machen. Auch bei heutigen Meldungen über Meeresspiegelanstiege an vielen Küstenabschnitten (Abb. 164.1) ist noch weitgehend ungeklärt, ob es sich um eine echte Erhöhung des Meeresspiegels handelt oder um eine Senkung der Uferlinie aus tektonischen oder isostatischen Gründen. Doch allmählich würde die steigende Temperatur vor allem auf der Nordhalbkugel (Abb. 164.2) – und damit auch über den nördlichen Eismassen – zu einem Abschmelzen von Gletschern, Treib- und Packeis führen. Bereits bei einer Erwärmung um 3–4 °C würde der größte Teil des arktischen Packeises tauen (Abb. 164.3). Da außerdem weitere Eismassen schmelzen würden, befürchtet man einen deutlichen Meeresspiegelanstieg. Rechnerisch ergäbe allein ein Abschmelzen der kleineren Gletscher der Erde, was aber erst bei einer globalen Temperaturerhöhung von 6–7 °C einträte, einen Anstieg um 33 cm.

Lagen erste globale Prognosen noch zwischen 0,25–1,65 m, geht das IPCC (Intergovernmental Panel on Clima Change) heute von etwa 6 cm pro Jahrzehnt aus. 18 cm bis zum Jahr 2030 oder 66 cm bis 2100 mag zunächst fast verschwindend gering erscheinen, dennoch: Es ist mehr als dreimal so viel wie in diesem Jahrhundert. Für viele flache Inseln oder tief liegende Küstengebiete wäre dies existenzbedrohend.

Interessanterweise gibt es Klimamodelle, die zwar eine globale Erwärmung prognostizieren, regional aber sogar eine Abkühlung berechnen (Abb. 163.1). Diese sinkenden Temperaturwerte betreffen besonders Teile der Antarktis. Statt zum Abschmelzen könnte dies zu einer verstärkten Eisbildung führen und so Teile des im Norden frei gewordenen und verdunstenden Wassers über feste (gefrorene) Niederschläge wieder binden. Bei einer Zunahme der Eismenge um 10% wäre dann sogar ein Absinken des Meeresspiegels um 30 cm die Folge.

Und noch ein weiteres Problem wäre mit den Abtauprozessen verbunden. Denn nicht nur Gletscher- und Meereis würden schmelzen, sondern auch die Permafrostböden Sibiriens und Nordamerikas wären betroffen. Die Erhöhung der Oberflächentemperatur hätte neben veränderten Bedingungen für die wirtschaftliche Nutzung (> S. 94 ff.) möglicherweise auch eine erhöhte Freigabe von im Boden gebundenen Methan zur Folge – mit neuen Problemen für die Atmosphäre.

Europa

Eine wahrscheinliche Folge der Klimaänderung wäre die Verschiebung der Waldgrenze nach Norden. So könnte klimatisch auch die Tundra vom Wald erobert werden. Notwendige Voraussetzung wäre aber erst eine entsprechende Bodenbildung. Die südliche Waldgrenze könnte sich ebenfalls nach Norden verlagern. Damit würden auch die Grasländer (Prärien) nach Norden vordringen, deren Südteil jedoch zur Halbwüste werden. Die ökonomischen Prognosen sind höchst unterschiedlich. So könnte z.B. die Weizenernte in Texas geringer ausfallen, die Maisernte in Iowa dagegen steigen. Im Osten und im Zentrum würde die landwirtschaftliche Produktivität jedoch insgesamt deutlich sinken.

Im Nordwesten des Kontinents würde es vor allem im Winter kühler und feuchter werden, im Süden dagegen, vor allem im Sommer, wärmer und trockener. Durch die hohe Verstädterung und die intensive landwirtschaftliche Nutzung wird die Veränderung der Vegetation unter starker menschlicher Kontrolle ablaufen. Die Getreideproduktion könnte sich stärker in die osteuropäischen Grasländer (Steppen) verlagern, während in Westeuropa Mischanbau und Wald an Bedeutung gewinnen würden. Auch im Mittelmeerraum ist - vorrangig jedoch aus ökologischen Gründen - mit einer Zunahme der Bewaldung zu rechnen.

Asien

Wie in Nordamerika würden sich auch hier die Waldgrenzen nach Norden verschieben. In wichtigen Getreideanbaugebieten sänke die Bodenfeuchte, Bewässerungsprojekte könnten weitere ökologische Probleme nach sich ziehen. (Beispiel Aralsee). Die Veränderungen in der Intensität des Monsuns hätte vor allem Auswirkungen in Indien und Bangladesch, wobei es sowohl „feuchtere" als auch „trockenere" Prognosen gibt. Die hohe Bevölkerungsdichte hätte aber vermutlich bei jeder stärkeren klimatischen und agrarischen Veränderung erhebliche Bevölkerungsbewegungen zur Folge. Gleiches gilt für Südostasien, wo der Regenwald von der (vollständigen) Vernichtung bedroht wäre, was zu einer weiteren regionalen Klimaveränderung führen könnte.

Afrika

Afrika wird vermutlich am stärksten unter den globalen Veränderungen zu leiden haben. Wirtschaftliche Grenzen und administrative wie soziale Probleme erschweren ein flexibles Reagieren auf neue Bedingungen. Veränderungen in den Niederschlägen (z.B. Abschwächung des Monsuns) könnten für einige nordafrikanische Staaten den Kollaps bedeuten. Die Ausdehnung der Wüsten, Halbwüsten und Trockensavannen würde zum Aussterben von Pflanzen und Tierarten und zu regionalen Hungersnöten führen.

Australien

Neben der Erhöhung des Wüsten- und Halbwüstenanteils in Australien, verbunden mit einer extremen demographischen Konzentration im Küstenraum, würden insbesondere die kleinen Inselstaaten Probleme mit rückläufigen bzw. unstetigen Niederschlägen und dem Meeresspiegelanstieg bekommen.

Südamerika

Hier könnte zusätzlich zu den klimatischen Veränderungen die direkte menschliche Nutzung der Vegetation stark beeinflussen. An Stelle des Amazonasregenwaldes, von dem nur noch kleine Teile übrig sein werden, fände man Busch oder unproduktives Grasland. Im Norden, Nordosten und im Inneren Brasiliens würden die abnehmenden Niederschläge schwerwiegende Folgen für die Landwirtschaft haben. Der Küstenwald im Süden ist bereits fast völlig verschwunden bzw. durch Eukalyptusplantagen ersetzt. Hier wie in Argentinien könnten ebenfalls rückläufige Niederschläge wirksam werden. Die derzeit kalten Falkland-Inseln bekämen ein gemäßigtes „britisches" Klima.

Gefährliche UV-Strahlung nimmt zu

Washington (AP) Die Belastung mit der gefährlichen UV-B-Strahlung hat in Deutschland während der vergangenen zehn Jahre um etwa 6,8 Prozent zugenommen. Eine neue amerikanische Studie stellte eine überdurchschnittliche Zunahme des aggressivsten Bestandteils der ultravioletten Strahlung in Mitteleuropa und Russland fest. ... Verursacht wurde die erhöhte Strahlungsdosis von einem Rückgang der schützenden Ozonschicht in der Atmosphäre, wie es in der jetzt veröffentlichten Studie heißt. „Am stärksten ist die Zunahme in den mittleren und höheren Breiten der Erde, wo die meisten Menschen leben und die Hauptanbaugebiete liegen", erklärte Jay Herman, Klimaexperte der US-Raumfahrtbehörde Nasa. Die neuen Daten wurden mit einem Spezialinstrument an Bord des Nasa-Satelliten Nimbus-7 ermittelt. Am stärksten war der Anstieg der UV-B-Strahlung in den südlichen Regionen von Chile und Argentinien mit einem Wert von 9,9 Prozent. Im Norden der USA betrug die Zunahme 4 Prozent. Wissenschaftler warnen seit langem vor der UV-Belastung. Neben Zelldefekten ruft die UV-B-Strahlung auch Schäden bei Lebewesen in den Meeren hervor.

Zeitungsmeldung vom 3. August 1996

Gehen wir zurück ins Jahr 1815. Zwischen Australien und Borneo zehn Grad südlicher Breite liegt die Insel Sumbawa. In diesem Jahr bricht dort der Vulkan Tambora aus und speit schlagartig mehr als 210 Millionen Tonnen Chlorgase hoch in die Atmosphäre – weit mehr als das 250fache der heutigen Weltjahresproduktion an FCKWs. Effektiver als durch die aufsteigenden warmen Luftmassen eines Vulkanausbruchs hätte man die Chlormassen nicht dem stratosphärischen Ozon entgegenschleudern können. Gebannt warten wir darauf, was geschieht. Wir warten noch heute. Nichts ist geschehen. Keine Zunahme von Hautkrebs, keine spürbaren Wetterveränderungen, nichts von all den angeblichen Katastrophen. Auch nicht 10 Jahre danach, nicht eine Generation danach, nicht 100 Jahre danach. Aber genau 170 Jahre später wird wissenschaftlich bewiesen, dass weniger als ein halbes Prozent dieser Gasmenge plötzlich ein „gefährliches Ozonloch" in die Atmosphäre bohrt.

Jahr für Jahr speit „Mutter Natur" aus Vulkanen etwa 20-mal mehr Chlorgase in die Atmosphäre, als die Menschheit durch ihre FCKWs produziert. Jahr für Jahr befördert die Natur 300-mal mehr Chlorgase aus dem Salzwasser der Meere in die Atmosphäre ... Jahr für Jahr bringt allein die Biosphäre viermal so viel Chlorgase in die Atmosphäre ein ...

Wer schützt die Ozonschicht vor der Natur!

(aus: Schauerhammer, R.: Sackgasse Ökostaat, 1990)

166.1 Zwei Positionen zum Ozonloch

Was wäre, wenn ...

... die ständig steigende Konzentration von Chlorverbindungen, vor allem Fluorchlorkohlenwasserstoffen (FCKW), und Halonen/Halogenen in der Atmosphäre die Ozonschicht weiter „zerfrisst"?

Das stratosphärische Ozon ist der Schutzschild der Erde gegen ultraviolette Strahlung (UV). Für die Gesundheit jedes Einzelnen ist es lebenswichtig, weil es die aggressive UV-B-Strahlung vermindert. Für das Klima ist die Ozonschicht aber ebenfalls von Bedeutung, da sie Teile der einfallenden Sonnenenergie wie der abstrahlenden Oberflächenwärme absorbiert.

Diese Mehrfachfunktion hat zur Folge, dass bei einem Rückgang der Ozonkonzentration in der Stratosphäre (Abb. 166.2) zum einen mehr UV-Strahlung auf die Erdoberfläche gelangt und dort zu Hautkrebserkrankungen oder Augenschäden führen kann, besonders in den Räumen, über denen die Ozonschicht am dünnsten ist. Wissenschaftler rechnen auch mit Störungen der Fotosynthese und der Phytoplanktonbildung, beides mit Folgen für die Nahrungskette.

Zum anderen steigt die der Erde zugeführte Energie, was über den Treibhauseffekt Temperaturänderungen beschleunigen könnte. Gleichzeitig verringert jedoch eine dünnere Ozonschicht eben diesen Effekt, sodass in besonders betroffenen Gebieten sogar Abkühlung statt Erwärmung möglich ist.

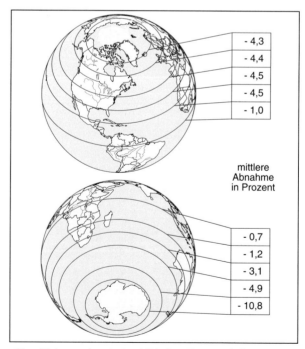

mittlere
Abnahme
in Prozent

- 4,3
- 4,4
- 4,5
- 4,5
- 1,0

- 0,7
- 1,2
- 3,1
- 4,9
- 10,8

166.2 Rückgang des stratosphärischen Ozons zwischen 1979 und 1989 (NISBET 1994, S.106)

Wer ist schuld?

Die vielschichtigen chemischen Vorgänge der Zerstörung des stratosphärischen Ozons sind heute weitgehend klar. Vereinfacht gilt: In der mittleren Stratosphäre (bei ca. 20 km) sind es vor allem Stickoxide, auch aus Flugzeugabgasen, die den Abbau beschleunigen bzw. hervorrufen. In der oberen Stratosphäre (bei ca. 40 km) sind es besonders die FCKW, die über ihr frei werdendes Chlor das Ozon zersetzen und in Sauerstoff umwandeln. Ein einziges Chloratom kann ohne weiteres zehntausend Ozonmoleküle zerstören.

Durch den Einsatz von FCKW in Industrie und Haushalt (Treibmittel, Kühlmittel, Lösungsmittel) hat sich die Chlorkonzentration in der Atmosphäre gegenüber ihrem natürlichen Zustand mittlerweile versechsfacht. Noch stärker ist die zerstörerische Wirkung von Brom, das u.a. über Halone transportiert wird, die in vielen Feuerlöschern enthalten sind.

Während in den unteren und mittleren Schichten der Stratosphäre das Chlor aus anderen Verbindungen und meist natürlichen Quellen (Verdunstung von Salzwasser, Vulkanausbrüche u.a.) durch chemische Vorgänge weitgehend neutralisiert wird, haben die FCKW eine besonders hohe Stabilität. Sie steigen innerhalb von etwa 10 Jahren in Höhen auf, in denen ihr spezifischer Chemismus dann die bekannten Schäden anrichten kann. Die lange Haltbarkeit der FCKW bewirkt außerdem, dass selbst bei einem Produktionsstopp, wie er weltweit angestrebt und in Deutschland sowie vielen anderen Ländern bereits praktiziert wird, die gefährliche Konzentration in der oberen Stratosphäre noch Jahrzehnte bestehen bleibt.

Da zu wenig, hier zu viel

Meldungen unserer Medien zu erhöhter Ozonbelastung, insbesondere im so genannten Sommersmog, scheinen die Informationen über ein „Ozonloch" zu widerlegen. Doch es handelt sich um zwei Prozesse, die nicht unmittelbar miteinander zu tun haben und in Ursachen und Wirkungen auch nicht vergleichbar sind. In Smogsituationen durch Industrie- und Kraftfahrzeugabgase entsteht unter anderem ein Ozonüberschuss in der bodennahen Luftschicht (Abb. 167.1). Je nach Konzentration hat dieses Ozon direkte gesundheitliche Wirkungen (Abb. 167.2), weswegen kurzzeitig Maßnahmen ergriffen werden, die eine weitere Smogbildung verhindern sollen (z.B. Fahrverbote für Kfz ohne geregelten Katalysator). Doch bekämpft man so nur die Symptome, nicht die wahren Ursachen.

Ozon (mg/m³)	Menschliche Reaktion
40	Ozon wird mit Geruchssinn wahrgenommen, schneller Gewöhnungseffekt
ab 70	beginnende Bindehautreizung
ab 100	evtl. Kopfschmerzen bei gesunden Erwachsenen
ab 160	nach wenigen Stunden Husten, bei Belastung: Kurzatmigkeit, Schmerzen beim Einatmen
ab 200	vermehrte Anfälle bei Asthmatikern, größerer Widerstand in den Atemwegen bei Belastung Veränderung der Lungenfunktion, Zunahme endzündlicher Prozesse in der Lunge
ab 300	nach einer Stunde eingeschränkte Lungenfunktion
ab 400	Brustschmerzen, Atemnot, Augenbeschwerden, Störungen des zentralen Nervensystems

167.2 Wirkungen des bodennahen Ozons

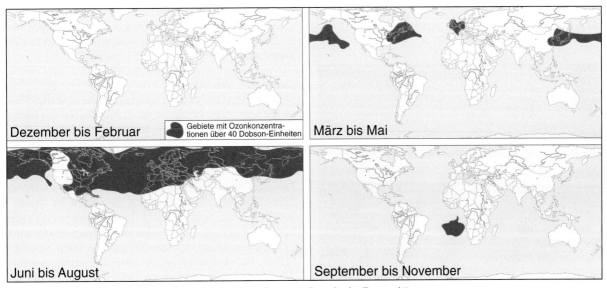

Dezember bis Februar

Gebiete mit Ozonkonzentrationen über 40 Dobson-Einheiten

März bis Mai

Juni bis August

September bis November

167.1 Jahreszeitliche Veränderungen der weltweiten Verteilung von Ozon in der Troposphäre

Verbrauchsfeld	Anteil
Raumwärme	80,7
Warmwasser	8,8
Kühlen/Gefrieren	3,0
Essen (warme Mahlzeiten, Geschirr spülen)	2,8
Beleuchtung	1,3
Wäsche (waschen, trocknen)	1,5
Fernsehen	0,9
Kleingeräte	1,0
Summe	**100,0**

(Endenergieeinsatz = Primärenergieeinsatz – Übertragungs-/Umwandlungsverluste)

168.1 Anteile der Verbrauchsfelder privater Haushalte am Endenergieeinsatz (BRD, 1987)

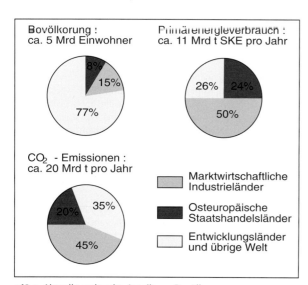

168.2 Aktuelle weltweite Anteile an Bevölkerung, Primärenergieverbrauch und CO_2-Emission

168.3 Stickoxide, Ozon, Kohlenstoffdioxid ...

Weltklima – Deutschland gegen 7 Uhr morgens

Der Wecker klingelt. Aufstehen. Das Radio an zum Munterwerden. Waschen. Das Bad ist noch ein wenig kühl. Heizung aufdrehen. Haare waschen? Am besten gleich unter die Dusche. Warmes Wasser kommt ja eh aus der Wand. Abtrocknen. Anschließend föhnen. Ein bisschen Festiger ins Haar gesprüht, ein wenig Deo-Spray unter die Achseln. Ran an den Esstisch. Da dampft der frisch gebrühte Tee, die knusprigen, warmen Toasts grinsen goldgelb. Fix noch einen Becher Joghurt aus dem Kühlschrank geangelt, Mappe geschnappt und los zum Bus ...

Nun aber mal Stopp! Was hat (m)ein Schulanfang mit dem Weltklima zu tun?

Zur Erinnerung:
- ca. 50% des anthropogenen Treibhauseffektes gehen auf das Konto von CO_2 – freigesetzt vor allem bei der Energieerzeugung (Wärme, Strom, Verkehr) aus fossilen Brennstoffen;
- gut die Hälfte des jährlichen Ausstoßes an Stickoxiden – ebenfalls wichtige Treibhausgase – stammt aus der gleichen Quelle; am deutschen Ausstoß hat der Verkehr (Personen- und Gütertransport) einen Anteil von über zwei Dritteln;
- bei der Förderung fossiler Brennstoffe (Kohle, Erdgas), in der Landwirtschaft (Reisanbau, Rinderhaltung) oder über Mülldeponien wird jährlich weit über die Hälfte des atmosphärischen Methans – ein weiteres wichtiges Treibhausgas – freigesetzt;
- seit Jahrzehnten werden die Ozonkiller FCKW als Treib- und Kühlmittel eingesetzt (Sprays, Isolier-/Schaumstoffe, Kühlschränke, Klimaanlagen).

Und an all den entstehenden Emissionen ist jeder von uns jeden Tag beteiligt, direkt oder indirekt und nicht nur zu Tagesbeginn (Abb. 168.1).

Dabei zeigt sich hier mit Sicherheit sogar erst die Spitze eines Emissions-Eisbergs. Denn heute gehen gut drei Viertel des weltweiten Primärenergieverbrauchs auf das Konto von knapp einem Viertel der Weltbevölkerung (Abb. 168.2). Bei einer stark vereinfachten Hochrechnung bedeutet das: Wenn die übrigen drei Viertel der Bevölkerung für die Angleichung ihres Lebensstandards den Pro-Kopf-Energieverbrauch auf das gleiche Niveau steigern würden, hätte dies eine Verdreifachung des globalen Primärenergieverbrauchs zur Folge. Wahrscheinlich ist eine noch höhere Steigerung der klimabeeinflussenden Emissionen zu erwarten, da die moderne Technik mit ihren Möglichkeiten zur Schadstoffreduzierung bei einer solchen Aufholjagd aus verschiedenen Gründen nicht immer zur Anwendung kommen würde (> S. 160).

Vom Ich zum Wir – global denken

Immer stärker wird uns heute bewusst, dass wir in einer Welt der gegenseitigen Abhängigkeiten leben. Nichts, was irgendwo an Umweltsünden begangen wird, ist nur lokal begrenzt, mag es zunächst auch so scheinen.

In der Chaostheorie, einem Denkansatz, der versucht, solchen schwer erkennbaren Zusammenhängen auf die Spur zu kommen, wird gern das Beispiel des kleinen Schmetterlings benutzt: Mit seinem Flügelschlag in Europa beeinflusst er die Luftbewegungen derart, dass – nach einer Kette von Folgen – über dem südamerikanischen Regenwald ein Sturm ausbricht. Dies kann als Sinnbild dafür stehen, dass die späteren Wirkungen verantwortungslosen Handelns, sei es bewusst oder unbewusst, aus Nachlässigkeit oder aus existenziellem Zwang, in ihren wirklichen Dimensionen heute noch gar nicht abschätzbar sind.

Um diese unwägbaren Folgen von vornherein zu minimieren, sind alle Nationen gefordert. Dabei geht es um Einzelmaßnahmen im nationalen Rahmen (> S. 170), aber auch um abgestimmte gemeinschaftliche Aktionen. Als Ziel steht über allem, nicht nur die konkreten Erscheinungen zu bekämpfen, sondern ihre Ursachen in den Griff zu bekommen. Damit ist die Lösung ökologischer Probleme untrennbar mit der weltweiten Lösung sozialer und wirtschaftlicher Probleme verbunden. „Eine wirksame Strategie, die die Probleme von Armut, Entwicklung und Umwelt gleichermaßen angeht, sollte sich zunächst auf die natürlichen Ressourcen, die Produktion und die Menschen konzentrieren und Bevölkerungsfragen ... sowie eine demokratische Partizipation in Verbindung mit einer besseren Regierungsführung mit einbeziehen" (Agenda 21, Kap. 3). Doch dies verlangt ein Umdenken in Politik und Wirtschaft, das sich in einer gerechten Nord-Süd- und West-Ost-Partnerschaft niederschlägt. Und es verlangt Alternativen statt (nur) Verbote bzw. Taten statt (nur) Worte.

169.1 Mülldeponie: Methan, Kohlenstoffdioxid ...

Globale Ansätze zum Klima- und Umweltschutz

UNO-Klimaschutzkonferenzen

1992 fand in Rio de Janeiro die erste UNO-Konferenz für Umwelt und Entwicklung statt. Mit den dort verabschiedeten Deklarationen und Konventionen wurden qualitativ neue Grundlagen für eine weltweite Zusammenarbeit bei der Lösung globaler Probleme geschaffen. So schafft z.B. die ‚Klimakonvention' völkerrechtlich verbindliche Grundlagen für die Zusammenarbeit bei der Verhinderung gefährlicher Klimaänderungen und schreibt die Verpflichtung der Industrieländer fest, die Emission von Treibhausgasen auf das Niveau von 1990 zurückzuschrauben und finanzielle Mittel für die Durchführung analoger Maßnahmen in Entwicklungsländern bereitzustellen.

Agenda 21

Ein weiteres wichtiges Ergebnis der Rio-Konferenz ist das entwicklungs- und umweltpolitische Aktionsprogramm ‚Agenda 21' – 21 steht hier für das nächste Jahrhundert. Die Umsetzung und Ausgestaltung der Leitlinien obliegt den einzelnen Staaten (> S. 170), wobei für Industrieländer andere Schwerpunkte gelten als für Entwicklungsländer. Wichtiges Kriterium ist aber in jeden Fall die Einbeziehung bzw. Berücksichtigung der Interessen, Meinungen und Ideen aller gesellschaftlichen Gruppen: Kinder und Jugendliche, Frauen, ethnische Minderheiten, Nicht-Regierungsorganisationen (NGO) u.a.

Aktion „Ökologischer Marshallplan"

7 deutsche Initiatoren aus Politik, Wirtschaft und Medien haben zu einer ökologischen Umsteuerung in den Industrieländern und zu einem globalen ökologischen Hilfsplan aufgerufen – in Anlehnung an den historischen Wirtschaftshilfeplan für das Nachkriegseuropa „Marshallplan" genannt. Diese vom US-Vizepräsidenten Al Gore wieder aufgegriffene Idee soll durch vier konkrete ökologische Marshallpläne umgesetzt werden:
- Klimaschutz durch Energieeinsparungen und erneuerbare Energien,
- Rettung der (Tropen-)Wälder,
- Bevölkerungsstabilisierung,
- West-Ost-Umweltkooperation.

Die Hoffnung der Initiatoren und der Erstunterzeichner, zu denen auch zahlreiche ausländische Politiker zählten, dass eine solche Vereinbarung bereits auf der Rio-Nachfolgekonferenz 1995 in Berlin verabschiedet werden könnte, hat sich leider nicht erfüllt.

Regionale Ansätze zum Klima- und Umweltschutz

Nationale Gesetzgebung
Im Bereich des direkten Natur- und Landschaftsschutzes existiert eine Reihe von Gesetzen, die Eingriffe bzw. deren Folgen verhindern oder minimieren sollen (z.B. Bundesnaturschutzgesetz). Auch für die „zulässige" Luftverunreinigung gibt es gesetzliche Grundlagen (z.B. Bundesimmissionsschutzgesetz, Abgasnormen). Letztere betreffen in der Regel nur Grenzwerte der Konzentration. Noch unzureichend sind dagegen Gesetze oder Verordnungen, die helfen, auch den absoluten Verbrauch zu reduzieren (z.B. Wärmeschutzverordnung). Hier könnten steuerliche Anreize das Handeln verändern (Energieverbrauchssteuer, CO_2-Steuer, Besteuerung des Flugbenzins).

Nachhaltige Regionalentwicklung
Nachhaltigkeit ist eines der magischen Wörter der letzten Jahre (> S. 146/147). Auf regionaler Ebene bedeutet es vor allem die Wiederbelebung von kleinräumigen Wirtschaftskreisläufen mit geringem Transportaufwand. Beispiele insbesondere aus dem landwirtschaftlichen und dem touristischen Sektor belegen, dass auf diesem Wege nicht nur eine geringere Belastung für die Umwelt, sondern auch eine Stabilisierung der einheimischen Wirtschaft möglich wird (z.B. im Biosphärenreservat Rhön).

Lokale Agenda 21
Im Nachgang zur Rio-Konferenz 1992 sollte jede Kommune auf der Erde eine eigene, auf die spezifischen Bedingungen und Probleme abgestimmte Agenda 21 entwickeln (> S. 169). Bis Ende 1996 sollte damit zumindest begonnen worden sein. In Deutschland hatten sich Mitte des Jahres aber erst 70 Kommunen ernsthaft dazu bekannt. In (nur) 20 davon wurde dies per Beschluss auch politisch festgeschrieben. Deutscher Vorreiter ist der Berliner Stadtbezirk Köpenick.

Entwicklungshilfe/wirtschaftliche Zusammenarbeit
Deutschland verfügt, wie andere Industriestaaten auch, über ein Ministerium, dass sich der internationalen wirtschaftlichen Zusammenarbeit und Entwicklung widmet. Unter dem Motto „Eine Welt – eine Umwelt" wird über Projekte informiert, die in Drittländern initiiert bzw. unterstützt werden.
Die Industriestaaten hatten 1992 in Rio ihre Zusage von 1972 bestätigt, 0,7% ihres BSP für Entwicklungshilfe einzusetzen. Nur Norwegen, Dänemark, Schweden und die Niederlande haben sich seitdem daran gehalten. Alle anderen liegen dicht oder gar erheblich darunter (BRD: ca. 0,3%).

Einer für alle ... – lokal handeln
Ein Einzelner kann doch nicht die Klimakatastrophe verhindern? Sicher nicht einer, aber alle Einzelnen gemeinsam. Das bedeutet, dass jeder mit umweltgerechtem Handeln zunächst bei sich anfangen muss (> S. 168). Das bedeutet aber auch, dass die Umwelt-Aktivitäten des Einzelnen nur dann Sinn machen, wenn sie nicht durch andere konterkariert werden. Notwendig ist also eine Abstimmung der Vielzahl von Interessen und Maßnahmen. Diese lässt sich einerseits über Gesetze anordnen, andererseits wächst seit Jahren die Bereitschaft, eine solche Gemeinsamkeit „von unten" über Interessengruppen, Arbeitsgemeinschaften oder Bürgerinitiativen zu erreichen. Das Spektrum des lokalen ökologischen Handelns ist breit und reicht von Fahrgemeinschaften über Naturschutzgruppen bis zu Bürgerbewegungen gegen ökologisch unsinnige oder zumindest zweifelhafte Projekte. Oft ist zunächst direkte persönliche Betroffenheit für das erste Engagement ausschlaggebend, doch schnell wächst die Einsicht in überregionale Zusammenhänge. Unser täglicher Konsum verursacht ja nicht nur Schäden im eigenen Land. Zur Sicherung unseres Lebensstandards reichen die Erzeugnisse unseres eigenen Landes schon lange nicht mehr aus: Bananen aus Lateinamerika, Kiwis und Äpfel aus Neuseeland, Fleisch aus Argentinien, Fernseher aus Japan, Computer aus den USA, Erdgas aus der Nordsee, Autos aus ... Und möglichst alles just-in-time oder rund um die Uhr verfügbar.

Um deutlich zu machen, wie stark die Industrienation Deutschland durch ihre globalen Verflechtungen umweltschädigend wirkt, haben die Wissenschaftler des Wuppertal-Instituts für Klima, Umwelt, Energie Bilanzen des deutschen Umweltverbrauchs erstellt. In einer Stoffbilanz analysieren sie den wirtschaftlich genutzten Anteil an den der Natur entnommenen Rohstoffen (z.B. Verhältnis Kohle und Abraum). Die nicht verwerteten oder verwertbaren Rohstoffe, die nach der Produktion als

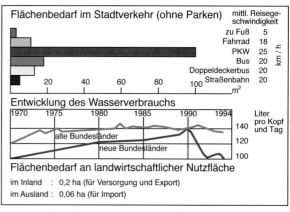

170.1 Der deutsche Pro-Kopf-Umweltverbrauch

Abprodukt mit entsprechenden Umweltfolgen wieder auftauchen, werden als „Ökologischer Rucksack" bezeichnet. Während in Deutschland aufgrund fortgeschrittener Technologien die Ökologischen Rucksäcke der verschiedensten Produkte relativ klein erscheinen, steigen sie mit sinkendem Entwicklungsniveau rapide an.

Selbst erneuerbare Rohstoffe schleppen einen solchen Rucksack mit sich herum, die Bodenerosion. So beträgt z.B. bei heimischen Agrarprodukten das Masseverhältnis von Bodenerosion zu Produkt etwa 0,6 (d.h., die Erzeugung von 1 kg Produkt bedingt den Abtrag von 0,6 kg Boden). Im Schnitt aller deutschen Importe liegt dieser Wert bei 6, für Importe aus Entwicklungsländern bei 16. Die Bodenerosion selbst ist dort zwar nur 3-mal höher, die Produktivität aber 8-mal geringer.

Vereinfacht bedeutet das: Jedes in einem Entwicklungsland erzeugte und exportierte Produkt schadet der Umwelt mehr, als die Produktion des gleichen in dem importierenden Industrieland.

Daraus zu schliessen, dass die Entwicklungsländer wegen des globalen Umweltschutzes nun nicht mehr produzieren und exportieren dürften, verfehlt jedoch den Kern des Problems. Zum einen lassen sich bestimmte Produkte nur dort erzeugen, zum anderen sind diese Länder dringend auf Exporte angewiesen.

Für eine ökologische und ökonomische Zukunft muss es also darum gehen, die Weltwirtschaft gleichzeitig nach mehreren Prinzipien umzugestalten:

- **Wahre Kosten:** ökologische Folgekosten in die Produktkosten einbeziehen (z.B. über Öko-Steuer);
- **Partnerschaft:** Lasten und Gewinne der Produktion und der Ökologisierung gerecht verteilen (> S. 169), Kooperation statt Konkurrenz;
- **Optimierung:** Ressourcenverbrauch relativ (pro Kopf, pro Produkt) und absolut verringern (z.B. neue Materialien, neue Technologien),
- **Regionalisierung:** regionale Wirtschaftskreisläufe in Gang setzen, Produktionsbedingungen vor Ort verbessern bzw. spezifisch anpassen;
- **Bewusstsein:** (Konsum-)Verhalten, Lebensstile und Wertmaßstäbe ändern.

Das 21. Jahrhundert wird das Jahrhundert der Ökologie – so oder so: als Jahrhundert der ökologischen Katastrophe oder als Jahrhundert der ökologischen Wende.

Die „Was-wäre-wenn …"-Szenarien (S. 162–167) zeigen, was geschehen kann, wenn den Umweltsünden nicht umgehend Einhalt geboten wird. Sie zeigen, wie gefährdet wir und unsere Nachfahren letztlich sind, wenn dem Umdenken keine Taten folgen. Denn die Natur, das wissen wir heute, kommt ganz gut ohne Menschen aus. Aber wir nicht ohne sie.

Das „Magische Dreieck" zukunftsfähiger Entwicklung
(nach: U. E. SIMONIS, Grünstift 11/12, 1996)

Schutz der Ökosphäre
- Erhaltung der Pufferkapazität der Natur
- nachhaltige Nutzung erneuerbarer Ressourcen
- minimale Nutzung nicht erneuerbarer Ressourcen
- Erhaltung einer lebenswerten Umwelt

Nachhaltige, zukunftsfähige Entwicklung

Gerechte Verteilung der Lebenschancen
zwischen
- „Nord" und „Süd"
- „Ost" und „West"
- Individuen und sozialen Gruppen
- den Generationen

Stabile wirtschaftliche Entwicklung
- Zunahme der Lebensqualität
- hoher Beschäftigungsgrad
- Preisniveaustabilität
- außenwirtschftliches Gleichgewicht

WIR SITZEN ALLE IN EINEM BOOT: VOM TANKER ZUM SEGELSCHIFF

Die heutige schwerfällige, materialintensive und auf fossilen Energieträgern beruhende Wirtschaft ähnelt einem Tanker. Ein Segelschiff hingegen erfüllt die Grundsätze einer zukunftsfähigen Wirtschaft auf eine geradezu kunstvolle Weise. Sein Design erlaubt ihm eine Beweglichkeit, die sich weitgehend auf die Natur stützt, anstatt ihr Gewalt anzutun. Es kommt mit deutlich weniger Stoff- und Energieeinsatz aus. Seine Beweglichkeit hängt jedoch – neben der Windenergie und der Ausführung – wesentlich vom Team an Bord ab. Ohne eine allgemeine Orientierung über einen Kompaß oder andere Steuerinstrumente, ohne eine (Selbst)-Beschränkung der Ladung und vor allem ohne die aktive Beteiligung der Menschen an Bord kann der Kurs nicht eingehalten und das Ziel nicht erreicht werden.

(aus: Zukunftsfähiges Deutschland 1996, S. 36, leicht verändert)

Glossar

A

aerob: Stoffwechselvorgänge (Abbauprozesse) unter Anwesenheit von Sauerstoff (> S. 126).

abteufen: Geologie: Bohrung in die Tiefe bringen (> S. 124).

Agenda 21: entwicklungs- und umweltpolitisches Aktionskonzept für Nationen, Regionen und Kommunen (> S. 169/170).

AGÖL: Arbeitsgemeinschaft Ökologischer Landbau, Zusammenschluss der im Bundesgebiet tätigen und anerkannten Verbände des ökologischen Landbaus (> S. 75).

agronomische Risikogrenze: Sie verläuft im Sahel etwa deckungsgleich mit der 500-mm-Jahreshyete. Jenseits dieser Isolinie ist der Niederschlag so unkalkulierbar, dass der Anbauerfolg höchst ungewiss erscheint und mit schweren Schädigungen des Ökosystems gerechnet werden muss (> S. 55).

Albedo: der reflektierte Teil der einfallenden Strahlung (> S. 10).

Altdünenflächen: durch Vegetation festgelegter Dünengürtel, aufgrund günstiger Bodendurchlüftung und Bodenwasserversorgung gut für den Ackerbau geeignet (> S. 44, 52).

anaerob: Stoffwechselvorgänge (Abbauprozesse ohne Anwesenheit von Sauerstoff) (> S. 113).

Atmosphäre: Gashülle der Erde mit geschichtetem Aufbau; von besonderer Bedeutung sind die Troposphäre (Wetter- und Klimageschehen) und die Ozonschicht (Schutzschild der Erde) (> S. 11, 166/167).

Äußerster Norden: Oberbegriff für die subpolaren Gebiete Russlands (> S. 100/101).

Aquakultur: Anlagen zur Zucht von Fischen, unter Ausnutzung des ganzen Wasserkörpers und unter kontrollierbaren Bedingungen (> S. 123).

B

biologisch-dynamische Wirtschaftsweise: begründet 1924 von Rudolf STEINER, gekennzeichnet durch: eine geschlossene Betriebsorganisation, die Förderung biologischer Prozesse im Boden, eine vielgestaltige Fruchtfolge und viele Leguminosen als Stickstoffbinder; Ziel: biologisches Gleichgewicht (> S. 75).

Bioökologie: Wissenschaft von den Beziehungen der Lebewesen untereinander und zu ihrer abiotischen Umwelt (> S. 17).

Biotop: Lebensraum, der durch bestimmte Lebewesen oder eine bestimmte Art gekennzeichnet ist (> S. 27).

Bodenversiegelung: wasser- bzw. luftdichte Verbauung/Bedeckung der oberen Bodenschicht (> S. 137).

C

Chaos: ungeordneter/unübersichtlicher Zustand (der Materie); die Chaostheorie versucht, Gesetzmäßigkeiten der Unordnung zu erkennen, um Prozesse besser vorhersagen bzw. beeinflussen zu können (> S. 8, 169).

Club of Rome: Vereinigung von Wissenschaftlern und Persönlichkeiten des öffentlichen Lebens sowie der Wirtschaft, die sich mit Zukunftsfragen der gesellschaftlichen Entwicklung beschäftigt; gegründet 1968 in Rom (> S. 146).

Coriolisablenkung: scheinbare Ablenkung von Strömungen aufgrund der unterschiedlichen Rotationsgeschwindigkeiten (> S. 13).

D

dB (A): internationaler Standard für Lärmmessung. Die gemessenen Schallstärkewerte sind automatisch um einen frequenzabhängigen Faktor (A) korrigiert. In die dB (A)-Werte gehen sowohl Schallstärke als auch Hörempfindung als Kriterien ein (> S. 136).

Dürre: eine Folge von Trockenjahren, Jahren mit unterdurchschnittlichem Niederschlag. Absoluter Niederschlagsmangel, im Sahel mit schweren Vegetationsschäden zu Beginn der 1970er und 1980er Jahre (> S. 54).

E

Einwohnergleichwert: Maßeinheit zur Bestimmung der Abwassermenge, die unter Einbeziehung von Gewerbe und Industrie einer bestimmten Einwohnerzahl entspricht (> S. 130).

Eiszeiten: erdgeschichtliche Phasen, in denen niedrige Temperaturen zur Ausdehnung der Eisbedeckung (Gletscher, Inlandeis) und zu klimatischen Veränderungen und Verschiebungen führen (> S. 70/71, 114/115, 162).

endogene Kräfte: vom Erdinneren auf die Erdkruste einwirkende Kräfte (> S. 107/108).

Eutrophierung: Überdüngung in Boden und Wasser durch überhöhte Zugabe von Düngemitteln, insbesondere von Phosphaten und Nitraten (> S. 126).

exogene Kräfte: von außen auf die Erdkruste einwirkende Kräfte (> S. 107/108).

F

FAO: Welternährungsorganisation der Vereinten Nationen; Food and Agriculture Organization of the United Nations (> S. 37).

Fließgleichgewicht: Bezeichnung für das trotz dauernder Stoff- und Energiezufuhr und -abfuhr bestehende Gleichgewicht in offenen physikalischen Systemen; es ist von zentraler Bedeutung für die Erhaltung lebender Organismen (> S. 20, 26).

Forst: künstlich angelegter, meist monokultureller > Wald; dient in der Regel Wirtschaftszwecken (> S. 67).

fossil/rezent: alt/neu (> S. 103).

G

geographischer Gürtel: fasst mehrere Ökozonen vor allem nach der globalen Beleuchtung zusammen (> S. 14/15).

Geoökologie: Wissenschaft vom Wirkungsgefüge aus physiogeographischen Abhängigkeiten, biotischen Vorgängen und sozioökonomischen Funktionen und Beziehungen des Menschen (> S. 17).

Gezeiten: rhythmischer Wechsel von Ebbe und Flut (= Tide) im Küstenbereich (> S. 111/112, 121).

glaziale Serie: regelhafte Abfolge glazialmorphologischer Landschaftselemente: Grundmoräne, Endmoräne, Sander, Urstromtal (> S. 70/71).

H

Hörschwelle: relative Schallstärke 1, bei der das Gehör „zu arbeiten" beginnt (= 0 dB) (> S. 136).

I

Iglu: Sonderform der Siedlungsweise der Eskimos im Nordwesten Kanadas (> S. 92).

Importrestriktionen: handelspolitische Einfuhrbeschränkungen eines Staates zum Schutz der heimischen Wirtschaft (> S. 56).

indigene Bevölkerung: ursprüngliche Wohnbevölkerung, meist mit spezieller Angepasstheit an den Naturraum, „Eingeborene" (> S. 37, 91).

intramontane Becken: von Hochgebirgen umschlossene Becken, ausgeprägte Niederschlagsarmut (> S. 44).

K

Karibu: nordamerikanisches Rentier (> S. 90, 97).

Kation: positiv geladenes Ion (> S. 31).

Klima: vieljährige durchschnittliche Abfolge atmosphärischer Zustände (> S. 11).

Klimakatastrophe: umstrittener Begriff zur Beschreibung aktueller Klimaveränderungen (> S. 150).

Klima(schutz)konvention: völkerrechtlich verbindende Vereinbarung über die Zusammenarbeit bei der Verhinderung von Klimaänderungen (Emissionsgrenzen, Finanzmittel); verabschiedet 1992 in Rio de Janeiro (> S. 169).

Klimaveränderung: zusammenfassender Begriff für Klimaänderungen (langfristige Veränderung in eine Richtung) und Klimaschwankungen (Abweichungen von einem langfristigen Mittelwert der Erdoberfläche) (> S. 150/151).

Konvention: Abkommen, völkerrechtlicher Vertrag (> S. 39).

Krustenböden: Böden mit harter, mineralischer Krustenauflage, z.B. Laterite oder Salzkrustenböden (> S. 44, 52).

L

Lee: dem Wind abgekehrte (Gebirgs-) Seite, die den geringsten Niederschlag erhält (> S. 44).

M

mobile Tierhaltung: Wirtschaftsform, die dem Weideangebot folgend zu Standortwechsel über große Distanzen hinweg gezwungen ist (> S. 44).

Modell: Abbild mit Hervorhebung wesentlicher Eigenschaften durch Idealisierung, Abstraktion, Generalisierung oder Vereinfachung (> S. 9).

N

Nachhaltigkeit/nachhaltige Entwicklung: ursprünglich forstwirtschaftliche Wirtschaftsweise, die die langfristige Stabilität des (Öko-) Systems (hier: Wald) zum Ziel hat; als „sustainable development" seit Ende der 80er Jahre auf die gesamte sozioökonomische Entwicklung angewendet (> S. 146/147).

Neophythen: eingeschleppte, ursprünglich in fernen Räumen beheimatete Pflanzen (S. 135).

Niederschlagsvariabilität: Abweichung der tatsächlich gefallenen Niederschlagsmenge vom langjährigen Durchschnittswert. An der 300-mm-Jahreshyete ist mit einer positiven wie negativen Abweichung von 30–50 % zu rechnen (> S. 44, 49).

Niederschlagsverteilung: Wichtiger noch als die absolute Menge ist die Verteilung des Regenfalls während der Wachstumsperiode der Kulturpflanzen (> S. 50).

O

offshore: Bohr- und Fördertätigkeiten auf dem offenen Meer von Bohrplattformen aus (> S. 124).

ökologischer Rucksack: Bezeichnung für die Umweltfolgen (Abprodukte, Bodenerosion u.a.), die bei der Herstellung eines Produktes auftreten (> S. 170/171).

Ökosystem: Bezeichnung für die Wechselbeziehung, die zwischen Lebewesen und ihrem Lebensraum besteht (> S. 22).

Ökozone: Erdzone, die nach einer Zusammenfassung mehrerer, - vorzugsweise naturräumlicher Ordnungskriterien einen relativ homogenen Großraum bildet (> S. 14/15).

Ökumene: Raum dauerhafter Siedlungs- und Wirtschaftstätigkeit (> S. 95/96).

ozeanische Zirkulation: System der Meeresströmungen, das zusammen mit der planetarischen Zirkulation ein Gesamtsystem zur Aufrechterhaltung des globalen Wärmehaushalts bildet (> S. 154/155).

Ozonbelastung: Ozonüberschuss in der bodennahen Luftschicht infolge Abgaskonzentration (Smog); kann zu gesundheitlichen Beeinträchtigungen führen (> S. 167).

Ozonschicht/Ozonloch: Ozon (O_3) in den oberen Schichten der Atmosphäre absorbiert große Teile der > UV-Strahlung; verminderte Ozonkonzentration in der Stratosphäre wird als „Ozonloch" bezeichnet (> S. 166/167).

P

Pedosphäre: Bereich des Bodens, in dem sich die Bodenbildungsprozesse vollziehen (> S. 78).

Permafrost: ganzjährig gefrorener Boden, der nur während der kurzen Sommer an der Oberfläche auftaut (> S. 90, 94).

Permafrostbereich: Dauerfrostbereich (> S. 97).

Pestizide: chemische Schädlingsbekämpfungsmittel (> S. 32).

Pflasterritzenvegetation: Vegetation auf unvollständig oder schadhaft versiegelten Flächen (> S. 135).

planetarische Zirkulation: globales Windsystem am Boden und in der Höhe mit den dazugehörigen Druckgebieten (> S. 13).

Potenzial: Leistungsfähigkeit (> S. 26).

Priel: tiefe Entwässerungsrinne im relativ flachen Wattenmeer (> S. 128).

Primaten: in der Biologie Herrentiere, höchstentwickeltes Säugetier (> S. 29).

R

Raubbau: allgemeiner Begriff für Wirtschaftsweisen, die die jeweiligen Ressourcen ohne Rücksicht auf spätere Folgen nutzen/ausbeuten (> S. 82/83, S. 100/101).

Regeneration: Neubildung, Wiederherstellung, Wiederbelebung von pflanzlichen oder tierischen Teilen (> S. 26).

Regionalentwicklung: umfassendes entwicklungspolitisches Konzept, das flächenhaft, nicht punktuell einsetzt und unterschiedliche Wirtschaftsbereiche und Bevölkerungsgruppen einbezieht (> S. 58).

Rodung: flächenhafte Beseitigung des Baumbestandes durch Abholzung oder Abbrennen; dient in der Regel der Gewinnung landwirtschaftlicher Nutzfläche (> S. 82/83).

S

Schmerzschwelle beim Hören: Schallenergie, die ca. eine Billion (1012 = 12 Bel = 120 Dezibel) mal so hoch ist wie die Schallenergie im Bereich der Hörschwelle. Der Hörbereich liegt zwischen Hörschwelle und Schmerzschwelle und umfasst folglich 120 dB (> S. 136).

solares Klima: Ergebnis der Einstrahlung in Abhängigkeit vom Umlauf der Erde um die Sonne und von der geographischen Breite (> S. 12/13).

Solarkonstante: Eingangsgröße der solaren Energiezufuhr (> S. 152).

Spülflächen: weit gespannte Talungen für den Abfluss des Oberflächenwassers nach heftigen Regenfällen, Leitlinien für den Anbau (> S. 52).

Stadtökologie: wissenschaftliche Untersuchung des Lebensraumes Stadt mit der Methodik der Ökologie (> S. 132).

Stadt-Umland-Beziehungen: funktionale Verflechtungen aller Art (z. B. verkehrlich, sozialräumlich, planerisch, finanziell) zwischen der Stadt und ihren Umlandgemeinden, > Suburbanisierung (> S. 142–145).

Standortanforderungen: (auch Standortansprüche) Bedarf an Voraussetzungen, die eine spezifische Nutzung/ein Nutzer für die Ansiedlung hat; gilt sowohl für natürliche wie sozioökonomische Nutzung (> S. 51).

Standortbedingungen (auch Standorteigenschaften): Voraussetzungen, die ein Standort für Nutzungen/Nutzer bietet (> S. 71, 86).

Struktur: Anordnung der verschiedenen Teile eines Systems (Aufbaustruktur) bzw. Beschreibung eines Prozesses zwischen Vorher und Nachher (Ablaufstruktur) (> S. 8).

Subsistenzwirtschaft: Nahrungserwerb ausschließlich für den Eigenbedarf, keine Marktorientierung, keine Überschussproduktion (> S. 92).

Suburbanisierung: Prozess der Aufsiedelung des Stadtrandbereiches mit städtischen Funktionen (Wohnen, Handel, Gewerbe); Bestandteil der > Stadt-Umland-Beziehungen (> S. 142).

Sukzession in der Vegetation: Abfolge in der Vegetation. Auswahl und Reihenfolge in der Zusammensetzung der Vegetation bei der Wiederbesiedlung aufgelassener Flächen (> S. 133).

sustainable development: > Nachhaltigkeit/nachhaltige Entwicklung.

System: abgegrenzte Anordnung aufeinander einwirkender Subsysteme (> S. 8/9).

T

Taiga: nördlicher Nadelwaldgürtel, auch borealer Nadelwald (> S. 90, 96).

Treibhauseffekt: kurzwellige Strahlung durchdringt von außen nach innen die Treibhausgrenze und wird z.T. als langwellige Strahlung reflektiert, kann in dieser Form die Treibhausgrenze aber kaum noch durchdringen und wird im Wesentlichen zurückgestrahlt (natürlicher Treibhauseffekt) (> S. 152); anthropogen bedingte Anreicherungen der Treibhausgase führen zu einer Verstärkung des Treibhauseffekts und damit zu einer übermäßigen Erwärmung der Troposphäre (> S. 158, 162–164, 168).

Treibhausgase: alle Gase, die zum > Treibhauseffekt beitragen, u.a. Kohlenstoffdioxid, Wasserdampf, Methan (> S. 160).

Tundra: baumlose Vegetationszone zwischen Nordpolarmeer und dem nördlichen Rand der Taiga (> S. 90).

U

Überstockung: zu hoher Viehbestand pro Flächeneinheit (> S. 37).

Umiak: großes, robbenfellbespanntes Boot der Inuit zum Walfang (> S. 92).

UV-Strahlung: für das menschliche Auge nicht sichtbarer, kurzwelliger Teil der Strahlung unterhalb des violetten Strahlungsspektrums; in Wellenlängen unter 0,3 μm gesundheitsgefährdend; wird durch > Ozonschicht teilweise absorbiert (> S. 166).

V

Verweildauer: Aufenthaltszeit des Wassers bis zum vollständigen Austausch (> S. 116).

Viehtritt: Schädigung und Zerstörung der Vegetation durch anhaltenden Viehtrieb auf immer denselben Flächen, z.B. Viehtrittringe um Tiefbrunnen herum (> S. 54).

W

Wald: (quasi-)natürliches Ökosystem, das durch Baumbestände unterschiedlicher Dichte und durch mehrere Vegetationsschichten gekennzeichnet ist (> S. 66/67, 82–85, 101).

Waldschäden/-sterben: über die Störung des ökologischen Gleichgewichts hervorgerufene Schäden am Baumbestand; Ursachen heute vorwiegend anthropogen (Schadstoffimmissionen, Störung des Wasserhaushaltes, eine dem Standort unangepasste Aufforstung) (> S. 84, 101).

Wanderarbeiter: Arbeitskraft, die eine zeitlich begrenzte Beschäftigung fernab vom Heimatort, oft im Ausland, wahrnimmt (> S. 57).

Wanderhackbau (engl.: shifting cultivation): Bewirtschaftungsform mit kurzjähriger ackerbaulicher Nutzung und langjähriger Rotationsbrache (> S. 53).

Wattenmeer: Flachwasserbereich, der bei Flut überspült wird und bei Ebbe trockenfällt (> S. 128).

Weltbank: 1944 gegründete Bank für Wiederaufbau und Entwicklung, die heute 170 Mitgliedsstaaten gehört (anteilig auch Deutschland); Sitz in Washington; Haupttätigkeitsfeld ist die Finanzierung von Projekten in Entwicklungsländern (> S. 42).

Wertschöpfung: in Unternehmen die Differenz zwischen dem Brutto- und dem Nettoproduktionswert (Rohstoffe und Vorleistung zu Endprodukt) (> S. 30).

Wetter: momentaner Zustand der Atmosphäre in einem bestimmten Raum (> S. 11).

windchill: Auskühlungseffekt an Oberflächen durch Wind (> S. 91).

Wirtschaftsformen: Unter diesem Begriff werden alle jene Elemente analysiert und zu einem Ganzen zusammengefasst, die im Zusammenhang mit den angestrebten Produktionszielen stehen. Oft bedingen die Wirtschaftsformen Lebensformen, z.B. die der sesshaften Ackerbauern im Sahel und die der mobilen Tierhalter (> S. 45, 52, 60).

Witterung: saisonal begrenzte typische Abfolge atmosphärischer Zustände in einem bestimmten Raum (> S. 11).

Z

zirkumpolar: polumspannend (> S. 91).

Bildquellenverzeichnis

Aero Hofmeester, Rotterdam: 121.1
Albrecht, Greifswald: 73.2, 145.1,
Astrofoto, Leichlingen: 149.1
Bavaria, Gauting: 7.1, 21.1, 111.2, 169.1
Bricks, Erfurt: 80.1
Brocke, Köln: 142.2
Buchner, Bonn: 72.3, 76.2
Bütow, Kemnitz: 65.2, 65.3, 67.1, 67.2, 115.2, 131.3, 139.1, 139.2, 139.3, 144.2
Deutsche Shell AG, Hamburg: 109.2
dpa, Frankfurt: 37.1, 39.4, 47.1, 109.3, 149.2, 168.3
Fiedler, Güglingen: 7.2, 21.2
FWU, Grünwald, 27.3
Gerster, Zumikon: 43.1
Godbold, Göttingen: 24.2
Grabowski, Münster: 72.1, 89.2, 89.3, 90.2, 91.1, 92.1, 94.1, 95.1, 95.2, 97.3, 105.1, 109.1, 126.1, 131.2, 136.2
Henkel, Edingen: 45.1
Härle, Wangen: 39.1, 51.1, 81.2
Kali- und Salz GmbH, Kassel: 80.2, 81.1
Klohn, Vechta: 132.1
Krings, Freiburg: 52.1, 52.2, 59.1
Mauritius, Mittenwald: 21.3, 101.2, 111.1
Müller, K.-U., Berlin: 26.1
Philipp, Berlin: 7.3
Raach, Merzhausen: 89.1
Schlicksbier, Donaustauf: 149.3
Schmidt, Teningen: 123.1
Schmidtke, Melsdorf: 26.2, 36.1, 43.2, 51.2, 52.3, 55.1 (2 Fotos)
Schneider, Köln: 76.1, 77.2, 135.3, 135.5
Schumacher, Brietlingen: 28.2
Soyez, Köln: 98.1, 98.2
Sprunkel, Köln: 133.2, 134.1, 140.1, 140.2, 140.3,
Vogel, Köln: 133.3
Waldeck, Dannenberg: 57.1
Wehrs, Lüneburg: 22.1, 25.2, 27.1, 27.4, 30.1, 30.2, 38.1, 40.1, 102.2
Wetzel, Freiburg: 35.2, 43.3
Winter, Meppen: 117.2, 131.1
Wostock, Köln-Marienburg: 101.1
ZEFA, Düsseldorf: 22.2, 22.3, 28.1, 84.2

Karten- und Grafikenverzeichnis

Domke Grafik, Hannover: 9.1, 9.2, 10.1, 11.1, 13.2, 36.3, 37.2, 39.2, 48.2, 49.3, 50.1, 51.3, 52.4, 53.1, 55.2, 68.1, 74.2, 74.3, 79.1, 88.1, 93.1, 112.1, 113.2, 114.1, 114.3, 115.1, 115.3, 115.4, 121.1, 122.1, 127.1, 128.2, 136.1, 142.1, 150.2, 151.1, 151.2, 151.3, 152.1, 152.2, 153.1, 153.2, 154.1, 154.2, 155.2, 156.1, 156.2, 157.1, 157.2, 158.1, 165.1
Güttler, Berlin: 14.1, 19.1, 23.1, 46.1, 47.2, 54.1, 96.1, 98.3, 100.1, 104.2, 104.3, 105.2, 107.1, 110.1, 117.1, 118.1, 120.1, 124.1, 128.1, 129.1, 129.2, 144.2, 155.1, 162.2
terraCom, Greifswald: 44.1, 70.1, 71.1, 73.1, 82.1, 82.2, 84.3, 85.1, 87.2, 87.3, 106.2, 145.2, 146.1, 147.1, 160.1, 160.2, 160.3, 163.1, 163.2, 163.3, 164.2, 164.3, 166.2, 167.1, 168.2, 170.1
Voll Computergrafik, Fürstenfeldbruck: 12.1, 12.2, 12.3, 13.1, 14.1, 16.1, 16.2, 23.2, 24.1, 25.1, 29.2, 31.1, 31.2, 31.3, 32.1, 41.2, 48.1, 49.1, 49.2, 56.1, 58.1, 69.1, 69.2, 69.3, 74.1, 76.3, 77.3, 78.1, 78.2, 79.2, 86.1, 90.1, 97.1, 97.3, 103.2, 107.2, 108.1, 108.2, 110.2, 112.2, 113.1, 119.1, 119.2, 119.3, 125.1, 125.2, 126.2, 133.1, 134.2, 135.4, 139.1, 139.2, 139.3